75 Leben

Maike Brüggen (Hrsg.)

HENTRICH & HENTRICH

Inhaltsverzeichnis

Marc Grünbaum

Grußwort

Jubiläen geben gewöhnlich Anlass zur unbeschwerten Freude und zum Feiern. Wenn eine Jüdische Gemeinde ein Jubiläum begeht, dann gibt es viel Freude, wobei diese nicht nur unbeschwert ist. Denn am Beginn des zu begehenden Ereignisses steht der Schatten, der seinen Schleier der Geschichte auf den Anfang wirft. Ohne die Vernichtung, ohne die Schoa, hätte es weder die Notwendigkeit noch die Tatsache des Aufbaus neuen jüdischen Lebens und seiner Institutionen gegeben.

1948 begannen die Verhandlungen über den Zusammenschluss der jüdischen Gemeinde der überlebenden Frankfurter Jüdinnen*Juden mit den gemeindeähnlichen Strukturen der vornehmlich osteuropäischen Überlebenden, den sogenannten Displaced Persons, die sodann mit den Wahlen eines gemeinsamen Vorstands am 10. März 1949 auf Grundlage einer kurz zuvor beschlossenen Satzung abgeschlossen wurden. Die Jüdische Gemeinde Frankfurt am Main war konstituiert. Die Frage, ob es sich um eine „Neu"- oder eine „Wieder"-Begründung handelte, war über Jahrzehnte hinweg präsent. Eine Frage, die sich angesichts des unermesslichen Zivilisationsbruchs, der Schoa, und der Auslöschung der Frankfurter Jüdinnen*Juden und deren Gemeindestrukturen geradezu aufdrängte, zumal die Protagonist*innen der Nachkriegsjahre bis weit in die 1980er Jahre aufgrund ihrer Biografien nur wenig Anknüpfungspunkte zu den Vorkriegsgemeinden hatten und daher die Jüdische Gemeinde nur als Neubegründung empfinden konnten.

Die Frage der Kontinuität, genauer, die der Wiederbegründung, stellte sich bereits in den 1950er Jahren bei Verhandlungen mit der Jewish Claims Conference, ohne, dass diese abschließend beantwortet wurde. Eine Rolle könnte dabei gespielt haben, dass erst genug Zeit vergehen musste, um diese Frage neu zu verhandeln. Nicht, weil die Zeit Wunden heilen würde, sondern weil diejenigen, die heute die Jüdische Gemeinde Frankfurt ausmachen, eine andere Verbindung sowohl in persönlicher als auch institutioneller Hinsicht zu den Vorkriegsgemeinden und deren Mitgliedern haben und somit in der Lage waren, diese Verbindung aufzubauen. Denn die Sozialisation und Verbundenheit dieser Vorkriegsmitglieder zur Stadt Frankfurt kommen den Lebenserfahrungen der heutigen Generationen sehr nahe. Es mag weniger eine rein historische als vielmehr eine emotionale Kontinuität sein, und dennoch ist es mehr Kontinuität als Bruch.

Die Straßen, in denen sich die Mitglieder der Vorkriegsgemeinden bewegten, deren Schulen, aber auch Einrichtungen und Gebäude der Gemeinden wie die Westend-Synagoge, das *Philanthropin*, der Baumweg sowie die Stätten der Verbrechen und Zerstörung sind gleichermaßen Teil der eigenen Lebensgeschichte. Dies ist eine andere Ausgangssituation als die derjenigen, die hier nach 1945 die Gemeinde mitaufgebaut haben. Denn sie kamen meist im Erwachsenenalter hier an, waren Überlebende der Schoa und bauten mit einem inneren Vorbehalt ihr Leben in Frankfurt auf. Wir, die jüngere Generation, haben eine andere Verbindung, ja, Verbundenheit nicht nur zu Frankfurt, sondern eben auch zur Geschichte unserer Vorgängergemeinden. Es ist auch unsere Geschichte, wenngleich die Geburtsorte unserer Eltern und Großeltern in West- oder Osteuropa, Afrika, Amerika oder Israel ebenso ein Teil unserer Geschichte sind.

Gerade aufgrund dieser Kontinuitäten kann es aus unserer Sicht keine Feierlichkeiten zum 75-jährigen Jubiläum geben, ohne an all jene zu erinnern, die diese Gemeinde und das jüdische Leben in unserer Stadt vor 1945 ausmachten.

So entdeckte ich eines Tages im Empfangsbereich der Verwaltung in der Gemeinde metallene Ausziehschränke, wie man sie aus den Filmen der 1950er Jahre kennt – olivgrün, etwas vergilbt, mit Schrammen versehen – offensichtlich ein Relikt aus alten Zeiten. Die einzelnen Schubladen tragen die Buchstaben des Alphabets. Nach dem Buchstaben Z endet das Register jedoch nicht. Handschriftlich wurden zwei Schubladen mit dem Begriff „Deportationskartei“ versehen. In teilweise bürokratisch anmutenden Eintragungen sind hier die Lebens- und Deportationsdaten der jüdischen Frankfurter*innen auf gängiger

Karteikartengröße vermerkt. Für den überwiegenden Teil der in der Kartei enthaltenen Personen sind diese Karteikarten wahrscheinlich das Wenige, was von ihnen geblieben ist. Genauso wie die Kartei das Schicksal der Frankfurter Jüdinnen*Juden zwischen 1933 und 1945 dokumentiert, so dokumentiert sie die Geschichte der Restitution und Entschädigung, die Suche der Überlebenden nach Angehörigen und das Schicksal der Überlebenden nach 1945. Dies macht diese Kartei so besonders.

Die vorliegende Publikation hat ihren Ausgangspunkt in dieser Deportationskartei, die über die vergangenen Jahrzehnte hinweg nicht die Aufmerksamkeit erhalten hat, die sie verdient und die unser Computerzeitalter nicht in der Lage wäre, hervorzubringen. Um dieses einzigartige Dokument der Zeitgeschichte auch für kommende Generationen zu erhalten, wurde die gesamte Kartei nun restauriert und digitalisiert.

Die Kulturabteilung der Jüdischen Gemeinde, die mit ihrem Programm jüdische Kultur und Gegenwart erlebbar macht und sich damit sowohl an die eigenen Mitglieder als auch explizit an Nicht-Gemeindemitglieder wendet, begibt sich mit dieser Publikation auf neues Terrain, und sie ist das Ergebnis des ersten historischen Rechercheprojekts der Kulturabteilung.

Was wäre wichtiger und geeigneter für ein solches Projekt, als die Ermordeten zu ehren, Zeugnis ihres Schicksals abzulegen, ihrer zu gedenken, haben sie doch häufig niemanden mehr, der ihrer gedenken könnte. Wir sind als Gemeinde aus der Asche der vernichteten Gemeinden und deren Mitglieder entstanden, während diese das Fundament, den Geist und auch die Geschichte der heutigen Jüdischen Gemeinde bilden. Das Haus, wenn man dies als Symbol für die Gemeinde nehmen möchte, das wir gebaut haben, steht auf diesem Fundament. Mit dieser Publikation wollen wir dieses Fundament sichtbar machen. Sie ist für uns daher ein selbstverständlicher Bestandteil unserer Feierlichkeiten, weil wir den Schatten, der seinen Schleier auf dieses Jubiläum wirft, nicht ignorieren können und wollen – ein Schleier, der gleichzeitig durchlässig ist und Lichtstrahlen zulässt, um das lebendige und selbstbewusste jüdische Leben Frankfurts zu feiern; eine Gemeinde, die stolz sein kann, auf das, was in den 75 Jahren nach ihrer Wiederbegründung neu aufgebaut wurde.

Bedanken möchte ich mich bei der Herausgeberin Dr. Maike Brüggen, Rabbinerin Prof. Dr. Elisa Klapheck, der Kulturreferentin Daniela Lewin, den Projektkoordinatorinnen Sonja Roos und Ira Haller sowie allen beteiligten Autor*innen. Danken möchte ich an dieser Stelle auch der Bildstelle des Kunsthistorischen Instituts der Goethe-Universität, dem Hessischen Hauptstaatsarchiv Wiesbaden, dem Historischen Museum Frankfurt, dem Institut für Stadtgeschichte, dem Jüdischen Museum Frankfurt sowie dem Zentralarchiv zur Erforschung der Geschichte der Juden in Deutschland. Mein ganz besonderer Dank gilt der Hessischen Kulturstiftung, ohne ihre großzügige Unterstützung wäre diese Publikation nicht möglich gewesen.

Maike Brüggen

Einführung

Mit dem Regierungsantritt der Nationalsozialisten im Januar 1933 begann sich das Leben für die im damaligen Deutschen Reich lebenden Jüdinnen*Juden schlagartig zu verändern. Bereits Anfang März 1933 besetzte beispielsweise die Sturmabteilung (SA) das Frankfurter Institut für Sozialforschung und beschlagnahmte die Bibliothek. Der offizielle Vorwurf lautete, es würden „staatsfeindliche Tendenzen" gepflegt. Auf diese Weise verklausulierte die neue Regierung ihre antisemitische Ideologie, denn das Institut beschäftigte zahlreiche namhafte jüdische Personen wie Max Horkheimer oder Leo Löwenthal.[1] Obendrein war es zehn Jahre zuvor mithilfe der Stiftung eines Juden, Felix Weil, Sohn des Getreidegroßhändlers und Multimillionärs Hermann Weil, gegründet worden.[2] Nicht nur mit tätlichen Aktionen wurde die antisemitische Gesinnung der nationalsozialistischen Regierung schnell sichtbar, auch in der städtischen Verwaltung wurden schon bald nach der Machtübernahme Maßnahmen ergriffen: Ende März erließ der neue, kommissarische Bürgermeister Friedrich Krebs eine Verfügung über die „Entlassung bzw. Beurlaubung von städtischen Beamten und Angestellten jüdischen Bekenntnisses".[3]

Am 1. April 1933, nur acht Wochen nach dem Regierungsantritt Adolf Hitlers, wurde unter dem Grundsatz „Kein Deutscher kauft bei einem Juden oder bei einem jüdischen Mittelsmann" zu einem reichsweiten Boykott aufgerufen, so auch in Frankfurt. Ziel dieser sogenannten Abwehraktion „gegenüber den Lügenmeldungen deutscher Juden im Ausland, die eine Haßpsychose gegen das deutsche Volk (Kriegslügen)" betreiben würden, waren „Jüdische Geschäfte", „Jüdische Waren", „Jüdische Theater und jüdische Stücke auf deutschen Theatern", „Jüdische Kinos" sowie jüdische Ärzt*innen, Rechtsanwält*innen, Zeitungshändler*innen, Schauspieler*innen und Sänger*innen.[4] Die Frankfurter Zeitung berichtete am Tag nach dem Boykott: „Die Innenstadt vor allem bot seit den frühen Vormittagsstunden ein verändertes Bild. Die großen Warenhäuser und auch größere Spezialgeschäfte öffneten nicht, sondern ließen Tore und Gitter geschlossen, während vor allem die kleineren und mittleren Geschäfte zunächst wie gewöhnlich

ihren Betrieb aufnahmen. Punkt 10 Uhr erschienen dann in den Straßen der Innenstadt (...) geschlossene Trupps SA. Die Führer hatten Listen mit den Namen der jüdischen Geschäfte, vor deren Eingängen dann SA-Leute sich aufstellten."[5] Am Tag zuvor hatte der Vorstand der Israelitischen Gemeinde, Eugen Mayer →S. 216, eine Botschaft im Gemeindeblatt veröffentlicht, in welcher er „in dieser schweren Zeit" die Leser*innen ermahnte: „Verzagt nicht! Schließt die Reihen! Kein ehrenhafter Jude darf in dieser Zeit fahnenflüchtig werden." Er erinnerte an die „staatsbürgerliche Gleichberechtigung der deutschen Juden" und konstatierte: „Nichts kann uns die tausendjährige Verbundenheit mit unserer deutschen Heimat rauben, keine Not und Gefahr kann uns dem von unseren Vätern ererbten Glauben abspenstig machen."[6]
Doch Mayer, neben seinem Glauben auch noch durch seine SPD-Mitgliedschaft Ziel der nationalsozialistischen Verfolgungsmaßnahmen, musste sehr schnell selbst erkannt haben, dass jegliche „tausendjährige Verbundenheit" nichts helfen würde: Noch im Herbst 1933 verließ er gemeinsam mit seiner Frau das Deutsche Reich und ging ins heutige Israel. Viele andere Frankfurter Jüdinnen*Juden taten es ihm gleich und flohen aus dem nationalsozialistischen Deutschen Reich ins Ausland. Bis 1933 lebten rund 30.000 Jüdinnen*Juden in Frankfurt, die Stadt am Main beherbergte damit nach Berlin die zweitgrößte Gemeinde. Knapp zwei Drittel schafften die Flucht vor den Nationalsozialisten, rund 10.000 Personen wurden aus Frankfurt deportiert.[7]
Hierbei bleibt zu bemerken, dass nicht alle Personen, die als „Juden" verfolgt wurden, nach ihrem eigenen Selbstverständnis jüdisch waren bzw. sich selbst als Jüdinnen*Juden identifizierten. Dies bildete bei den Recherchen zur vorliegenden Publikation immer wieder eine große Herausforderung.
Mit den im September 1935 erlassenen Nürnberger Gesetzen gab es unter den Nationalsozialisten eine klare Regelung für die Kategorie „Jude": Waren drei oder vier Großelternteile jüdischen Glaubens, so galt diese Person als „Volljude", waren lediglich zwei der vier Großeltern jüdischen Glaubens, galt diese Person als „Mischling 1. Grades" usw.[8]
Im ausgehenden 19. bzw. beginnenden 20. Jahrhundert hatten zahlreiche Jüdinnen*Juden sich im Zuge der Assimilation taufen lassen – diese

Konversionen waren unter der nationalsozialistischen Weltanschauung bedeutungslos, da „die Juden" ihnen als eine „Rasse"[9] galten, die man nicht durch einen Kirchenbeitritt verlassen konnte. Dennoch unternahmen noch in den 1940er Jahren deutsche Jüdinnen*Juden verzweifelte Versuche, sich durch einen Beitritt zur christlichen Kirche zu retten, wie beispielsweise die Schauspielerin Magda Spiegel und ihr Lebensgefährte →S. 300.
Nach den o. g. „Rassegesetzen" waren alle in dieser Publikation porträtierten Personen „Juden". Daher finden sich ihre Namen auf den Deportationskarten, deshalb haben alle Repressionen, Verfolgung und Terror erlitten. Ob sich diese Menschen selbst als jüdisch verstanden haben oder ob lediglich die Verfolgung sie dazu gemacht hatte, kann in vielen Fällen nur mutmaßlich beantwortet werden. Auch ob ihr Jüdischsein synonym mit einer religiösen Praxis, dem regelmäßigen Besuch einer Synagoge, dem Folgen der Speisegesetze usw. gesetzt werden darf oder ob es eher einen traditionellen oder kulturellen Charakter in der Selbstwahrnehmung der einzelnen Personen hatte, kann in vielen Fällen nicht beantwortet werden. Möglicherweise begriffen sich einige der hier porträtierten Personen weder als jüdisch noch als christlich oder überhaupt als einer Konfession zugehörig, sondern in einer völlig anderen Kategorie: als Mutter, als Ehemann, als Künstler*in, als Frankfurter*in, als Fußballfan?
Bei mehreren der hier porträtierten Personen lassen beispielsweise Zeugnisse über eine aktive Mitgliedschaft in der Gemeinde, Mitarbeit im Philanthropin oder anderen jüdischen Institutionen den Schluss zu, dass diese Personen sich selbst als Jüdinnen*Juden begriffen.
Doch in vielen Fällen fehlen derartige Hinweise, so muss eine eindeutige Antwort auf die Frage nach dem Jüdischsein offenbleiben – unzweifelhaft bleibt die Verfolgung.
1934 erhielt die Gesangslehrerin Desy Pollitz →S. 102 ein Schreiben, in welchem sie aufgefordert wurde, ihre Abstammung vorzuweisen. Sie galt zwar als „Volljüdin", da sie jedoch belegen konnte, dass sie bereits 1914 als Gesangslehrerin tätig gewesen war, erhielt sie die Erlaubnis, weiterhin nichtjüdische Schüler*innen zu unterrichten.[10] Obwohl sie also offiziell unter dieser Maßnahme nicht zu leiden hatte, darf infrage gestellt

werden, wie viele nichtjüdische Schüler*innen sich noch getraut haben, bei einer „Volljüdin" zum Unterricht zu erscheinen.
Die Verfolgung nahm stetig zu und durchzog alle Lebensbereiche. Im Februar 1935 wurde durch das Bauamt der Stadt beim Oberbürgermeister Krebs beantragt, Straßen und Plätze, die nach Jüdinnen*Juden benannt waren, umzubenennen, wie beispielsweise den Börne-Platz oder die Sonnemannstraße.[11] Mit der fünften Verordnung des Reichsbürgergesetzes 1938 verloren nun auch die wenigen Rechtsanwält*innen, die noch tätig waren, ihre Zulassung. Einer von ihnen war Arthur Kauffmann → S. 286, der von da an lediglich noch als „Konsulent" für die Jüdische Gemeinde tätig sein durfte. Im November desselben Jahres kam es zu den reichsweiten Pogromen; zahlreiche Männer wurden verhaftet und in Konzentrationslager verschleppt und gefoltert, unter ihnen Julius Hirsch → S. 304, Albert Hirsch → S. 322 oder auch der Ehemann von Rosy Geiger-Kullmann, Rudolf Geiger → S. 276.
Ab September 1941 mussten die als „Juden" verfolgten Frankfurter*innen den „Judenstern" tragen und waren somit für den Rest der Bevölkerung nun mehr auch äußerlich unzweifelhaft erkennbar. Im Monat darauf wurde die erste Deportation aus Frankfurt durchgeführt: Am 19. Oktober 1941 wurden insgesamt mehr als 1.100 Personen, vornehmlich aus dem Frankfurter Westend deportiert, unter ihnen Louis und Hedwig Bodenheimer → S. 112, Siegfried und Gertrude Würzburger → S. 176 und Hedwig Gottschalk → S. 346. In weniger als einem Jahr sollten mehr als 10.000 Personen aus Frankfurt deportiert werden.[12]
Nur eine kleine Gruppe an Personen überlebte die Lagerhaft, noch weniger kehrten zurück an den Ort, aus dem man sie gewaltsam entfernt hatte: Leopold und Cilly Neuhaus → S. 192 sowie Mina Stein → S. 126, die nach ihrer Befreiung wieder in ihre vormalige Heimatstadt Frankfurt kamen, bildeten eine große Ausnahme.

Die vorliegende Publikation ist entstanden im Rahmen der Vorbereitungen des 75-jährigen Jubiläums der Jüdischen Gemeinde Frankfurt seit ihrer Wiederbegründung im Jahr 1948. Viele Feierlichkeiten begleiten dieses Festjahr 2023, ein Blick auf das jüdische Leben im Vorkriegs-Frankfurt soll dennoch nicht vergessen werden. Wo sind die Spuren

vom Damals in der Gemeinde von heute? Wer waren die Menschen, die die sukzessive Auslöschung jüdischen Lebens in Frankfurt miterlebten bzw. schließlich selbst Opfer dieser Vernichtung wurden?
Tatsächlich sind nahezu keine physischen Anknüpfungspunkte, Archivalien und Dokumente aus dem Vorkriegs-Frankfurt in der heutigen Gemeinde vorhanden, nur vereinzelte Blätter aus der Verwaltung haben sich erhalten.
Eine letzte, greifbare Brücke, die sich heute noch im Besitz der aktuellen Gemeinde befindet, ist die Deportationskartei. Sie bildet den Anknüpfungspunkt vom Gestern zum Heute. Diese Karteikartensammlung besteht aus rund 6.500 Karten, welche diejenigen Personen nennen, die zwischen 1941 und 1942 von Frankfurt am Main in die Orte Litzmannstadt, Theresienstadt, Minsk und „nach dem Osten“ deportiert worden sind. Sie wurde 1945 auf Betreiben von Dr. Leopold Neuhaus → S. 192 angelegt, der eine der wenigen Kontinuitäten von der Vorkriegsgemeinde zur Nachkriegsgemeinde bildete: er war einerseits der letzte Frankfurter Rabbiner vor dem Ausbruch des Zweiten Weltkriegs und gleichsam der erste Frankfurter Rabbiner nach Kriegsende.
Weshalb lediglich 6.500 Karten in den Räumen der Jüdischen Gemeinde lagern, wo doch insgesamt mehr als 10.000 Jüdinnen*Juden aus Frankfurt am Main, nicht nur nach Litzmannstadt, Theresienstadt, Minsk und „nach dem Osten“, sondern auch nach Ausschwitz, Buchenwald, Estland, Izbica, Kowno, Majdanek, Ravensbrück, Sobibor oder unbekannt deportiert worden sind, ist unklar.[13]
Diese Deportationskartei ist zwar auch ein nach Kriegsende im Mai 1945 entstandenes Zeugnis, da sie jedoch auf den Deportationslisten von vor 1945 basiert, bildet sie das Verbindungstück von einer Zeit „davor“ in eine Zeit „danach“. Die Kartei, die nach dem Ende ihrer Nutzung jahrzehntelang unbeachtet in zwei Schubladen der Gemeindeverwaltung ihr Dasein fristete, ist die Grundlage und der Ausgangspunkt dieser Publikation. 49 der 75 hier vorgestellten Personen sind in der Karteikartensammlung vertreten. Um ein möglichst breites gesellschaftliches Spektrum abzubilden, wurden weitere Personen miteinbezogen, die in Frankfurt gelebt haben und der Verfolgung der Nationalsozialisten ausgesetzt waren.

Auf einigen Karteikarten finden sich zusätzliche Notizen, die Auskunft z. B. über Namen, Anschriften, Geburtsdaten von Angehörigen/Nachfahr*innen/Privatpersonen geben, welche nach 1945 bei der Jüdischen Gemeinde Frankfurt am Main um Auskunft zu den jeweiligen Deportierten gebeten haben. Damit der Datenschutz dieser Menschen gewahrt bleibt, wurde bei denjenigen Karteikarten diese Informationen nachträglich mittels einer Schwärzung unkenntlich gemacht →z.B. S. 54. Ein Vermerk diesbezüglich findet sich im Abbildungsnachweis am Ende der Publikation.
Um sich den Leben der hier Porträtierten zu nähern und um den auf den Karteikarten befindlichen Namen eine Biografie zu geben, mussten weitere Quellen befragt werden – zeitgenössische Dokumente wie Heiratsurkunden, Einwohnermeldekarteien, Zeitungsartikel usw.
Die Quelle, welche gemeinhin als erstes Zeugnis von der Existenz einer Person ablegt, ist die Geburtsurkunde bzw. der Eintrag in ein Geburtsregister. In der vorliegenden Publikation waren Geburtsregistereinträge ein häufiger Ausgangspunkt für weitere Recherchen. Denn der Eintrag in einem Geburtsregister gibt nicht nur Auskunft über das Geburtsdatum der Person, sondern auch über mögliche weitere Vornamen, über Namen und Anschrift der Eltern sowie in zahlreichen Fällen über den Beruf des Vaters. Ähnliches gilt für Einträge im Heiratsregister: hier sind in der Regel die Namen und Anschriften der Eltern von Braut und Bräutigam verzeichnet, häufig ist auch die Konfession genannt. Gleichermaßen finden sich auch die Namen der Trauzeug*innen in den Heiratsregistern, mit den zusätzlichen Angaben von Alter, Adresse und Beruf. Auf diese Weise ließen sich Stück für Stück Eckpunkte der porträtierten Personen zusammenfügen.
Zahlreiche Faktoren können dabei eine Recherche erleichtern bzw. erschweren. Grundsätzlich ist es leichter, zu einem Mann zu forschen als zu einer Frau. Beispielsweise nennen die historischen Frankfurter Adressbücher nur in den seltensten Fällen den Namen der Ehefrau, lediglich der Ehemann wird aufgeführt.
War eine Person schon zu Lebzeiten beruflich erfolgreich und/oder in einer einflussreichen Position tätig, so ist die Wahrscheinlichkeit hoch, dass auf bereits existierende Literatur und Forschung zurückgegriffen

werden konnte, wie bspw. bei Ludwig Ascher → S. 70, Marie Pfungst → S. 46 oder Hanns Ludwig Katz → S. 336. Waren Personen bei Polizei oder Justiz aktenkundig geworden, wie Henny Schermann → S. 374 oder Elias Ludwig Oppenheimer → S. 268, so haben sie in den Unterlagen von Behörden und Gerichten ebenfalls häufig zahlreiche Spuren hinterlassen. Schwieriger waren die Recherchen zu Menschen, die ein Leben geführt haben, ohne straffällig oder berühmt geworden zu sein, wie beispielsweise Jettchen Abermann → S. 136, dementsprechend kurz ist der Beitrag zu ihrem Leben ausgefallen.

Auch die Art des Namens beeinflusst den Verlauf einer Recherche stark: Bei dem Kaufmann Nathan Wachtelkönig → S. 120 war es verhältnismäßig leicht, einen Teil seines Lebensweges allein anhand der historischen Adressbücher nachzuvollziehen. Es gab in allen eingesehenen Ausgaben des Adressbuchs nur einen einzigen Nathan Wachtelkönig – so alltäglich sein Leben gewesen sein mag, so einzigartig war sein Name. Ganz anders im Fall von Ludwig Kahn → S. 330, der auch Louis oder Luis genannt wurde. Hier nennt das Adressbuch der Stadt Frankfurt aus dem Jahr 1925 beispielsweise gleich sieben Personen. So bleibt ohne weitere Anhaltspunkte zunächst unklar, welcher der sieben potentiellen Kahns „der“ Ludwig / Louis / Luis Kahn gewesen sein könnte.

Auch wenn Nathan Wachtelkönig im Adressbuch von 1925 als einziger Händler in der Uhlandstraße 21 verzeichnet war, ist es nicht zwingend, dass er tatsächlich auch dort gewohnt hat. Die Informationen für das Adressbuch wurden bereits im Vorjahr gesammelt, daher wäre ein eventueller Umzug von Nathan Wachtelkönig im Januar 1925 im Adressbuch nicht dokumentiert.

Neben den o.g. Quellen waren Unterlagen aus dem Hessischen Hauptstaatsarchiv in Wiesbaden ein wichtiger Informationsgeber. Dort lagern u. a. die sog. Wiedergutmachungs- bzw. Entschädigungsakten der aus Frankfurt deportierten bzw. emigrierten Personen.[14] In den Anträgen „auf Grund des Bundesgesetzes zur Entschädigung für Opfer der nationalsozialistischen Verfolgung“[15] ging es darum, zu schildern, wann und unter welchen Umständen die verfolgten Personen „Schaden an Leben“, „Schaden an Körper und Gesundheit“ oder „Schaden im beruflichen oder wirtschaftlichen Fortkommen“[16] erlitten hatten. Daher beschränken sich die Schilderungen darin häufig ausschließlich auf die Zeit ab 1933, lediglich in einigen Fällen geben diese Unterlagen detaillierte Auskunft über das Leben der verfolgten und/oder ermordeten Personen vor Beginn der nationalsozialistischen Regierung.

Die 75 entstandenen Porträts unterscheiden sich daher stark voneinander, genauso auch die porträtierten Personen selbst. Geeint werden sie alle durch den Umstand, dass sie Bürger*innen der Stadt Frankfurt waren, einige für Jahrzehnte und andere nur für wenige Monate. Sie alle bilden jedoch einen Teil des „davor“ und sollen bei dem Blick auf das „danach“ nicht vergessen werden.

Ich danke sehr herzlich der Jüdischen Gemeinde Frankfurt am Main für ihr Vertrauen und die Möglichkeit zur Herausgeberschaft, insbesondere Marc Grünbaum für sein Vorwort. Rabbinerin Prof. Dr. Elisa Klapheck danke ich sehr für ihren Beitrag, der die historische Sicht um einen sehr wertvollen philosophischen Blickwinkel bereichert.
Diese Publikation wäre nicht möglich gewesen ohne die große Unterstützung durch Sonja Roos und Ira Haller sowie durch die Arbeit der Autor*innen Edgar Bönisch, Dorothee Glawe, Christine Hartwig-Thürmer, Anja Heuß, Jens Hoppe, Cilli Kasper-Holtkotte, Dorothee Linnemann, Matthias Thoma, Helga Roos, Birgit Seemann, Eva Ulmer, Laura Vollmers und Alexander Zinn, ihnen gilt mein herzlicher Dank.
Dem *Bureau069* mit Anna Pirot und Dr. Felix Kosok bin ich gleichermaßen zu herzlichstem Dank verpflichtet, von ihnen stammen der Entwurf, das Design und die Umsetzung dieser Publikation. Abschließend richtet sich mein Dank an die Hessische Kulturstiftung: Ihre großzügige Förderung hat dieses Publikationsprojekt erst möglich gemacht.

Quellen

— [1] Heuberger, Rachel u. Krohn, Helga: Hinaus aus dem Ghetto… Juden in Frankfurt am Main 1800–1950, Frankfurt am Main 1988, S. 171

— [2] Boris, Dieter: Felix Weil und das Institut für Sozialforschung, in: WestEnd. Neue Zeitschrift für Sozialforschung. 19. Jg./2022, Heft 1, S. 167–182

— [3] Kommission zur Erforschung der Geschichte der Frankfurter Juden (Hrsg.): Dokumente zur Geschichte der Frankfurter Juden 1933–1945, Frankfurt am Main 196S, S. 65

— [4] Ebd., S. 18–20

— [5] Ebd., S. 22

— [6] Ebd., S. 17

— [7] www.jg-ffm.de/de/gemeinde/geschichte (zuletzt aufgerufen am 10.07.2023)

— [8] www.dhm.de/lemo/kapitel/ns-regime/ausgrenzung-und-verfolgung/nuernberger-gesetze-1935.html (zuletzt aufgerufen am 10.07.2023)

— [9] www.bpb.de/kurz-knapp/hintergrund-aktuell/501380/vor-85-jahren-nuernberger-gesetze-erlassen/ (zuletzt aufgerufen am 10.07.2023)

— [10] ISG FFM, A.40.01, 543, 15.08.1934

— [11] Kommission zur Erforschung der Geschichte der Frankfurter Juden (Hrsg.): Dokumente zur Geschichte der Frankfurter Juden 1933–1945, Frankfurt am Main 196S, S. 167 ff.

— [12] www.shoah-memorial-frankfurt.de/shoah-in-frankfurt (zuletzt aufgerufen am 18.02.2023)

— [13] www.shoah-memorial-frankfurt.de (zuletzt aufgerufen am 18.02.2023); Heuberger, Georg (Hrsg.): „Und keiner hat für uns Kaddisch gesagt …“. Deportationen aus Frankfurt am Main 1941 bis 1945, Frankfurt am Main 2005

— [14] Im Zusammenhang mit der Schoa von Wiedergutmachung zu sprechen, mutet befremdlich an – die Vernichtung von Leben ist durch keine Zahlung wiedergutzumachen. Da es sich jedoch um einen feststehenden Begriff handelt, wird er in dieser Publikation so verwendet

— [15] Vollständiger Titel des Antragsformulars: „Antrag auf Grund des Bundesgesetzes zur Entschädigung für Opfer der nationalsozialistischen Verfolgung (Bundesentschädigungsgesetz – BEG) vom 29. Juni 1956 BGBl. I S. 559“, z. B. enthalten in den Akten von Louis Bodenheimer, HHStAW, 519, 8049, Bl. 1–2

— [16] Ebd.

Rabbinerin Prof. Dr. Elisa Klapheck

Schwarze Buchstaben zu schwarzen Buchstaben

Die Deportationskartei von Rabbiner Dr. Leopold Neuhaus

Der erste Anblick ist wieder genauso erschütternd wie damals: Im Rahmen eines anderen Forschungsvorhabens bekam ich vor einigen Jahren eine Transportliste zu sehen – eine nicht enden wollende Liste von ins KZ Theresienstadt deportierten Jüdinnen und Juden. Darauf waren per Schreibmaschine Namen, Geburtsangaben und Berufsbezeichnungen eingetragen – es waren Hunderte von Namen. Irgendwo unter all diesen befand sich die Person, der ich damals auf der Spur war, Regina Jonas, die erste Rabbinerin Deutschlands, die in diesem Transport zusammen mit ihrer Mutter nach Theresienstadt deportiert worden war. Damals war es ein herausragender Name, der meinen Fokus einen Moment verschob und meine Aufmerksamkeit auf eine Liste Menschen lenkte, die alle das gleiche Schicksal teilten: den Weg in ihre Ermordung. Es war die Begegnung mit einer Todesliste, in der alle biografischen Unterschiede angesichts des gemeinsamen Leids verwischten.

Jetzt sehe ich keine Transportliste, jetzt sehe ich zwei große Büroschubladen, gefüllt mit Karteikarten, sortiert zu Viererreihen, die bis an die Ränder der Schubladen gehen. Auf den Schubladengriffen steht „Deportationskartei“ sowie die Orte: Minsk, Litzmannstadt, Theresienstadt. Jahrzehntelang wurde sie in diesen zwei Schubladen in der Frankfurter Jüdischen Gemeinde aufbewahrt. Auch hier empfängt mich der furchtbare Anblick nicht endender Aneinanderreihungen von Namen. Sie sind sortiert nach den Deportationszielen und mit Zwischenkarten versehen, die den jeweils nächsten Buchstaben des Alphabets angeben. Allein beim Herausziehen eines kleineren Packens hat man schon mindestens fünfzig Namen von Deportierten – von Ermordeten in der Hand. Auf jeder Karte steht mit Schreibmaschine erst der Nachname geschrieben, gefolgt vom Vornamen, dann Geburtsangaben, „letzter Wohnort in Ffm“ oder „zuletzt wohnhaft“ mit einer Adresse, dann „deportiert am …“

mit einem genauen Datum im Jahr 1941 oder 1942 sowie dem Deportationsziel – Minsk, Litzmannstadt, Theresienstadt – oder der schlichten Angabe „nach dem Osten“ – und bei den Karten zu Theresienstadt noch der Todeszeitpunkt, etwa: „am 26.11.1942 in Theresienstadt verstorben“.

Doch der zweite Anblick zeigt noch etwas anderes. Auf einigen Karten stehen, etwas abgesetzt, ebenfalls mit Schreibmaschine geschrieben, weitere Informationen: der Name eines Sohnes oder einer Tochter oder eines anderen Verwandten, mit einer Adresse irgendwo in den USA, in Israel, in Großbritannien, in Lateinamerika. Auf manchen Karten sind am unteren Rand, handschriftlich mit dem Bleistift, weitere Arten von Angaben verzeichnet: ein zuständiges Gericht, ein Aktenzeichen, der Name eines Rechtsanwalts, auch Hinweise auf das amerikanische „Legal Aid Department“ und immer wieder Vermerke zur erfolgten Auskunftserteilung „an den Regierungspräsidenten in Wiesbaden“.

Dieser zweite Anblick offenbart die ganz andere Intention der Datensammlung. Die Deportationsliste, derer ich damals angesichtig wurde, zeugte davon, wie Menschen aus dem Leben in den Tod befördert wurden. Diese Kartei dagegen holt genau diese Menschen wieder ins Gedächtnis zurück – Person für Person – und gibt ihnen, nicht zuletzt dank der zusätzlichen Angaben auf den Karten, eine Geschichte „danach“. Es ist eine „Deportationskartei“, wie auf den Schubladengriffen angegeben, aber sie widersetzt sich dem Verschwinden der Ermordeten in einem namenlosen Nichts, legt vielmehr Grundlagen für die Aufarbeitung ihres Leidenswegs aus dem Rückblick des bereits begonnenen „danach“. Statt um eine reine Deportationsliste handelt es sich hier bereits um die Rekonstruktion der Deportationen mit dem Anspruch auf Wahrheit, auf Ermöglichung des Rechts, auf Restitution und Wiedergutmachung – aber auch der Absicht, kommenden Generationen eine Aufarbeitung der Geschehnisse zu ermöglichen.

Die Kartei wurde auf Initiative von Rabbiner Dr. Leopold Neuhaus angelegt, der selbst nach Theresienstadt deportiert wurde. Neuhaus war der letzte Rabbiner der Frankfurter Vorkriegsgemeinde.[1] Er wurde mit seiner Frau, Cilly Neuhaus, am 18. August 1942 zusammen mit über 1.000 Frankfurter Jüdinnen und Juden nach Theresienstadt deportiert →S. 192. Dort war er weiterhin Rabbiner, gehörte mit Leo Baeck dem „Ältestenrat" der jüdischen Selbstverwaltung an und leitete die Abteilung Altersfürsorge. Er überlebte knapp drei Jahre in Theresienstadt. Nach der Befreiung, Anfang Mai 1945, wollte er sofort nach Frankfurt zurück. Schon von Theresienstadt aus schrieb er einen auf den 4. Mai 1945 datierten Brief „An das Jüdische Comité" in Frankfurt. Darin drängte er darauf, die anderen rund 400 überlebenden Jüdinnen und Juden aus Frankfurt und Umgebung möglichst bald aus Theresienstadt abholen zu lassen, da sie „sehnsüchtig darauf warten, von hier in die Heimat zu kommen".[2] Nach einem zweiten Brief von Neuhaus lief endlich die Rückholaktion an.

Die meisten der Jüdinnen und Juden, die nach der Schoa nach Frankfurt kamen, betrachteten die Stadt nur als eine Durchgangsstation für die endgültige Auswanderung. Sie hofften auf ein neues Leben in den USA oder in dem zu noch zu gründenden jüdischen Staat Israel. Rabbiner Neuhaus kehrte jedoch bewusst nach Frankfurt zurück, um die einstige Jüdische Gemeinde wieder aufzubauen. Entschlossen, etwas von dem Verlorenen wiederherzustellen, setzte er sich intensiv für den Gemeindeaufbau ein; seine Frau, Cilly Neuhaus, engagierte sich in der Sozialarbeit.

Als einstiger Absolvent des orthodoxen Rabbinerseminars und in der Tradition des Frankfurter Rabbiners Samson Raphael Hirsch stehend, schwebte Neuhaus eine orthodoxe Ausrichtung der Gemeinde vor. Das erzeugte jedoch Konflikte. Die sich neu bildende Jüdische Gemeinde war zunächst bereit, alle Menschen als Mitglieder aufzunehmen, die unter dem Nationalsozialismus als Juden verfolgt worden waren. Demgegenüber verlangte Neuhaus, dass die halachischen Kriterien beachtet werden. Eigentlich wünschte er nur Mitglieder mit einer Beziehung zum religiösen Judentum. Nichtreligiöse Gemeindemitglieder waren für ihn keine „wirklichen" Juden. So wollte Neuhaus die jüdischen Flüchtlinge aus Polen mit der Begründung, dass sie sich nur vorübergehend in

Frankfurt aufhalten würden, nicht in die Gemeinde aufnehmen. Zwar war es seiner starken Persönlichkeit und Tatkraft mit zu verdanken, dass die Jüdische Gemeinde Frankfurt schnell tragende Fundamente bildete und zum Sammelbecken überlebender Jüdinnen und Juden in der Nachkriegszeit wurde. Trotzdem musste Neuhaus erkennen, dass die alte Gemeinde nicht mehr wiederherstellbar war und sich in Frankfurt eine neue Zusammensetzung von überlebenden Jüdinnen und Juden herausbildete. Hinzu kam die abweisende Einstellung der deutschen Bevölkerung bis hin zu erneuten antisemitischen Vorkommnissen. Neuhaus' Enttäuschung war voraussehbar. Schon im Juni 1946 verließen er und seine Frau Frankfurt wieder und zogen in die USA, wo ihr Sohn in New York lebte. Doch auch in den USA gelang es Neuhaus nicht mehr, Fuß zu fassen. Seiner Chronistin Helga Krohn zufolge hoffte Neuhaus vergeblich, noch einmal als Rabbiner nach Frankfurt eingeladen zu werden. „Mit großer Sehnsucht nach Frankfurt starb er 1954 in Armut und Verbitterung."[3]

Trotzdem: Er war der letzte Rabbiner Frankfurts in der Zeit der Schoa und der erste Rabbiner danach.

Das Konvolut enthält etwa 6.500 Karten. Aus Frankfurt fuhren jedoch 30 Deportationszüge mit etwa 10.000 Jüdinnen und Juden in Ghettos, Konzentrations- und Vernichtungslager.[4] Warum gibt es in der Kartei nur Einträge mit den Zielorten Minsk, Litzmannstadt (Lodz) oder Theresienstadt? Warum sind nicht die anderen Todesziele aufgenommen? Die Züge nach Kovno/Kaunas, Majdanek, Izbica, Raasiku/Raziku? Worauf basieren die Karten? Es kann keine sichere Antwort hierauf gegeben werden, was die Kartei zu einem Mysterium macht. Bis wann wurde sie verwendet? Die Vermerke auf den Karten gehen bis in die späten 1960er Jahre. Die Angaben auf den Karteikarten waren nicht akkurat genug, so dass die Jüdische Gemeinde die Kartei schon bald nach ihrer Einrichtung nicht mehr verwendete. Die deutsche Richterschaft war ideologisch zu großen Teilen vom NS-Staat geprägt, verhielt sich abweisend gegenüber den Opfern und bagatellisierte deren Erlebnisse. Möglicherweise war es für jüdische Überlebende zu riskant, im Zuge von Entschädigungsverfahren Dokumente vorzulegen, die ungenau waren. Vielleicht war das der Grund, weshalb die Frankfurter Gemeinde die von Rabbiner Neuhaus angelegte Kartei nicht lange verwendete. Ohnehin existierte bereits parallel in Frankfurt der von den Alliierten installierte Internationale Suchdienst. Dieser entwickelte sich auf der Grundlage von seit 1943 gezielt gesammelten Angaben zu den Deportationen und Verbrechen zur Hauptanlaufstelle. 1946 wurde er in die nordhessische Kleinstadt Arolsen verlegt.[5] Vielleicht war er schon damals die zielführendere Auskunftsstelle für die Nachverfolgung der Schicksale der verfolgten Jüdinnen und Juden.

Aber vielleicht diente die Deportationskartei gar nicht einmal so sehr als Grundlage für Entschädigungsverfahren, sondern sollte entsprechend einer viel tieferen Motivation von Rabbiner Neuhaus Zeugnis ablegen von der Frankfurter Vorkriegsgemeinde. Auch wenn diese untergegangen war, konnte doch gerade die Dokumentation ihrer Auslöschung ein Gedächtnis schaffen, das sich zugleich auf das „danach" richtete. Vielleicht untermauerte Neuhaus mit dieser Kartei sein Verständnis von der wieder zu gründenden neuen Jüdischen Gemeinde. Er war gekommen, um wieder anzuknüpfen. Die so früh von ihm angelegte Kartei könnte darum nicht nur als Dokumentation der Verfolgung, sondern zugleich im Lichte des „danach" als Zeugnis eines jüdischen Frankfurts gesehen werden, das es zwar nicht mehr gab, aber das in der Erinnerung wachgehalten werden soll.

Von anderen Forschungsvorhaben weiß ich, dass es nicht immer darauf ankommt, große Archivkonvolute zu haben, um etwas erfassen zu können. Manchmal sind es gerade die Lücken, die kleinen Informationssplitter, wie die zusätzlichen Angaben auf den Karten, die Überlegungen möglich machen und zu guten Fragen führen. Unwillkürlich denke ich an die „weißen Buchstaben" zwischen den schwarzen Buchstaben, einer Lehre, die dem talmudischen Bild vom schwarzen Feuer auf weißem Feuer entstammt, mit dem Gott die Tora geschrieben habe.[6] Die weißen Buchstaben sind danach die Leerräume zwischen den schwarzen. Sie haben nicht weniger Intensität, werden allerdings erst durch die Beschäftigung mit den schwarzen Buchstaben erkennbar – sie offenbaren Mehrdeutigkeiten, versteckte Hinweise, unverhofft andere Zugänge und eröffnen einen Ozean an zusätzlichen Interpretationen. Erst durch die Beschäftigung mit den weißen Buchstaben empfangen die schwarzen Buchstaben ein Leben in der Gegenwart. Das bezieht sich jedoch auf die Tora und nicht auf eine Kartei mit Namen von Toten. Aber wird die Tora am Ende ihres Dienstes nicht begraben wie ein Mensch? Ist darum nicht jeder Mensch irgendwo auch eine Tora und sind nicht beide für das ewige „Bündel des Lebens" bestimmt?

Im Gespräch mit Daniela Lewin, der Leiterin der Kulturabteilung der Jüdischen Gemeinde Frankfurts, die die Aufarbeitung der Kartei initiiert hat, geht es unter anderem um die soziale Zusammensetzung der Mitglieder in der Vorkriegsgemeinde. Gern wird das einstige Frankfurter Judentum in seiner geistigen und kulturellen Größe wahrgenommen. Aber das Frankfurt der kleinen jüdischen Leute war nicht weniger wertvoll. Von ihnen gab es Tausende, die ganz selbstverständlich, geradezu unspektakulär das Gros des jüdischen Bevölkerungsanteils in der Stadt ausmachten, Menschen, die täglich ihrer Arbeit nachgingen, Geschäfte hatten oder Angestellte waren, ihre familiären und beruflichen Verpflichtungen erfüllten – Menschen, die die jüdischen Feiertage hielten, im Alltag die jüdischen Regeln praktizierten, ohne großes Aufhebens darum zu machen, die sich für die jüdische Gemeinschaft engagierten und zugleich entscheidend zum jüdischen Flair Frankfurts beitrugen. Ihnen gibt die Kartei von Rabbiner Neuhaus die Chance, im Gedächtnis zu bleiben. Die Jüdische Gemeinde hat sich angesichts des 75-jährigen Jubiläums der Nachkriegsgemeinde entschieden, 75 Frankfurter Jüdinnen und Juden der Vorkriegsgemeinde zu porträtieren. Fast alle von ihnen kommen in der Kartei vor. Die Porträts beschreiben ihren Leidensweg. Doch aus den beruflichen Tätigkeiten der Porträtierten, ihren Wohnorten, den Straßennamen Frankfurts, die bis heute populäre Wohngegenden sind, spricht auch eine Lebenswirklichkeit.

Ich wage die persönliche Frage: Ist auch meine Urgroßmutter in der Kartei?

Charlotte Lang, geb. Weil

Es gibt fast keine Angaben zu ihr auf dieser Karte. Nur das Minimum:

geb. 17.1.[18]69 Kippenheim
zuletzt wohnhaft: Ffm. Wöhlerstr. 8
deportiert am 18.8.1942 nach Theresienstadt
am 5.10.43 in Theresienstadt verstorben

Meine Familie gehörte ebenfalls zu den eher kleinen jüdischen Leuten, Geschäfteinhabern, Handeltreibenden, Kaufleuten. Eigentlich wohnte Charlotte in Bad Homburg v. d. Höhe. Jedenfalls wurde dort ihr Sohn, mein Großvater, geboren. Auf der Karteikarte wird jedoch als letzte Adresse die Wöhlerstraße genannt, wo sich das jüdische Altersheim befand. Das heißt, dass meine Urgroßmutter Frankfurt als Alterssitz gewählt hatte. Vielleicht war es in der Nazizeit sicherer, sich als betagte jüdische Frau in einem organisierten jüdischen Umfeld aufzuhalten, als antisemitischen Angriffen in einer Kleinstadt wie Bad Homburg ausgesetzt zu sein. Ich kenne eigentlich kaum Geschichten über Charlotte. Wohl wusste ich um ihre Deportation nach Theresienstadt. Und es gibt auch einen mit Bleistift geschriebenen Brief von ihr aus dem KZ. Er folgt vorgefertigten Formulierungen und erklärt, dass es ihr gutgehe. Sie bittet allerdings, dass man ihr eine Haarbürste schicken möge. Die war ihr wahrscheinlich bei der Ankunft abgenommen worden. Jetzt sehe ich anhand der Daten auf der Karteikarte, dass Charlotte bei ihrer Deportation 1942 schon über 73 Jahre alt war und dass sie bis zu ihrem Tod 1943 noch ein knappes Jahr lebte. Wie mag in ihrem Alter ihr täglicher Überlebenskampf gewesen sein? Wo war ihre Unterkunft? Wer war mit ihr? Wie erlebte sie das zusammengepferchte Leben auf engstem Raum, den Hunger, die katastrophalen Zustände, den allgegenwärtigen Tod? Bis zu einem gewissen Zeitpunkt gab es noch jüdische Bestattungen am Rande des Lagers. Aber Charlotte gehörte wohl schon zu denjenigen, die eingeäschert wurden und deren Asche kurz vor Kriegsende, zur Spurenverwischung, in den Fluss Eger geworfen wurde. Mit ihrem Todesdatum wird mir erstmals auch ihr Geburtsdatum, 1869, richtig bewusst. Das bedeutet, dass sie 1911, als sie meinen Großvater zur Welt gebracht hatte, schon über 40 Jahre alt war. Er war ihr einziges Kind. Ein Onkel von mir, der rechtzeitig nach New York emigriert war, witzelte einmal mir gegenüber, sie sei bereits eine alte Jungfer gewesen, als mein Urgroßvater, ein zweifacher Witwer, sie heiratete. Jetzt schaue ich auf ihre Daten und frage mich, wie es damals wohl war, als über 40-jährige Frau ein Kind auf die Welt zu bringen und aufzuziehen. Es gibt noch ein Foto von ihr, auf dem sie stolz den kleinen David, meinen Großvater, im Arm hält. Nicht wenige meiner Freundinnen bekommen heute auch erst mit 40 ihr erstes Kind. Heute ist das nicht ungewöhnlich. Wie war es für Charlotte damals? Unwillkürlich merke ich, dass mich die Karteikarte weniger nach der Tatsache ihrer Ermordung fragen lässt als vielmehr nach ihrem Leben – sogar in Theresienstadt. Unwillkürlich erlebe ich einen Liebesmoment. Unwillkürlich trage ich weitere schwarze Buchstaben zu den vielen weißen Buchstaben über Charlotte Lang geb. Weil ein. Unwillkürlich stelle ich fest, wie sich eine Erinnerung an sie zu bilden beginnt. Keine Erinnerung an gemeinsame Begebenheiten und Geschehnisse, aber ein Bewusstsein dafür, dass meine Urgroßmutter gelebt hat und in meinen Zugängen zu ihrem Leben etwas von ihr präsent bleibt.

Zum Judentum gehört das Archivieren. Es gibt viele Theorien, warum die Hebräische Bibel geschrieben wurde. Eine besagt, dass es sich um archivierte Geschichte handelt. Die Wissenschaft hat längst herausgefunden, dass vieles, was in der Bibel geschrieben steht, historisch gesehen nicht stimmig ist. Aber das macht den biblischen Text nicht weniger wahr – als Sichtweise, in der das Vergangene auf eine Weise bewahrt wird, dass es zu einem Geschehen in der Gegenwart werden kann. Indem wir die Tora lesen, uns mit dem Text beschäftigen, ihn auslegen, interpretieren, bleibt er lebendig. Die Rabbinen legten großen Wert darauf, dass die langen Namenslisten in der Tora genauso wichtig sind wie etwa das Gebot der Nächstenliebe.[7] Nach der Geschichte von Kain und Abel zählt die Tora in einem längeren Namensregister die Protagonisten von 70 Generationen auf.[8] Ihre Namen enthalten Bedeutungen, Anspielungen, weltanschauliche Zeichen, Hinweise auf zivilisationsgeschichtliche Meilensteine. Man kann sich einfach einen dieser Namen nehmen – über ihn nachdenken und ihn auf diese Weise sprechen lassen. Es ist egal, ob wir richtig oder falsch über den Genannten denken, irgendwie treten wir in eine Art Kommunikation – und das Gedächtnis an ganz vergangene Epochen bleibt lebendig. Immer wieder gibt es in der Tora solche Namenslisten. So werden zu Beginn des Buches Exodus die Namen der Personen aufgezählt, die nach Ägypten gezogen sind. Nach der Rückkehr aus dem Babylonischen Exil wird im biblischen Bericht ein Buch des „Geschlechtsverzeichnisses" angelegt, darin sind die Rückkehrer namentlich vermeldet, die „Söhne der Landschaft, welche hinaufgezogen aus der Gefangenschaft des Exils",[9] danach folgt in rund 70 Versen eine lange Liste von Namen.[10] Sind die Namen der Deporationskartei in einen solchen Zusammenhang zu bringen?

Archivieren ist auch eine Form des Überlebens. In Osteuropa wurde die jüdische Kultur des Archivierens zur höchsten Blüte gebracht. Als 1925 das YIVO (Yidisher visnshaftlekher institut) gegründet wurde, folgte es einer bereits bestehenden Tradition, durch Archivieren Widerstand gegen den Versuch der kulturellen Auslöschung zu leisten. Trotz der Pogrome in Osteuropa, trotz der Schoa, trotz der Nivellierung des Judentums in der Sowjetunion wurde dank des YIVO die große jiddische Kultur im Gedächtnis bewahrt. Bis 1941 hatte das YIVO seinen Sitz in Wilna/Vilnius, heute ist es in New York zum größten Forschungszentrum für die jüdische Kultur Osteuropas geworden. In diesem Geist hatte der Mitgründer und Historiker Emanuel Ringelblum das Oyneg Shabes-Archiv im Warschauer Ghetto geschaffen, ein Untergrundarchiv, das die tägliche Wirklichkeit der jüdischen Bevölkerung im Zeichen der deutschen Verbrechen dokumentierte.[11] Zum Mitarbeiterstab gehörte auch Marcel Reich-Ranicki.[12] Dank des Archivs wurden 36.000 Seiten Material gesichert, die in metallenen Milchkannen unter Häusern vergraben oder aus dem Ghetto herausgeschmuggelt wurden. Zugleich schuf es die Grundlage für das heutigen Verständnis von *counter history*, in der nicht die Sicht der Täter den Blick beherrscht, sondern das Geschehen aus der Perspektive der Opfer darstellbar wird.

In verschiedenen osteuropäischen Städten gab es ebenfalls solche Untergrundarchive, die mit Blick auf die nächsten Generationen Widerstand gegen das Unsichtbarmachen und Zum-Schweigen-Bringen der Ermordeten leisteten. Auch in Wilna/Vilnius tat sich, kurz bevor die Deutschen Litauen besetzten, eine Gruppe von jüdischen Journalisten und Schriftstellern zusammen, die aus Polen geflüchtet waren, um den *khurbn*, den Untergang der jüdischen Welt, professionell zu dokumentieren.[13] Im Wissen, dass sie selbst nicht überleben würden, richteten sie sich bewusst an die Generation danach, die diese Dokumente lesen und durch Aufarbeitung die untergegangene Welt im Gedächtnis halten würde. Sogar im Vernichtungslager Auschwitz-Birkenau hat im „Sonderkommando" – das waren inhaftierte Juden, die gezwungen wurden, bei den Krematorien zu arbeiten, und unmittelbar die Vergasung und Verbrennung von Tausenden Jüdinnen und Juden erlebten – eine kleine Gruppe unter größter Lebensgefahr Papier beschafft und den täglichen Massenmord beschrieben. Nach der Befreiung wurden die Schriftstücke gefunden. Sie waren in mit Wachs versiegelten Flaschen auf dem Gelände der Krematorien vergraben worden. Aurélia Kalinsky spricht von einem „Geheimarchiv" des Sonderkommandos auf dem Gelände von Auschwitz-Birkenau, das „zweifelsohne in Verbindung und in Kontinuität betrachtet werden [muss], mit der seit Ende des 19. Jahrhunderts von ostjüdischen Intellektuellen geförderten Aktivität des Sammelns von Dokumenten und des Aufzeichnens der jüdischen Geschichte".[14]

In Frankfurt gab es kein solches Untergrundarchiv, das die tägliche Verfolgung dokumentierte. Vielleicht lag es daran, dass die deutschen Jüdinnen und Juden keine Tradition des Widerstands gegen ihre kulturelle Auslöschung entwickelt hatten, weil ihnen keine Pogrome wie in Osteuropa widerfahren waren und sie vielmehr an ihre Zukunft in Deutschland glaubten. Könnte die von Rabbiner Neuhaus so früh angelegte Kartei der Beginn eines solchen Archivs gewesen sein? Wir wissen es nicht. Es fehlen jedenfalls viele schwarze Buchstaben – Tagebücher, Fotos, Briefe, Gegenstände, die mit den deportierten Personen zu tun haben –, die die Deportationskartei zu einem „Deportationsarchiv" machen würden.

Als ich in den frühen 1990er Jahren nach Riga reiste, hatte dort ein Bekannter von mir, Margers Vestermanis, ein jüdisches Dokumentationszentrum gegründet. Dort konnten lettische Bürgerinnen und Bürger übriggebliebene Zeugnisse von ihren ermordeten jüdischen Nachbarn abgeben. Das Dokumentationszentrum erfuhr einen erstaunlichen Zulauf. Ich erlebte, wie Lettinnen und Letten kamen und kleine Dinge mitbrachten, die in einer Verbindung mit den Ermordeten standen, und so eine Erinnerung an die einstige jüdische Bevölkerung Lettlands schufen. Vielleicht ist so etwas auch für die Deportationskartei denkbar. Vielleicht kann sie die Grundlage bilden und zu einem Archiv der deportierten Jüdinnen und Juden Frankfurts ausgebaut werden.
Das Foto meiner Urgroßmutter Charlotte Lang geb. Weil und ihr Brief aus dem KZ Theresienstadt könnten dort einen Ort finden. Auch die 75 Porträts bilden einen Anfang.

Quellen

— [1] Über Rabbiner Dr. Leopold Neuhaus siehe Krohn, Helga: „Es war richtig wieder anzufangen." Juden in Frankfurt am Main seit 1945, Frankfurt am Main 2011, entlang dem Personenregister. Siehe außerdem Freimüller, Tobias: Frankfurt und die Juden. Neuanfänge und Fremdheitserfahrungen 1945–1990, Göttingen 2020

— [2] Krohn, S. 35

— [3] Krohn, S. 47

— [4] Heuberger, Georg (Hrsg.): „Und keiner hat für uns Kaddisch gesagt...". Deportationen aus Frankfurt am Main 1941 bis 1945, Frankfurt am Main/Basel 2005

— [5] Heute bekannt als „Arolsen Achives – International Center on Nazi Persecution" – siehe www.arolsen-archives.org

— [6] Jer. Talmud, Sota 8, 3, 37a

— [7] Sifra zu Lev. 19, 18

— [8] Gen. 4,17–5,32

— [9] Neh. 7, 5–7

— [10] Neh 7, 7–73

— [11] Siehe z.B. Didi-Huberman, Georges: Zerstoben. Eine Reise in das Ringelblum-Archiv des Warschauer Ghettos, Konstanz 2022

— [12] Reich-Ranicki, Marcel: Mein Leben, Stuttgart 1999, S. 215–216

— [13] Schulz, Miriam: Der Beginn des Untergangs. Die Zerstörung der jüdischen Gemeinden in Polen und das Vermächtnis des Wilnaer Komitees, Berlin 2016

— [14] Gradovski, Salmen: Die Zertrennung. Aufzeichnungen eins Mitglieds des Sonderkommandos, Berlin 2019, S. 37 und S. 277–282. Einleitung „Flaschenpost an die Welt danach“ sowie Nachwort „Schreiben in Auschwitz“ von Aurélia Kalisky

75 Leben

ALPHONSE FEIBELMANN

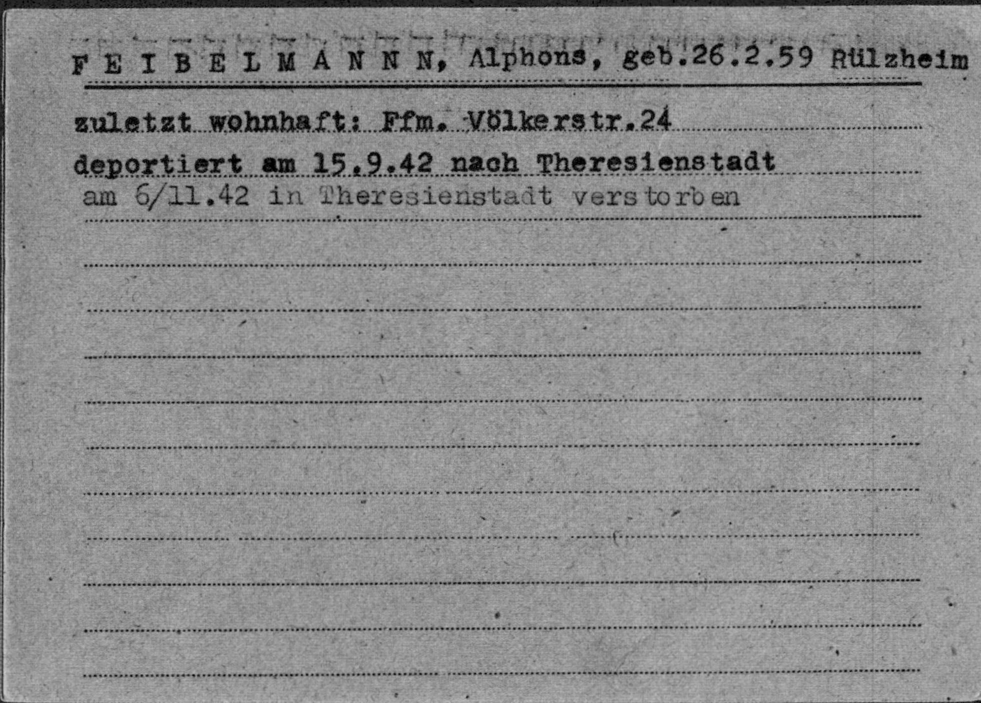

F E I B E L M A N N N, Alphons, geb.26.2.59 Rülzheim

zuletzt wohnhaft: Ffm. Völkerstr.24

deportiert am 15.9.42 nach Theresienstadt

am 6/11.42 in Theresienstadt verstorben

— * 26.02.1859 Rülzheim
— ✡ 06.11.1942 Theresienstadt (Terezin/Tschechien)

— Deportation 15.09.1942 nach Theresienstadt (Terezin/Tschechien)

Leben

Alphonse (auch: Alfons/Alphons) Feibelmann stammte aus Rülzheim in der Pfalz. Seine Eltern waren der Kaufmann Isaak Feibelmann (1827–1916) und dessen Ehefrau Barbara geb. Krauß (1833–1905). Über Kindheit, Jugend und Ausbildung Feibelmanns gaben die eingesehenen Unterlagen keine Auskunft.

Im Herbst 1892 im Alter von 33 Jahren heiratete Alphonse Feibelmann die 21-jährige Lina Feitler (1871–1934) aus Darmstadt. Mit ihr bekam er zwei Kinder, 1893 wurde Tochter Elsa Rose (1893–1986) geboren, 1897 folgte Sohn Hans Joseph (1897–1994). Beide Kinder kamen in Zürich/Schweiz zur Welt. Von dort aus zog die Familie 1905 nach Frankfurt, sie erwarb eine Immobilie unter der Adresse Auf der Körnerwiese 5 und wurde dort sesshaft. Das Adressbuch von 1906, welches Alphonse Feibelmann erstmalig nennt, führt ihn als Kaufmann und einzige Person dieses Nachnamens in Frankfurt. Bereits im Jahr darauf findet sich hinter seinem Namenseintrag der zusätzliche Verweis auf das Unternehmen *Collin & Co.*, ein Großhandel für Tüll und Spitze, wo Feibelmann gemeinsam mit drei weiteren Personen →S. 88 als Inhaber fungierte.

Die Feibelmanns lebten fast 20 Jahre unter der Adresse Auf der Körnerwiese 5, bis sie 1923 in die Wolfsgangstraße 81 zogen, wo sie bis zum Sommer 1929 wohnten. Alphonse Feibelmann war bis Anfang 1933 Mitinhaber des Unternehmens *Collin & Co.*, anfänglich aktiv und später offenbar nur noch als stiller Teilhaber. Das Adressbuch führte ihn ab

1928 erstmalig nicht mehr als Kaufmann, sondern als Privatier. Zu diesem Zeitpunkt war Feibelmann 69 Jahre alt. Sechs Jahre später, 1934, starb seine Frau Lina mit 69 Jahren in Wiesbaden, in die dortige Taunusstraße 45 war das Paar nach Angaben der Sterbeurkunde zwischenzeitlich verzogen.

Der Witwer Feibelmann zog anschließend zurück nach Frankfurt, das genaue Datum ist bislang unklar. Spätestens im Herbst 1940 war er in der Stettenstraße 10 wohnhaft. Dort lebte auch die Jüdin Rosa verw. Hammerschlag geb. Sostberg (1881–unbekannt). Feibelmann und Hammerschlag waren jedoch bereits nach kurzer Zeit gezwungen, aus dem Haus Stettenstraße 10 umzuziehen, in die nur wenige Gehminuten entfernte Voelckerstraße 24.

Am 30. Dezember 1941 heiratete Alphonse Feibelmann die 22 Jahre jüngere, aus dem nordrhein-westfälischen Horn/Lippe stammende Rosa Hammerschlag. Am 15. September 1942 wurde das Ehepaar Feibelmann nach Theresienstadt deportiert, gemeinsam mit weiteren Bewohner*innen des Hauses Voelckerstraße 24: Ilse Friedländer (1906–unbekannt), Marie Friedländer geb. Grosser (1874–unbekannt), Anna Gallinger geb. Hess (1875–unbekannt), Moritz Kahn (1873–1942) und Emma Koch (1882–1943).

Am 6. November 1942 starb Alphonse Feibelmann im Alter von 83 Jahren in Theresienstadt. Rosa Feibelmann wurde weiterverschleppt nach Auschwitz, ihr Todesdatum ist bisher unbekannt.

1950 stellte Alphonse' Sohn Hans Joseph Feibelmann, der zwischenzeitlich amerikanischer Staatsbürger geworden war, in New York als Künstleragent bzw. -vertreter lebte und sich nun H. J. Fybel nannte, einen „Antrag auf Grund des Gesetzes zur Wiedergutmachung nationalsozialistischen Unrechts". Hans J. Fybel war am 3. April 1937 über Antwerpen mit der ***SS Pennland*** nach New York emigriert. Den Wiedergutmachungsantrag stellte er in seinem Namen und dem seiner Schwester

Else, die gemeinsam mit ihrem Mann Siegfried Carsch (1883–1966) 1941 von Marseille über Trinidad nach New York hatte flüchten können.

Über anderthalb Jahrzehnte musste die von den Geschwistern beauftragte Anwältin Dr. jur. Ruth A. Klein auf allen Formularen vermerken, dass die Erben nach Alphonse Feibelmann die Geschwister Fybel/Carsch waren, die Erbberechtigten nach Rosa Feibelmann geb. Sostberg jedoch noch nicht hatten gefunden werden können. Erst auf einem Bescheid vom August 1965, 20 Jahre nach Kriegsende, konnten auch die Erbinnen*Erben nach Rosa Feibelmann namentlich als Anspruchstellende aufgeführt werden.

(MB)

Quellen

— ITS Digital Archive, Arolsen Archives / 2.2.2.2 Personenstandsurkunden Westzone allgemein / Personenstandsurkunden Westzone allgemein / Sign. 02020202 176 / Doc. ID 76738543
— HStAMR, 901, 194
— HStAMR, 925, 2889
— HHStAW, 518, 11183
— HHStAW, 676, 6870
— ISG FFM, A.12.0, F02269

ISAAC WILHELM EPSTEIN

— * 26.10.1860 Leipzig
— ✡ 18.02.1941 Frankfurt am Main

Leben

Als Sohn einer gutsituierten, jüdischen Kaufmannsfamilie wurde Isaac Wilhelm Epstein 1860 in Leipzig geboren. Seine Eltern waren der Finanzfachmann Max Epstein (1828–1871), der für das Unternehmen ***S. Fränkel*** arbeitete, und Ernestine Epstein geb. Fränkel (1832–1898), die, anders als die restliche Familie, sehr fromm war. Wilhelm Epstein hatte vier Geschwister, davon eine ältere Schwester, Laura Levy (1858–1940), zwei jüngere Schwestern, Marie Löwenthal (1870–1941), Hausfrau, die mit Dr. Richard Löwenthal verheiratet war, und Therese Fränkel (1865–1915), die in Köln lebte. Sie hatte zwei Kinder. Ihre Tochter Marta Fränkel (auch Fraenkel) (1896–1976) war lange als Ärztin in Deutschland tätig und in jungen Jahren durch ihren Onkel Wilhelm Epstein in der Ausbildung geprägt worden, bevor sie 1933 in die USA emigrierte. Ihr Sohn Ernst Fraenkel (1898–1975) engagierte sich im Widerstand gegen den Nationalsozialismus, floh 1938 aus Deutschland und schlug eine wissenschaftliche Karriere ein, die ihn nach dem Krieg zu einem der Begründer einer modernen Politikwissenschaft in der Bundesrepublik werden ließ.

Vom Sozialdemokraten Wilhelm Liebknecht, dem Vater des Marxisten Karl Liebknecht (1826–1900), ließ Max Epstein seine älteren Kinder neben der Schule im Fach Sozialkunde unterrichten. Liebknecht und Epstein engagierten sich stark in der frühen Arbeiterbewegung und saßen im Vorstand des Arbeiterbildungsvereins in Leipzig, einer Vorgängerorganisation der SPD. 1869 gründete Liebknecht die ***Sozialdemokratische Arbeiterpartei***, die sich 1875 mit dem ***Allgemeinen Deutschen***

Arbeiterverein zur Sozialistischen Arbeiterpartei Deutschlands zusammenschloss. Als Folge dieser Erziehung und Bildung entwickelte Wilhelm Epstein schon früh ein besonderes Interesse für soziale Belange und die Politik.

Am 27. März 1911 im Alter von 51 Jahren heiratete er die über 20 Jahre jüngere Frankfurterin Maria Elisabeth Beling (1881–1948). Seine Braut, die zeitlebens Else genannt wurde, stammte aus einer protestantischen Familie, ihr Vater war der kaiserliche Reichsbankdirektor Johann Heinrich Beling (1853–1924), ihre Mutter Maria Elisabeth Beling geb. Rhumbler (1860–1933). Nach dem Abschluss der Höheren Mädchenschule nahm sie an einem Lehrgang für Haushaltslehrerinnen teil, an der Frankfurter *Akademie für Sozial- und Handelswissenschaften*, dem Vorgänger der heutigen Frankfurter Goethe-Universität, studierte sie für zwei Jahre Volkswirtschaft, Jura und Sozialpädagogik. Anschließend nahm sie eine Stelle als Assistentin im Rhein-Mainischen Verband für Volksbildung an und organisierte Vorlesungen, Kurse, Abendprogramme sowie Führungen in Museen und an Orten in der Region. Es folgte eine ehrenamtliche Tätigkeit im Ausschuß für Volksvorlesungen Frankfurt am Main. Hier war Wilhelm Epstein der Geschäftsführer. Die Professionalisierung der öffentlichen Erwachsenenbildung lag ihm sehr am Herzen, so gilt er als Gründervater der heutigen Volkshochschule in Frankfurt. Von 1906 bis 1930 war er als Geschäftsführer des *Ausschusses für Volksbildung* tätig, der 1919 in *Frankfurter Bund für Volksbildung* (FBfV) umbenannt wurde. Obwohl dieser bereits 1890/91 gegründet worden war, erlangte er erst durch gemeinsame Arbeit des Ehepaares Epstein an Bedeutung und avancierte zu einer deutschlandweit führenden Bildungsinstitution. Durch Wilhelm Epsteins Zutun wurde das angebotene Lehrprogramm rapide ausgebaut, neben Einzelvorlesungen wurden so etwa Kurse zur Elementarbildung eingeführt. Reisen ins Ausland wurden ebenso zum Standard wie die Zusammenarbeit mit ausländischen Bildungseinrichtungen. Als „Vorkämpfer der Volksbildung" wurde das Ehepaar Epstein in einem Artikel der Frankfurter Rundschau nach dem Krieg gewürdigt.

Ab 1919 wurde Wilhelm Epstein als SPD-Mitglied Teil der Frankfurter Stadtverordnetenversammlung. 1930 entschied er sich, in den vorläufigen Ruhestand zu treten. Obwohl Wilhelm Epstein 1933 bereits 73 Jahre alt, im Ruhestand und mit einer Nicht-Jüdin verheiratet war, blieb er von den antisemitischen Maßnahmen nicht verschont. Seine Rente wurde ihm gestrichen, 1939 zwang ihn die Verordnung über die Ablieferung von Wertgegenständen dazu, einige Familienerbstücke aus Silber abzugeben,

> ***deren Erinnerungswert (…) ihren Materialwert erheblich übersteigt. (…) Ich nehme an, dass meine im Ausland (USA und Palästina) lebenden Neffen und Nichten geneigt sein würden, diese Gegenstände gegen Ersatz des Wertes in Devisen sich zu sichern. Ich frage hierdurch an, ob das gestattet sein würde.***

Auch seine nichtjüdische Ehefrau Else war durch die Ehe mit Wilhelm gezwungen, ihre Arbeit niederzulegen. 1941 starb Wilhelm Epstein nach Krankheit an einem Schlaganfall in der gemeinsamen Wohnung.

Im gleichen Jahr wurde Else Epstein zum ersten Mal von der Gestapo verhaftet, nachdem ein Nachbar sie wegen Kontakts mit jüdischen Freund*innen und Kolleg*innen denunziert hatte. 1942 wurde sie wegen „Judenfreundschaften" erneut verhaftet und für zehn Monate im Frauen-KZ Ravensbrück inhaftiert. Anschließend tauchte sie im Schwarzwald unter und kehrte nach Kriegsende 1945 direkt nach Frankfurt zurück, wo sie die Wiederzulassung des FbfV durch das amerikanische ***Office of Military Government for Greater Hesse*** erwirkte und sich bis zu ihrem Tod 1948 intensiv um den Wiederaufbau der Erwachsenenbildung kümmerte. Ehemaligen NSDAP-Mitgliedern blieb die Mitgliedschaft verwehrt. Daneben wirkte sie ab 1945 als Gründungsmitglied der CDU in Frankfurt am Main und wurde vom damaligen Oberbürgermeister in den Frankfurter Bürgerrat, das Frankfurter Vorparlament, berufen. Es folgte ein Mandat als CDU-Stadtverordnete. Außerparteilich wirkte sie unter anderem im Frankfurter Frauen-Ausschuss und war Aufsichtsratsmitglied der Saalbau AG. Trotz ihres großen gesellschaftlichen wie politischen Engagements ist Else Epstein heute in Frankfurt beinahe vergessen.

(IH)

Quellen

- HHStAW, 518, 10769, 15666/94/F
- HHStAW, 519/3, 16271
- ISG FFM, S2, 603
- ISG FFM, S2, 1001
- ISG FFM, STA 12, 882
- HStAMR, 903, 246
- Hoffmann, Jessica, Bahrdt, Helena u. Baratella, Nils (Hrsg.): Die Geschichte der Freien Universität Berlin. Ereignisse – Orte – Personen, Leipzig 2008
- Drummer, Heike u. Zwilling, Jutta: Zwei Leben für die Volksbildung. Else und Wilhelm Epstein, 2011, in: frankfurt1933–1945.de
- Ladwig-Winters, Simone: Ernst Fraenkel. Ein politisches Leben, Frankfurt am Main 2009
- Franke, Tara: Marta Fraenkel. Aufklärerin im Dienst der Frau, 2020, in: dhz-online.de

MARIE ELEONORE PFUNGST

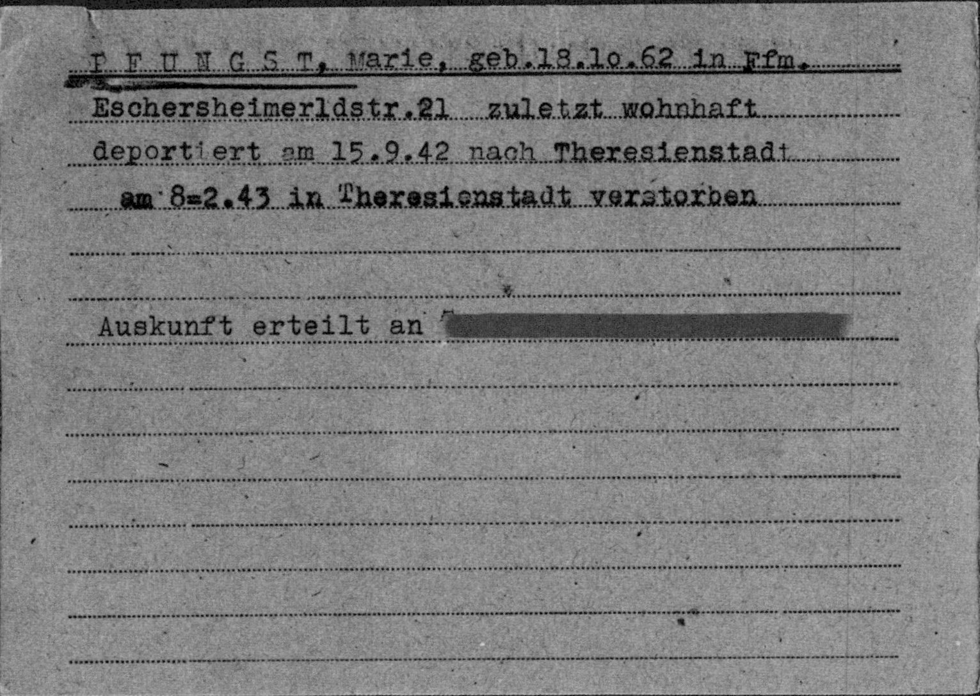

P F U N G S T, Marie, geb.18.1o.62 in Ffm.

Eschersheimerldstr.21 zuletzt wohnhaft

deportiert am 15.9.42 nach Theresienstadt

am 8=2.43 in Theresienstadt verstorben

Auskunft erteilt an [redacted]

- * 18.10.1862 Frankfurt am Main
- ✡ 08.02.1943 Theresienstadt (Terezin/Tschechien)

- Deportation 15.09.1942 nach Theresienstadt (Terezin/Tschechien)

Leben

Im September 1876 berichteten die Zeitungen über die in Frankfurt stattfindende Generalversammlung des elf Jahre zuvor gegründeten ***Allgemeinen Deutschen Frauenvereins***. Vor 200 Teilnehmer*innen benannte die stellvertretende Vorsitzende Auguste Schmidt in ihrer programmatischen Rede die vollständige Erwerbstätigkeit aller Frauen als zentrales Ziel der Emanzipation: „[...] jede Frau hat innerhalb und außerhalb des Hauses einen Beruf zu vertreten; dieser Beruf soll aus sittlicher und nicht aus materieller Nöthigung ergriffen werden“, und weiter: „damit diese sittliche Nöthigung von der Frau empfunden und sie zu diesem Beruf fähig gemacht werde, muß schon durch die Erziehung darauf hingewirkt werden“.

Dieser Prämisse der Frauenbewegung der zweiten Hälfte des 19. Jahrhunderts verpflichtet, wirkte Marie Eleonore Pfungst als erfolgreiche Frankfurter Fabrikantin, Stifterin und Wohltäterin und ganz zentral als Frauenrechtlerin. Es ist deshalb kein Zufall, dass in dem für die frühe Frauenbewegung bedeutenden ***Luise-Otto-Peters-Archiv*** in Leipzig eine Originalbroschüre aus der Bibliothek von Marie Pfungst erhalten ist, die 1902 in Würdigung der unlängst verstorbenen bedeutenden Leipziger Frauenrechtlerin Auguste Schmidt erschien. Mit dem Erwerb der Broschüre leistete Marie Pfungst im Zeichen der Frauensolidarität auch einen Beitrag zugunsten des geplanten ***Auguste-Schmidt-Hauses*** in Leipzig, „einer Heimstatt für Veranstaltungen Leipziger Frauenvereine mit Saalbau, Gartenwirtschaft, Nebenräumen, Übernachtungsmöglichkeiten für Frauen".

Wie Auguste Schmidt in Leipzig sollte Marie Pfungst über Jahrzehnte in Frankfurt ihr politisches, soziales und kulturelles Wirken entfalten sowie emanzipatorische Projekte verfolgen, Netzwerke aufbauen und Institutionen gründen, die die Lage von Frauen und Mädchen sowie von Arbeiterinnen und Arbeitern deutlich verbesserten.

Als 1876 die Generalversammlung in Frankfurt tagte, war Marie Pfungst 13 Jahre alt und wuchs mit ihren zwei Brüdern in einem progressiven bürgerlichen Elternhaus an der Hanauer Landstraße auf. Julius (1834–1899) und Rosette Pfungst geb. Oppenheimer (1839–1922), hatten 1871 eine Fabrik gegründet, welche die Alleinvertriebsrechte für Naturschmiergel der Insel Naxos besaß, die ***Naxos-Union Schleifmittel- und Schleifmaschinen-Fabrik***. Firmensitz war die Wittelsbacher Allee. Maries Mutter, Rosette Pfungst, war von Beginn an Miteigentümerin der Firma und in die betriebliche Verwaltung eingebunden. Das Unternehmen war erfolgreich, beschäftigt waren um 1900 rund 700 Arbeiter*innen, ab 1880 war die Unternehmenstätigkeit auf die Produktion von Schleifmaschinen ausgeweitet worden. Der aus Hessen-Darmstadt stammende Vater, Julius Pfungst, hatte 1859 das Frankfurter Bürgerrecht erworben, welches noch eingeschränkt war und erst ab 1864 gleichberechtigt auch für jüdische Bürger galt. Als Fell- und Rauchwarenhändler war er in Europa auf Reisen und hatte im Zuge dessen auch Naxos besucht.

Im Elternhaus war Marie das älteste von vier Kindern. Ihre Schwester Hedwig Auguste verstarb allerdings bereits 1873 mit drei Jahren, ihr Bruder Moritz Julius 1894 im Alter von 28 Jahren. Der ein Jahr jüngere und Marie Pfungst eng verbundene Bruder Arthur leitete deshalb zunächst nach dem Tod des Vaters 1899 die Firma – unterstützt von Mutter und Schwester. Nach seinem Tod 1912 übernahmen Rosette und Marie zusammen die Geschicke des Familienunternehmens – Marie Pfungst war zu dem Zeitpunkt 50 Jahre alt.

Dem Bürgerlichen Gesetzbuch zufolge galten im Kaiserreich Frauen als nicht voll geschäftsfähig. In fast allen rechtlichen Belangen trat der Vater, Bruder oder Ehemann stellvertretend für sie in Erscheinung. Wertschätzung konnten bürgerliche Frauen zumeist nur vom Status des Mannes oder aus der Rolle als Mutter und Haushaltsvorstand ableiten. Das bürgerliche Ideal sah für die Frau auch keine Berufstätigkeit vor. Da Rosette verwitwet und Marie Pfungst ledig war, standen ihnen allerdings keine rechtlichen Hindernisse im Weg. Und wie man den geschäftlichen und privaten Zeugnissen entnehmen kann, gelang es ihnen, die Firma mit aller Entschlossenheit erfolgreich sowohl durch den Ersten Weltkrieg als auch durch die Wirtschaftskrisen der Weimarer Republik zu führen. Immer schon in den familiären Betrieb eingebunden, mit einer auf Selbständigkeit ausgerichteten, sorgfältigen Ausbildung versehen und mehrere Sprachen sprechend, konnte sich Marie Pfungst auch nach dem Tod der Mutter 1922 im Vorstand der Naxos-Union behaupten.

Marie Pfungst war zu diesem Zeitpunkt schon lange eine stadtweit anerkannte Persönlichkeit: Jahrelang war sie bereits in verschiedenen Frankfurter Frauenvereinen aktiv und seit 1902 Vorsitzende des *Verbandes der Frankfurter Frauenvereine*. Das gründerzeitliche Frankfurt bot mit seinem urbanen, kulturell liberalen Klima und der großen Jüdischen Gemeinde, in der sich Frauen sehr aktiv beteiligten, gute Voraussetzungen für eine breite Frauenbewegung. Neben weiteren Frauen ihrer Generation, wie Bertha Pappenheim, Anna Edinger, Henriette Fürth und auch der etwas jüngeren Jenny Apolant, kann Marie Pfungst zu den bedeutenden jüdischen Frauenrechtlerinnen gezählt werden, die über die Region hinaus gewirkt haben. Wie im gesamten Kaiserreich organisierte sich auch in Frankfurt Ende des 19. Jahrhunderts die bürgerliche Frauenbewegung und gründete den *Frauenbildungs-Verein*. Er bot wie der großbürgerliche *Frauenclub* Veranstaltungen an und stellte Frauen Räume zur Verfügung. Für die Arbeiterinnen setzten sich die Frauen-Ortsgruppe der SPD und der *Bildungsverein für Frauen und Mädchen der Arbeiterklasse* ein. Alle diese Frauenvereine waren im *Verband der Frankfurter Frauenvereine* vernetzt, so auch der *Frankfurter Verein für Frauenstimmrecht* als einer der aktivsten im Kaiserreich. 20 Jahre war Marie Pfungst Vorsitzende dieses Verbandes, bis sie den Vorsitz 1922 mit 60 Jahren und wohl aufgrund der Aufgaben in der Firma nach dem Tod der Mutter an Jenny Apolant abgab. Die ***Frankfurter Rechtsschutzstelle für Frauen***, eine Rechtsberatungsstelle für Frauen in Fragen des Zivilrechts und angegliedert an den ***Allgemeinen Deutschen Frauenverein***, war überregional tätig, und auch hier wirkte Marie Pfungst mit.

Ihr kritischer Blick auf die eigene privilegierte Position und der Rückhalt im Elternhaus halfen Marie Pfungst, bereits früh gegen die entrechtete Stellung der Frauen in der Gesellschaft vorzugehen, und zwar sowohl als Frauenrechtlerin wie auch als Geschäftsfrau. Marie Pfungst selbst war in ihrer Generation eine der Frauen, die ein ganz neues Lebensmodell lebten: das der unverheirateten, berufstätigen Großstadtfrau. Aus dieser Position heraus erkannte sie die Notwendigkeit, sowohl bürgerlichen Frauen als auch Arbeiterinnen eine eigenständig gestaltete Lebensweise zu ermöglichen. Sie setzte sich mit Mitstreiterinnen wie Jenny Apolant, der Malerin Ottilie Roederstein und der Frauenärztin Elisabeth Winterhalter für Bildungschancen für Frauen und Mädchen ein, sie forderten ganz konkret die Gründung höherer Mädchenschulen und richteten Realgymnasialkurse für Mädchen ein. Auch wurde eine sog. Freibibliothek und Lesehalle eingerichtet, Marie Pfungst tat dies selbst in ihrem Haus, das zu einem Lese- und Diskussionsforum wurde. Auch eine Bibliothek für Arbeiter*innen sollte ähnlich wie das Angebot heutiger Volkshochschulen vergleichbare Kurse und Beratungen anbieten. Und auch politisch war Marie Pfungst engagiert: Seit 1850 war es Frauen fast überall im Kaiserreich verboten, Mitglied in politischen Vereinen oder Parteien zu sein. Erst das Reichsvereinsgesetz 1908 ermöglichte dies. Die Frauenstimmrechtsbewegung hatte vermehrt auf der politischen Ebene Druck gemacht und forderte ab 1900 auch immer massiver das aktive und passive Wahlrecht. Marie Pfungst machte sich sogleich 1908 auf den Weg nach München zum Kongress des ***Nationalvereins für das liberale Deutschland***, wo sie unter anderem das Gespräch mit Friedrich Naumann suchte, dem späteren Mitbegründer der Deutschen Demokratischen Partei (1918). In einem Brief an ihren Bruder kritisierte sie anschließend Naumann für seinen in ihren Augen zu geringen Einsatz für Frauenrechte.

Das Familienunternehmen Pfungst war eines der ersten Frankfurter Unternehmen, deren soziales Engagement über die gesetzlichen Regelungen weit hinausging – der Betrieb verfügte über eine organisierte Arbeiter- und Angestelltenvertretung, Rentenversicherungsrücklagen für die Beschäftigten sowie eine Betriebsordnung zu Arbeitszeitgrenzen. Auch wurden immer wieder Gewinne an die Arbeiter*innen ausgeschüttet. Marie Pfungst hat als Vorstandsvorsitzende im Sinne des jüdischen Prinzips der Wohltätigkeit gehandelt und davon profitierten die zahlreichen Arbeiter*innen und Angestellten. Auch gründeten Rosette und Marie Pfungst nach dem Tod des Bruders Arthur 1912 eine Stiftung, die Bildungschancen unabhängig von der Herkunft bieten sollte, die ***Arthur Pfungst-Stiftung***. Darüber hinaus initiierte Marie Pfungst schließlich ein Heim für in Not geratene Frauen.

Die Diskriminierung und Entrechtung jüdischer Mitbürger*innen nach der Machtübergabe an die Nationalsozialisten in Frankfurt 1933 sollte auch Marie Pfungst immer weiter und lebensbedrohlicher treffen: 1935 wurde sie gezwungen, den Vorsitz in der Firma und der Stiftung abzugeben, deren Name 1939 geändert wurde, um nicht mehr an die Stifterfamilie zu erinnern. Auch in der eigenen Not unterstützte Marie Pfungst noch NS-Verfolgte und andere in Not Geratene, indem sie ihnen ab 1936 in dem im eigenen Haus eingerichteten „Marie Pfungst Heim" eine Unterkunft bot. Nach den Novemberpogromen 1938 musste die 78-Jährige zwangsweise die sog. Judenvermögensabgabe von 94.750 Reichsmark entrichten und wurde schließlich 1942 zu einem „Heimeinkaufsvertrag" mit Zahlung von rund 56.000 Reichsmark gezwungen und in das Konzentrationslager Theresienstadt deportiert, wo sie 1943 im Alter von 80 Jahren ermordet wurde.

Heute erinnert ein Stolperstein im Westend an ihrer letzten Wohnadresse, Gärtnerweg 2, an sie und darüber hinaus auch an ihre Familie und ihren Bruder, die ***Arthur Pfungst-Stiftung***, die nach 1945 durch drei

Rückerstattungsverfahren wiederaufgebaut werden konnte. Sie fördert talentierte Studentinnen und Studenten durch die Vergabe von Stipendien, unterstützt u. a. eine Kita und unterhält ein nach Marie Pfungst benanntes Altenwohnheim in Bad Homburg.

(DL)

Quellen

— Arnsberg, Paul: Die Geschichte der Frankfurter Juden seit der Französischen Revolution, Bd. 3, Darmstadt 1983
— Braach, Mile: Marie Eleonore Pfungst 1862–1943, Frankfurt am Main 1996
— Kommission zur Erforschung der Geschichte der Frankfurter Juden (Hrsg.): Dokumente zur Geschichte der Frankfurter Juden, Frankfurt am Main 1963
— Graeve, Maximilian (Hrsg.): 100 Jahre Dr. Arthur Pfungst-Stiftung. Bewegte Geschichte, bewegende Geschichte, Frankfurt am Main 2018
— Klausmann, Christina: Politik und Kultur der Frauenbewegung im Kaiserreich. Das Beispiel Frankfurt, Frankfurt am Main 1997
— Klötzer, Wolfgang (Hrsg.): Frankfurter Biographie, Bd. 2, Frankfurt am Main 1996
— Lustiger, Arno (Hrsg.): Jüdische Stiftungen in Frankfurt am Main. Stiftungen, Schenkungen, Organisationen und Vereine mit Kurzbiografien jüdischer Bürger dargestellt von Gerhard Schiebler, Frankfurt am Main 1988
— www.louiseottopeters-gesellschaft.de/blog/augusteschmidt120 (zuletzt aufgerufen am 12.03.2023)
— www.frankfurt.de/frankfurt-entdecken-und-erleben/stadtportrait/stadtgeschichte/stolpersteine (zuletzt aufgerufen am 12.03.2023)
— Rebentisch, Dieter: Pfungst, Marie Eleonore, 2001, in: www.deutsche-biographie.de (zuletzt aufgerufen am 12.03.2023)

ALBERT KATZENELLENBOGEN

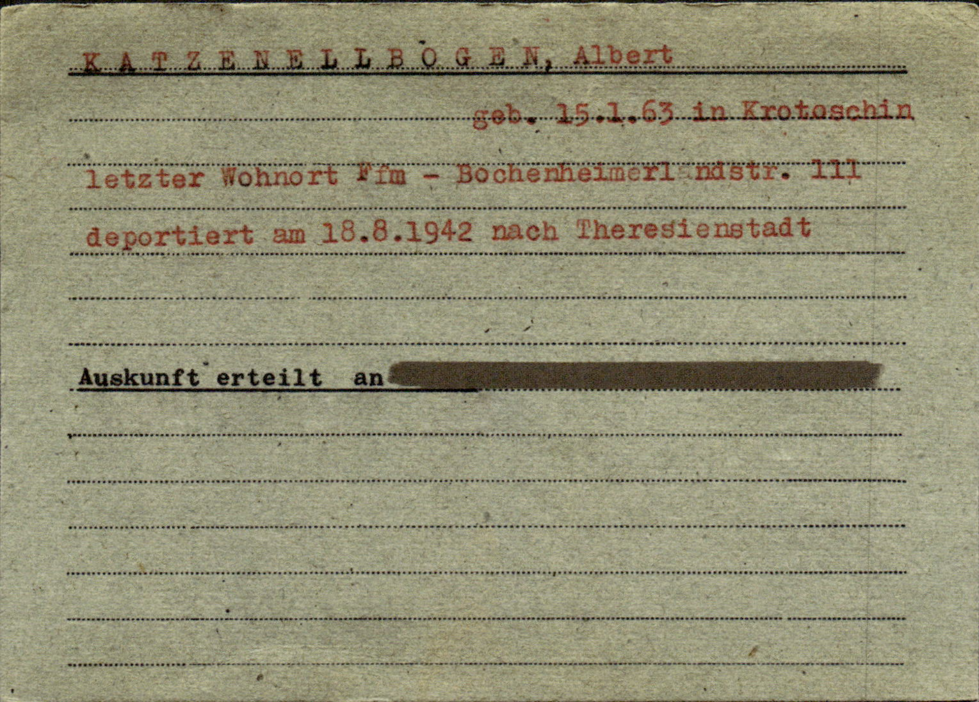

K A T Z E N E L L B O G E N, Albert

geb. 15.1.63 in Krotoschin

letzter Wohnort Ffm - Bockenheimerlandstr. 111

deportiert am 18.8.1942 nach Theresienstadt

Auskunft erteilt an [redacted]

— * 15.01.1863 Krotoschin
— ✡ Tötungslager Maly Trostinec (Maly Traszjanez/Belarus)

— Deportation 18.08.1942 nach Theresienstadt (Terezin/Tschechien), von dort am 25.08.1942 in das Tötungslager Maly Trostinec (Maly Traszjanez/Belarus)

Leben

Albert Katzenellenbogen wurde am 15. Januar 1863 im damals deutschen, heute polnischen Krotoschin geboren. Er war eines der sieben Kinder des Ehepaars Meyer (Max) Katzenellenbogen (1825–1887) und seiner Ehefrau Sophie geb. Levysohn (1829–1907). Verheiratet war er seit 1892 mit der Frankfurterin Cornelia Josephine geb. Doctor (1870–1941), Tochter von Adolph Heinrich Doctor (1836–1901) und Helene geb. Weiller (1840–1874).

Aus der Ehe gingen die Kinder Grete Helene (1893–1944), Martha Sofie Anna (1897–1984) und Adolf (1901–1964) hervor. 1918 konvertierten Cornelia Katzenellenbogen und ihre drei Kinder zum Christentum.

Nach Militärdienst und Jurastudium mit Promotion fungierte Albert Katzenellenbogen am Landgericht Frankfurt als Rechtsanwalt. 1895 wurde er Syndikus der ***Mitteldeutschen Creditbank***, 1897 Mitglied der Direktion und 1903 Mitglied des Vorstands. 1912 wurde ihm der Titel Justizrat verliehen. 1929 erfolgte die Fusion der Bank mit der ***Commerz- und Privat-Bank***, in deren Vorstand Albert Katzenellenbogen umgehend aufgenommen wurde. Ein Jahr später, kurz vor seinem 67. Geburtstag, schied er daraus auf eigenen Wunsch bereits wieder aus, ließ sich aber in den Aufsichtsrat wählen. Außer diesem Mandat war er in weiteren 24 Aufsichtsräten vertreten, führte in sieben den Vorsitz.

Tochter Grete heiratete 1913 in erster Ehe den Leutnant Kurt Reichert (1887–1914), der jedoch bereits kurz nach Kriegsbeginn im November 1914 fiel, der gemeinsame Sohn Rolf Albert war gerade wenige Monate auf der Welt. Ihre zweite Ehe schloss Grete mit dem promovierten Juristen Erich Berndt, 1922 wurde Sohn Dieter geboren. Rolf Albert emigrierte nach Brasilien, Dieter starb 1995 in Frankfurt.

Katzenellenbogens Tochter Martha ehelichte den Kaufmann Alfred Friedrich Maurer und wurde 1922 Mutter des gemeinsamen Sohnes Peter. Sie lebte zunächst in Berlin, dann in Freiburg und in Hamburg.

Sohn Adolf schlug ebenfalls die juristische Laufbahn ein, war zugleich promovierter Kunsthistoriker. Er heiratete Elisabeth Martha geb. Holzheu (1904–1987) und hatte mit ihr die Tochter Ruth Pauline Cornelia (1937–2014) und den Sohn John (1944–unbekannt). Der Wohnort war Konstanz. Am 9. November 1938 wurde Adolf Katzenellenbogen verhaftet und in das Konzentrationslager Dachau gebracht. Schwer erkrankt bewirkte die Intervention seiner Schweizer Ehefrau die Haftentlassung. Es folgte die Flucht in die Schweiz und schließlich in die USA. Am *Vassar College* wurde Adolf Katzenellenbogen als Professor für Kunstgeschichte tätig, später an der *Johns Hopkins University* in Baltimore. Er starb 1964 an den Spätfolgen der Inhaftierung von 1938.

Bis 1935 konnten Albert und Cornelia Katzenellenbogen ihre Dienstwohnung in der *Commerz- und Privat-Bank*, Neue Mainzer Straße 32, behalten. Sie zogen dann nach Königstein, wo sie seit 1912 ein Sommerhaus, genannt „Villa Katzenellenbogen“, im Ölmühlweg 33 besaßen. Die Wohnung in der Neuen Mainzer Straße 32 hatte zumal zu Weihnachten über viele Jahre hinweg als Sammelpunkt der erweiterten Familie fungiert; im Sommer traf man sich in Königstein. Obwohl das Königsteiner Haus nicht für eine ganzjährige Bewohnung ausgelegt war, diente es dem Ehepaar Katzenellenbogen bis 1938 als alleiniger Wohnsitz.

Der Umzug am 16. Dezember 1938 nach Frankfurt, Sießmayerstraße 7, war erforderlich, da Cornelia Katzenellenbogen infolge eines Schlaganfalls weitgehend gelähmt war und die Geldmittel für den Unterhalt des Hauses in Königstein nicht mehr ausreichten. Die Lähmung Cornelias machte die anvisierte Flucht in die Schweiz unmöglich. Sie starb am 19. April 1941 in Frankfurt. Unter Aufsicht der Gestapo wurde sie von Pfarrer Martin Schmidt von der Dreikönigsgemeinde beerdigt. Ihr Mann durfte nicht an der Beerdigung teilnehmen.

Nach dem Tod seiner Ehefrau bezog Albert Katzenellenbogen ein Zimmer in der ***Pension Zeppelin***, einem „Judenhaus“. Dort wohnte auch das eng befreundete Ehepaar Ottilie und Dr. Siegfried Brodnitz, das zuvor ebenfalls in der Sießmayerstraße 7 gelebt hatte. Zusammen mit dem Ehepaar Brodnitz wurde Albert Katzenellenbogen am 18. August 1942 in das Ghetto Theresienstadt deportiert, von dort am 25. August 1942 in das Tötungslager Maly Trostinec, wo er zu einem nicht mehr zu ermittelnden Zeitpunkt ermordet wurde.

(CKH)

Quellen

— HHStAW, 518, 4370
— HHStAW, 518, 4381
— HHStAW, 519/3, 3476
— HHStAW, 519/3, 16126
— ISG FFM, A.54.03, 3216
— ISG FFM, STA 11, 480

EUGEN CAHEN-BRACH

C A H E N - B R A C H, Eugen, Israel Dr.med.

geb. am 25.3.63 in Saalautern
letzter Wohnort Ffm - Liebigstr. 58

deportiert am 18.8.1942 nach Thersienstadt

am 9/12.42 in Theresienstadt verstorben

Auskunft erteilt an den Regierungspräsidenten
Wiesbaden, Wilhelmstr. 32.Az.:V1(I6W)-25175/97/A/
-/Ca. Ffm. 8.9.59
Sch

- * 25.03.1863 Saarlouis
- ✡ 09.12.1942 Theresienstadt (Terezin/Tschechien)

- Deportation 18.08.1942 nach Theresienstadt (Terezin/Tschechien)

ALICE CAHEN-BRACH
GEB. BING

C A H E N - B R A C H, Alice geb. Bing

geb. am 21.8.74 in Frankfurt am Main

letzter Wohnort Ffm - Liebigstr. 58

deportiert am 18.8.1942 nach Thersienstadt

am 26/11.42 in Theresienstadt verstorben

— * 21.08.1874 Frankfurt am Main
— ✡ 26.11.1942 Theresienstadt (Terezin/Tschechien)

— Deportation 18.08.1942 nach Theresienstadt (Terezin/Tschechien)

Leben

Dr. med. Eugen Cahen-Brach wurde am 25. März 1863 in Saarlouis als Eugen Ernst Cahen geboren. Sein Vater war der jüdische Kaufmann Aaron Max Cahen (1835–1870), seine Mutter Aline war eine geborene Brach (1842–1939). Im Jahr 1896 heiratete Eugen Cahen die 1874 in Frankfurt geborene Alice Susanna Bing. Ihre Eltern waren der Frankfurter Kaufmann Siegfried Moritz Bing (1838–1893) und die in Wiesbaden geborene Louise Helene Fuld (1848–1928). Die Familie Bing wohnte in der Eschenheimer Anlage 32. Siegfried Moritz betrieb auf der Zeil 31 die 1826 gegründete namhafte Firma ***Bing junior & Co*** für Porzellan, Majolika und Kurzwaren. Alice hatte zwei Geschwister, Anna Helena Louise (1872–1942) und Robert Siegfried (1870–1904), der später als Kaufmann die väterliche Firma zusammen mit Max Buseck in der Kaiserstraße 4 weiterbetrieb, allerdings als Atelier für Porzellanmalerei. In dieser Porzellanhandlung wurde auch „alles Schöne" wie Majolika, Steingut, Bernstein, Metallwaren, Galanterie- und Kurzwaren angeboten.

Eugen und Alice Cahen-Brach hatten drei Söhne: die Zwillinge Fritz (1897–1989) und Hans (1897–unbekannt) sowie Ernst Rudolph (1903–1993). Ab 1921 trug die Familie offiziell den Nachnamen Cahen-Brach, wurde aber bereits lange vorher mit diesem Doppelnamen in den Adressbüchern geführt. In ***Mahlau's Frankfurter Adressbuch*** für das Jahr 1900 ist die Mutter von Eugen unter dem Namen Aline Cahen-Brach als Privatiere mit der Adresse Klüberstraße 14 verzeichnet. Zu

Frankfurt — Theresienstadt

dieser Zeit ließ er sich mit dem Namen Eugen Cahen-Brach als „pract. Arzt, Specialist für Kinderkrankheiten u. Schularzt“ in der Neuen Mainzer Straße 71 im Adressbuch aufführen.

Der junge Eugen Cahen besuchte das Städtische Gymnasium in Frankfurt am Main und studierte in Heidelberg, München und Würzburg Medizin. Im Jahr 1887 wurde er mit einer Arbeit „Über einen Fall von Ulcus rodens“ an der Universität Würzburg promoviert und approbiert. Danach war er als Assistent am ***Dr. Senckenbergischen Pathologischen Institut*** in Frankfurt am Main tätig. 1889 begann er an der Universitätsklinik München eine Weiterbildung zum Kinderarzt. Bevor Cahen-Brach sich im September 1891 in Frankfurt als praktischer Arzt und Kinderarzt niederließ, war er Hilfsarzt am ***Anna-Kinderspital*** in Graz. Um die Jahrhundertwende führte er zudem eine Poliklinik für Kinderkrankheiten in der Eschenheimer Anlage 7, heute Gebäude der ***Maingau-Klinik***. Für die ***Frankfurter Armenklinik*** (heute ***Rotes Kreuz-Klinik***) in der Königswarter Straße 16, deren Vorstand er spätestens ab 1901 angehörte, baute er die Säuglingsberatungsstelle IV, die für Bornheim zuständig war, auf. Als Schularzt wirkte Cahen-Brach für die 1873 eröffnete Uhlandschule (Bürgerschule für Knaben und Mädchen) in der Hanauer Landstraße 24 und für die 1894 eröffnete Karmeliterschule (Bürgerschule für Knaben und Mädchen) in der Weißfrauenstraße 1. Von 1915 bis 1922 leitete er darüber hinaus das ***Dr. Christ'sche Kinderhospital und Ambulatorium*** (heute ***Clementine Kinderhospital***) in der Forsthausstraße (heute Hans-Thoma-Straße) in Frankfurt-Sachsenhausen. Er war in zahlreichen medizinischen Fachvereinigungen aktiv, zum Beispiel im ***Ärztlichen Verein***, dessen Fünferausschuss zur Schlichtung von Konflikten unter Mitgliedern er spätestens seit Anfang der 1920er Jahre angehörte. Eugen Cahen-Brach war Mitgründer der Südwestdeutschen Sektion der ***Deutschen Gesellschaft für Kinderheilkunde***. Daneben ist er seit 1893 Mitglied der Frankfurter Sektion des ***Deutschen und Österreichischen Alpenvereins*** gewesen. Alice Cahen-Brach engagierte sich ehrenamtlich in der Armenfürsorge, etwa in dem 1907 von Bertha Pappenheim gegründeten Heim des ***Jüdischen Frauenbundes*** in Neu-Isenburg.

In Frankfurt wohnte die Familie um 1900 in der Neuen Mainzer Straße 71 und Mitte der 1920er Jahre in der Eppsteiner Straße 45. Ihr Sohn Dr. Fritz Cahen-Brach war zu dieser Zeit als praktischer Arzt in der Rohrbachstraße 59 tätig und besaß eine Wohnung in der Nibelungenallee 49. In der Weltwirtschaftskrise zogen die Cahen-Brachs um: Im Frankfurter Adressbuch 1933 ist Eugen erstmals mit der Anschrift Liebigstraße 40 geführt. Dort wohnte auch ihr Sohn Ernst Rudolph, der wie sein Großvater Kaufmann war. Anfang 1941 wohnten Eugen und Alice in der Feldbergstraße 24. Doch laut Dokumenten im Hessischen Hauptstaatsarchiv Wiesbaden lebte Eugen zuletzt in der Liebigstraße 41 bzw. Liebigstraße 53. Auf der Deportationskarte für Alice Cahen-Brach ist hingegen als letzte Adresse vor ihrer Deportation am 18. August 1942 die Liebigstraße 58 vermerkt. Damit bleibt unklar, ob beide Eheleute zuletzt in verschiedenen Wohnungen gelebt haben oder zwei der oben genannten letzten Anschriften falsch sind.

Mit Beginn der NS-Diktatur 1933 wurde der angesehene und engagierte Sanitätsrat Dr. Eugen Cahen-Brach zum Ziel massiver antisemitischer Angriffe. Vermutlich wurde seine Praxis bereits im April 1933 im Zuge des ersten landesweiten „Judenboykotts" blockiert. In den folgenden beiden Jahren gab es wiederholt Aufrufe, ihn zu boykottieren. Am Ende gab Cahen-Brach seine Praxis im Alter von 74 Jahren auf. Ende September 1938 entzogen ihm die Nationalsozialisten wie allen jüdischen Ärzt*innen die Approbation, so dass er nicht mehr als Arzt tätig sein konnte. Die spätestens seit 1939 vorbereitete Auswanderung der Eheleute in die USA scheiterte. Im September 1941 erklärte Eugen Cahen-Brach laut Vermerk in einer Akte im Hessischen Hauptstaatsarchiv Wiesbaden gegenüber dem Frankfurter Finanzamt, dass er keine Gelegenheit mehr zur Auswanderung habe.

Alice und Eugen Cahen-Brach wurden zusammen mit Alice' Schwester Anna Dreifuss (1872–1942) im August 1942 aus Frankfurt am Main in das Konzentrationslager Theresienstadt deportiert. Alice verstarb aufgrund der dortigen katastrophalen Lebensbedingungen am 26. November 1942, Eugen nur wenig später am 9. Dezember 1942.

Frankfurt — Theresienstadt

Der Sohn Hans Cahen-Brach emigrierte nach Frankreich. Doch wurde er dort verhaftet und Anfang März 1943 aus dem Lager Drancy (bei Paris) in das Vernichtungslager Majdanek deportiert und vermutlich direkt nach der Ankunft ermordet. Fritz Cahen-Brach emigrierte im Januar 1939 per Schiff aus den Niederlanden nach Los Angeles. Er starb 1989 in den USA. In der ***Henry F. Kahn Collection*** des US Holocaust Memorial Museums ist ein Schreiben von Ernst Cahen-Brach vom Juli 1938 aus dem Konzentrationslager Sachsenhausen an die Eltern überliefert, in dem die Bemühungen der Eltern um seine Rettung deutlich werden. Tatsächlich wurde er im August 1938 entlassen und konnte anschließend über Großbritannien in die USA auswandern, wo er im Dezember 1938 in New York City ankam. Er starb im Jahr 1993 in Philadelphia.

(JH)

Quellen

— HHStAW, 518, 10028
— www.media.eintracht.de/image/upload/v1635351597/20_50 eintrachtler_cahen-brach-4874.pdf (zuletzt aufgerufen am 12.03.2023)
— Hock, Sabine: Eugen Cahen-Brach, 2021 in: www.frankfurter-personenlexikon.de/ (zuletzt aufgerufen am 12.03.2023)
— www.spurensuche.dav-frankfurtmain.de/biografien/details/yeugen-cahen-brach.html (zuletzt aufgerufen am 12.03.2023)
— Gedenkbuch. Opfer der Verfolgung der Juden unter der nationalsozialistischen Gewaltherrschaft in Deutschland 1933–1945, online abrufbar: www.bundesarchiv.de/gedenkbuch (zuletzt aufgerufen am 12.03.2023)

SIEGMUND LEVI

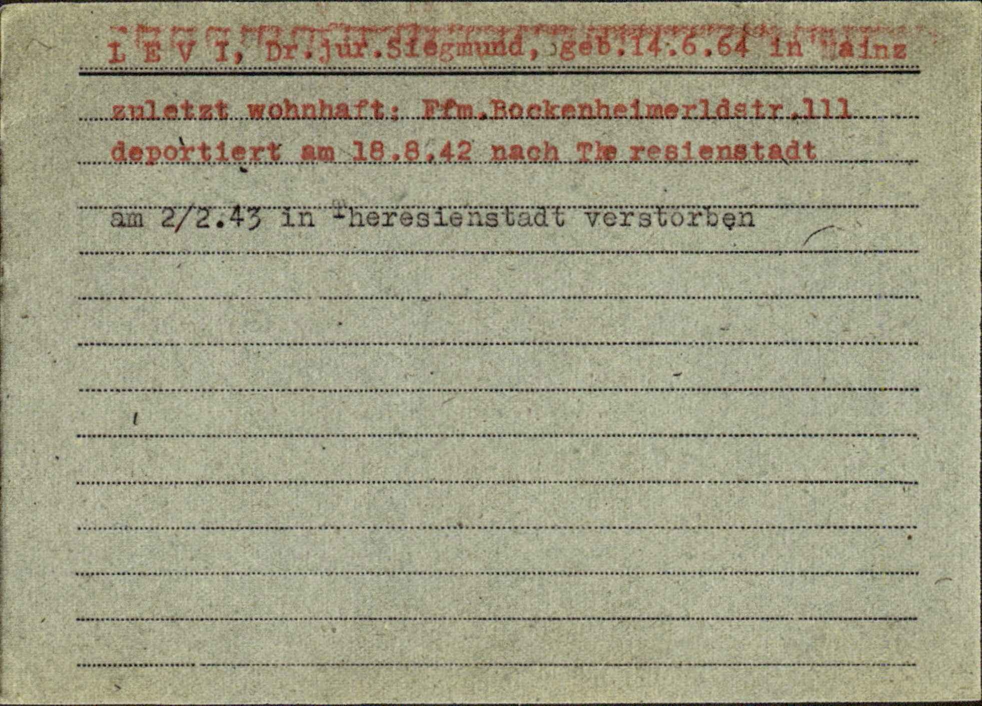
L E V I, Dr.jur.Siegmund, geb.14.6.64 in Mainz

zuletzt wohnhaft: Ffm.Bockenheimerldstr.111

deportiert am 18.8.42 nach Theresienstadt

am 2/2.43 in Theresienstadt verstorben

— * 14.06.1864 Mainz
— ✡ 02.02.1943 Theresienstadt (Terezin/Tschechien)

— Deportation 18.08.1942 nach Theresienstadt (Terezin/Tschechien)

Leben

Siegmund Levi wurde am 14. Juni 1864 als einer von drei Söhnen des Juristen Bernhard Levi (1827–1883) und Rosaline (auch: Rosalie) geb. Mühlhäuser (1841–1916) in Mainz geboren. Seinem Vater nachfolgend studierte er Jura und promovierte in Gießen. 1889 wurde er am Landgericht Mainz als Anwalt zugelassen. Gemeinsam mit seinem Bruder Max (1862–1929) führte er eine Kanzlei in Mainz. Während Siegmund die Büroarbeiten erledigte, war Max eher für die Öffentlichkeitsarbeit der Kanzlei zuständig. Siegmund war ein erfolgreicher Anwalt und im Vorstand der Hessischen Anwaltskammer. 1901 hatte er die Mainzer Bankierstochter Emma Oppenheim (1881–1917) geheiratet. Die beiden bekamen zwei Söhne, Wilhelm (1901–1931) und Richard (1904–unbekannt). Emma starb bereits 1917 an Krebs. Siegmund blieb fortan unverheiratet. Er lebte im rund 800 Quadratmeter großen Elternhaus, in der Uferstraße 57e in Mainz. Neben einer Bibliothek, einem Ess- und Wohnraum, einem Wohnzimmer, einem Empfangsraum, einem Vestibül sowie Lichthof hatte das Haus mehrere Schlafzimmer, teilweise mit Loggia. Ab 1932 war die Kanzlei ebenfalls in den Räumlichkeiten untergebracht. Siegmund Levi besaß eine umfassende Kunstsammlung und Bibliothek. Im ***Handbuch des Kunstmarkts*** von 1926 ist er als Sammler und Bibliophiler in Mainz aufgeführt. Das Haus war reich mit Kunst, Teppichen und Silber ausgestattet. Besondere Freude bereitete ihm auch das Singen. So erinnert sich Leopold Levi, Großneffe von Siegmund Levi: „He also had a well trained baritone voice and was a fervent choir member of the Mainzer ‚Liedertafel'." Bis zur „Gleichschaltung" durch die Nationalsozialisten war Siegmund Levi außerdem Schatzmeister des Mainzer Altertumsvereins. Sein Bruder Max nahm sich 1929 mit 67 Jahren das Leben, wohl aufgrund finanzieller Schwierigkeiten, in die er geraten war. Siegmund führte die Kanzlei von da an alleine weiter. Als Jude wurde er nach 1933 Opfer der Verfolgung durch die Nationalsozialisten. Seit der Machtübernahme verschlimmerte sich seine Situation zunehmend, 1938 gab er dann schlussendlich seine Zulassung als Rechtsanwalt auf und musste sein Elternhaus an der Uferstraße sowie den Großteil seiner Kunstsammlung und Bibliothek veräußern. Während sein Sohn Richard 1937 nach Argentinien emigrierte und sich fortan Ricardo nannte, war der zweite Sohn Wilhelm wohl bereits 1931 verstorben. Siegmund Levi zog nach der Emigration seines Sohnes nach Frankfurt zu seinem Bruder Ernst Levi (1865–1940) und dessen Frau Martha (1878–1963) geb. Heiden Heimer.

Er wohnte ab März 1938 zunächst in der ***Pension Zeppelin*** in der Zeppelinallee 2 →S. 57. 1941 zog Siegmund in die Bockenheimer Landstraße 111. Im April 1941 schreibt der Mainzer Michel Oppenheim (1885–1963) an Siegmunds Sohn Ricardo: „Mit Deinem lieben Vater war ich in den letzten Tagen häufig zusammen. Bei seinem Umzug habe ich ihm soweit es mit meiner Zeit vereinbar war, geholfen. [...] Seine Wohnung ließ sich sehr gut einrichten und hat den Vorzug einen Balkon zu haben. Das ist in der heutigen Zeit [...] sehr viel wert. Die Verpflegung ist die gleich gute wie bisher." In dieser Wohnung lebte Siegmund Levi bis zu seiner Deportation am 18. August 1942. Er starb am 2. Februar 1943 in Theresienstadt.

Die zusammengefassten Erkenntnisse zur Biografie Siegmund Levis, wurden im Rahmen eines vom Deutschen Zentrum Kulturgutverluste und der Generaldirektion Kulturelles Erbe Rheinland-Pfalz finanzierten Provenienzforschungsprojekts am Landesmuseum Mainz gewonnen.

(DG)

Quellen

- HStD, G12 B, 5264
- HHStAW, 518, 20287
- HHStAW, 519/N, 13238 N
- HHStAW, 676, 7416
- Landesarchiv Speyer, J10, 11320
- Stadtarchiv Mainz, 50/67, 804
- Stadtarchiv Mainz, 3553
- Handbuch des Kunstmarkts. Kunstadressbuch für das Deutsche Reich, Danzig und Deutsch-Österreich, Berlin 1926
- Leder, Bettina, Schneider, Christoph u. Stengel, Katharina: Ausgeplündert und verwaltet. Geschichten vom legalisierten Raub an Juden in Hessen, Berlin 2018
- Levi, Leopold: The Levi Saga, Typoskript, Richmond/Surrey 1985
- Teske, Frank: Siegmund Levi und die „Gleichschaltung" des MAV, in: Dobras, Wolfgang (Hrsg.): Eine Zeitreise in 175 Geschichten. Der Mainzer Altertumsverein 1844–2019, Mainz 2019

LUDWIG ASCHER

A S C H E R, Dr. Ludwig

geb. 26/12.65 in Posen
zuletzt wohnhaft: FFM, Gauss-Str, 14

deportiert am 19/1o.41 nach Litzmannstadt

— * 26.12.1865 Posen
— ✡ 24.05.1942 Litzmannstadt (Lodz/Polen)

— Deportation 19.10.1941 nach Litzmannstadt (Lodz/Polen)

Leben

Am 26. Dezember 1865 kam Ludwig Ascher als Sohn eines Schusters im damals preußischen Posen zur Welt. Die Familie lebte in eher bescheidenen Verhältnissen, neben Ludwig waren es noch vier weitere Kinder. Er absolvierte das Gymnasium, anschließend leistete er seinen Militärdienst. Zum Medizinstudium ging Ludwig Ascher erst nach Berlin, dann nach Marburg und anschließend nach München, wo er das Physikum und das ärztliche Staatsexamen ablegte. Seine Promotion 1889 widmete sich dem Thema der Blinddarmentzündung. Es folgten ärztliche Tätigkeiten in Posen (Poznan/Polen), Berlin, Neuenburg (Nowe/Polen), Bomst (Babilost/Polen), Königsberg (Kaliningrad/Russland), Mohrungen (Morag/Polen), Hamm/Westfalen, Berlin und Harburg. Während des Ersten Weltkriegs war Ascher u. a. in Belgien medizinisch tätig, wirkte im Anschluss erneut als Kreisarzt in Harburg, bis er sich in derselben Funktion im Herbst 1918 in Frankfurt niederließ.

Ludwig Ascher war zu diesem Zeitpunkt 53 Jahre alt. Auch wenn es ihn beruflich bisher nicht ins Hessische verschlagen hatte, so war ihm die Stadt Frankfurt am Main nicht fremd: 18 Jahre zuvor, am 3. Januar 1900, hatte er dort Johanna Strauß (1876–1940) geheiratet. Sie stammte mütterlicherseits aus der angesehenen Frankfurter Familie Ellinger, der Bruder ihrer Mutter Emma Strauß geb. Ellinger (1854–1923) war Leo Ellinger (1852–1916). Dieser war zusammen mit Wilhelm Merton (1848–1916), Zachary Hochschild (1854–1912) und Carl Hamburger (1828–1913) 1881 Mitbegründer der Frankfurter *Metallgesellschaft* gewesen.

Als Ludwig und Johanna Ascher 1918 nach Frankfurt zogen, waren die beiden Töchter Mathilde (1900–unbekannt) und Marie Anne (1904–1932) 18 und 14 Jahre alt. Die Familie zog ins Frankfurter Westend in die Liebigstraße 27, in unmittelbare Nähe der Westend-Synagoge, die erst acht Jahre zuvor fertiggestellt worden war. Sieben Gehminuten entfernt, auf der anderen Seite der Bockenheimer Landstraße, wohnten Johannas Mutter, die Witwe Emma Strauß, in der Brentanostraße 15 und ihre Tante, die Witwe Philippine Hochschild (1859–1931), in der Feuerbachstraße 19. Eine weitere Tante, Alice Ellinger (1872–1942), wohnte im Westend, in der Schubertstraße 32 →S. 100.

Der 55-jährige Dr. Ludwig Ascher erhielt 1920 einen Lehrauftrag für Soziale Hygiene an der noch jungen Frankfurter Universität. Doch Vorlesungen und Übungen abzuhalten war nicht seine einzige Tätigkeit, er war zudem am Frauenseminar für soziale Berufe tätig, als Impfarzt, als Schularzt sowie als Mediziner bei der Sittenpolizei und im Polizeigefängnis. Wie bereits in der Vergangenheit investierte Ascher zudem viel Zeit in Forschungen, da er die herrschenden sozialen Verhältnisse als verbesserungswürdig erachtete. Zeit seines Lebens machte er sich zum Anwalt gesellschaftlicher Gruppen, die über keine eigene Lobby verfügten. So beschäftigte ihn u. a. die Frage, wie Menschen, die körperlich schwere und einseitige Arbeit zu verrichten hatten, einer Überbelastung bestimmter Muskelgruppen und Körperpartien durch spezielle gymnastische Übungen bzw. Sportarten entgegenwirken könnten.

Im Alter von 65 wurde Ludwig Ascher als Kreisarzt pensioniert. Das bedeutete jedoch nicht, dass er seine beruflichen Tätigkeiten vollends einstellte. Er behielt den Lehrauftrag für Soziale Hygiene an der medizinischen Fakultät der Universität sowie die Leitung des ***Sozialhygienischen Untersuchungsamtes*** und publizierte zur Frage, ob und in welchem Verhältnis die Länge der Arbeitszeit zur Häufigkeit und Intensität bestimmter Krankheiten stehe. Daneben war die Tuberkulose bzw. ihre Bekämpfung ein von ihm immer wieder aufgegriffenes Thema.

1932 erschütterte ein Schicksalsschlag das Ehepaar Ascher schwer: Ihre jüngere Tochter Marie Anne starb unerwartet mit nur 28 Jahren. Sie, die wie ihr Ehemann Hugo Stern (1899–1985) Jura studiert hatte, hinterließ eine einjährige Tochter. Ludwig und Johanna Ascher zogen daraufhin in die Voelckerstraße 32 zu ihrem verwitweten Schwiegersohn, wohl um ihm in der Erziehung und Pflege des Kleinkindes beizustehen. Im Dezember 1932 ließ sich Ascher von seinem Lehrauftrag an der Universität entbinden.

Wie so viele jüngere Jüdinnen*Juden entschlossen sich die Tochter und die Schwiegersöhne der Aschers offenbar relativ zügig dazu, das Deutsche Reich zu verlassen. Als Erstes emigrierte 1935 der Schwiegersohn Dr. Walter Louis Eliassow (1891–1957) nach Palästina. Er war wie Ludwig Ascher Mediziner und hatte zeitweise mit ihm zusammengearbeitet. Seine Ehefrau, Aschers ältere Tochter Mathilde, hatte ihren Mann 1922 in Berlin geheiratet. Zusammen mit den beiden gemeinsamen Söhnen folgte sie ihm im März 1936 in die Emigration. Im Jahr darauf, im November 1937, verließ auch der zweite, verwitwete Schwiegersohn, Hugo Stern, zusammen mit der kleinen Enkeltochter der Aschers Frankfurt. Sie gingen nach New York.

Das Ehepaar Ascher inzwischen 72 und 61 Jahre alt, blieb in Frankfurt zurück. Anfang 1938 zogen sie in eine Pension in die Myliusstraße 40. Johanna Ascher starb im Dezember 1940 im Jüdischen Krankenhaus in der Gagernstraße. Da das Haus in der Myliusstraße geräumt werden musste, um für einen Kindergarten der ***Nationalsozialistischen Volkswohlfahrt*** Platz zu machen, war Ludwig Ascher zu einem erneuten Umzug gezwungen. Im September 1941 fand er ein Zimmer in einem „Judenhaus“ in der Gaußstraße 14. Von dort wurde er im Monat darauf, am 19. Oktober 1941, von der SA abgeholt. Am 21. Oktober traf der erste Deportationstransport aus Frankfurt am Main im Ghetto Litzmannstadt ein. Möglicherweise arbeitete Ludwig Ascher im überfüllten Ghetto weiterhin als Arzt, bevor er am 24. Mai 1942 ebendort verstarb.

(MB)

Quellen

- ISG FFM, STA 12, 760
- Elsner, Gine: Verfolgt, vertrieben vergessen. Drei jüdische Sozialhygieniker aus Frankfurt am Main, Hamburg 2017
- Heuer, Renate u. Wolf, Siegbert (Hrsg.): Die Juden der Frankfurter Universität, Frankfurt am Main 1997
- Hebauf, Renate: Frankfurt am Main, Gaußstraße 14. Ein Haus und seine jüdischen Bewohner zwischen 1911 und 1945, in: Kingreen, Monica (Hrsg.): „Nach der Kristallnacht". Jüdisches Leben und antijüdische Politik in Frankfurt am Main 1938–1945, Frankfurt am Main 1999, S. 289–317

A AUERBACH
KEHRMANN

— * 06.11.1867 in Frankfurt am Main
— ✡ 28.08.1958 in London/Großbritannien

— Emigration 31.01.1939 nach Großbritannien

Leben

Die im Jahr 1863 in Frankfurt geborene Emma Auerbach entstammte einer alteingesessenen jüdischen Frankfurter Familie, ihre Eltern waren der Kaufmann Abraham Jesel (später Adolf) Kehrmann (1835–1914) und seine Frau Therese Kehrmann geb. Loeb (1842–1911). Sie hatte noch zwei Schwestern, Clementine (1866–1930) und Alice (1872–1942) → S. 106. Mit dem Juristen und Kommunalpolitiker Dr. Ernst Moritz Auerbach (1863–1926), den Emma am 5. April 1895 heiratete, bekam sie zwei Töchter. Zunächst lebte die Familie im Westend, bis sie 1913 nach Sachsenhausen in eine repräsentative Villa in der Holbeinstraße 43 zog. Ernst Moritz Auerbach hatte Rechtswissenschaften in Göttingen, Leipzig und Heidelberg studiert. Er fungierte als Vorsitzender des Anwaltsvereins, später auch als stellvertretender Vorsitzender der Anwaltskammer, er war Mitglied des Vorstandes der Israelitischen Gemeinde in Frankfurt am Main und Syndikus des Schulrats des *Philanthropins*. Anfänglich als Strafverteidiger tätig, übernahm er später ausschließlich Zivilsachen. Im Zuge der Gründung der Universität Frankfurt wurde Auerbach zudem in den Großen Rat der Universität berufen, dem er bis zu seinem Tod 1926 angehörte.

Die älteste Tochter Erna Auerbach (1897–1975) war Malerin, die neben ihrem Studium der Kunstwissenschaften (Promotion 1924) auch freie Malerei an der Frankfurter Kunstgewerbeschule studierte und später privaten Unterricht bei Willi Baumeister (1889–1955) nahm. Bei *Städel*-Direktor Georg Swarzenski (1876–1957) belegte sie nicht nur Seminare in Kunstbetrachtung und zeitgenössischer Malerei, er förderte auch ihre künstlerische Karriere. Als freie Malerin vermochte sie sich vor allem mit ihren Porträts einen Namen zu machen. Häufig veröffentlichte sie in der Halbmonatsschrift ***Kunstwanderer*** und verfasste beispielsweise Ausstellungsrezensionen und Artikel. Aufgrund der zunehmenden Einschränkungen durch die nationalsozialistische Machtpolitik emigrierten Erna und ihre Schwester Ilse Schmitthoff (1900–1995), die wie ihr Vater als Rechtsanwältin wirkte, 1933 nach London. Im Exil gelang es Erna rasch, an ihre künstlerischen Erfolge aus Frankfurt anzuknüpfen. Nachdem sie 1947 ein zweites kunstwissenschaftliches Studium am ***Courtauld Institute of Art*** der Universität London mit einer erneuten Promotion abgeschlossen hatte, widmete sie sich jedoch fortan vor allem ihrer wissenschaftlichen Arbeit. Von 1947 bis 1975 lehrte sie als Gastdozentin am ***Polytechnical Institute***. Ihre Bekanntheit reichte bis in die Vereinigten Staaten, wo sie regelmäßig am ***Metropolitan Museum*** in New York, der ***National Gallery of Art*** in Washington und anderen Kunstinstitutionen Vorträge hielt.

Nachdem die beiden Töchter im Exil eine neue Heimat gefunden hatten, lebte die seit 1926 verwitwete Emma Auerbach noch bis 1939 allein in der Villa in Sachsenhausen, die sie im selben Jahr verkaufen musste. 1939 folgte sie ihren Töchtern ins Exil. In London wurde sie sesshaft und blieb dort bis zu ihrem Tod im Jahr 1958. Erna zufolge war ihre Mutter nicht nur künstlerisch hoch begabt, sondern hegte auch große Begeisterung für die Musik. Von ihrem Wesen her soll sie „überaus ernst und tief angelegt, zuverlässig und absolut verschwiegen" gewesen sein.

(IH)

Quellen

— ITS Digital Archive, Arolsen Archives / 2.1.1.1 HE 013 JÜD 0 Informationen verschiedener Art / Sign. DE ITS 2.1.1.1 HE 013 JÜD ZM 09 / Doc. ID 70343636
— ISG FFM, S2, 5300
— ISG FFM, S2, 11190
— ISG FFM, STA 10, 23
— ISG FFM, STA 11, 16
— ISG FFM, STA 11, 217
— ISG FFM, STA 12, 675
— The National Archives, London/UK, Internees (Aliens) Index Cards 1939–1947, HO 396/3 via www.ancestry.org (zuletzt aufgerufen am 12.03.2023)
— The National Archives, London/UK, Principal Probate Registry, Calendar of the Grants of Probate and Letters of Administration made in the Probate Registries of the High Court of Justice in England 1858–1995, 1959 via www.ancestry.org
— The National Archives, London/UK, RG 101/304J via www.ancestry.org
— Adressbuch Frankfurt am Main 1935–1938
— Auerbach, Erna: Der Welfenschatz zur Ausstellung im Städel'schen Kunstinstitut in Frankfurt a. M., in: Der Kunstwanderer, Heft 11/12, 1929/30
— Strauss, Herbert (Hrsg.): International Biographical Dictionary of Central European Emigrés 1933–1945, Bd. 2, München u. a. 1983
— Jäger, Gudrun: Auerbach, Ernst, in: Frankfurter Personenlexikon (Onlineausgabe), www.frankfurter-personenlexikon.de (zuletzt aufgerufen am 12.03.2023)
— Jäger, Gudrun: Auerbach, Erna. in: Frankfurter Personenlexikon (Onlineausgabe), www.frankfurter-personenlexikon.de
— Auerbach, Ernst, in: Hessische Biografie <www.lagis-hessen.de/pnd/116377313> (zuletzt aufgerufen am 14.12.2022)
— Atlan, Eva Sabrina u. Wenzel, Mirjam (Hrsg.): Zurück ins Licht. Vier Künstlerinnen – Ihre Werke. Ihre Wege, Frankfurt am Main 2022

ANNA KAHN
GEB. MASSENBACH

K A H N, geb. Massenbach, Anna, geb. 18.7.69 Bühl

zuletzt wohnhaft: Ffm Eppsteinerstr. 43

deportiert am 1.9.42 nach Theresienstadt

am 13/1.43 in Theresienstadt verstorben

— * 18.07.1869 Bühl/Baden
— ✡ 13.01.1943 Theresienstadt (Terezin/Tschechien)

— Deportation 01.09.1942 nach Theresienstadt (Terezin/Tschechien)

Leben

Anna Kahn wurde 1869 in Bühl/Baden geboren. Ihre Eltern waren Wilhelm (1832–1912) und Fanny Massenbach geb. Kusel (1839–1884). Die Familien Massenbach und Kusel waren nicht nur durch die Ehe der beiden miteinander verbunden, sondern auch geschäftlich durch die Spinnerei ***Massenbach & Kusel***.

Im Frühling 1889 heiratete die 19-jährige Anna Massenbach den zwölf Jahre älteren Mannheimer Bankierssohn Bernhard Kahn (1857–1917). Seine Eltern waren Hermann Hirsch Kahn (1829–1908) und dessen Frau Henriette Kahn geb. Gutmann (1837–1916). Diese hatten es zusammen mit zwei Brüdern von Hermann Hirsch Kahn zu Wohlstand gebracht, sie führten ab 1867 in Mannheim die Bank ***M. Kahn Söhne***.

Bernhard Kahn war bereits wenige Jahre vor der Hochzeit mit Anna Massenbach nach Frankfurt gezogen, 1885 führte ihn das Frankfurter Adressbuch erstmalig als „Kahn, Bernhard, jun.“ Zu dem Zeitpunkt hatte er seinen Wohnsitz in der Bockenheimer Landstraße 35 und war als einer von zwei Prokuristen im Bankgeschäft ***Kahn & Comp***. in der Bethmannstraße 10 tätig. Offenbar handelte es sich um ein Familienunternehmen, die beiden Eigentümer waren Leopold und Hermann Kahn, der Prokurist an der Seite von Bernhard Kahn jun. war Bernhard Kahn sen., ein Onkel von Bernhard jun.

Ein Jahr nach der Eheschließung kam im darauffolgenden Frühling die erste und einzige Tochter Ida Fanny (1890–1981) zur Welt. Ihr folgten ein bzw. sechs Jahre später zwei Brüder nach: Alfred (1891–1918) und Emil (1896–1985).

Anna und Bernhard Kahn führten ein gehobenes bürgerliches Leben. Sie besaßen ab ca. 1904 eine Villa in der Niedenau 67. Bernhard Kahn saß im Wirtschaftsausschuss der ***Internationalen Luftschiffahrt-Ausstellung*** (ILA) in Frankfurt und war Mitglied der ***Goethe-Gesellschaft***. Obwohl die Kahns also in besten Kreisen verkehrten, habe Anna Kahn „ihr Leben lang etwas Provinzielles behalten", wenn man einem ihrer Verwandten Glauben schenken möchte.
1911 heiratete Tochter Ida den Sohn des Juweliers Robert Koch und dessen Frau Flora Emma geb. Cassel, Otto Hermann Koch (1884–1919), der wie sein Vater ebenfalls Juwelier war. Trauzeugen waren der Onkel des Bräutigams, Louis Koch, und der Onkel der Braut, der Maler Max Kahn (1857–1939).

1914 erhielt Bernhard Kahn den Ehrentitel Kommerzienrat verliehen, doch konnte er ihn nicht mehr lange tragen: im Januar 1917 verstarb er im Alter von 59 Jahren. Das Trauerjahr zum Tod ihres Mannes war gerade abgelaufen, da hatte Anna Kahn einen weiteren Schicksalschlag zu verkraften: Ihr ältester Sohn Alfred Ernst Michael fiel in der vierten Flandernschlacht in der Nähe von Festubert/Frankreich im Alter von 26 Jahren. In dieser schwierigen Zeit werden die Geburt ihres ersten Enkelkindes, Robert Koch, im April 1918, und die Hochzeit ihres jüngsten Sohnes Emil Leopold wohl Lichtblicke für sie gewesen sein. Am 31. August 1918 hatte er die Frankfurterin Nelly Henriette Budge (1898–1934) geheiratet, Tochter von Siegfried Budge (1869–1941), Professor für Nationalökonomie an der Universität Frankfurt, und dessen Ehefrau Ella geb. Mayer (1875–1942).
Bis 1929 war die verwitwete Frau Kommerzienrat Kahn als Eigentümerin und Bewohnerin der Villa Niedenau 67 gemeldet. Anschließend zog sie in die Palmengartenstraße 3. Dort wohnte sie, bis sie Mitte der 1930er Jahre in die Westendstraße 71 übersiedelte. Auch dort sollte Anna Kahn

nicht lange bleiben, am 10. Juli 1941 meldete sie der Devisenstelle, dass sie in die Eppsteinerstraße 43, Parterre, *Pension Atlantik*, verzogen sei. Offenbar handelte es sich bei der neuen Adresse um ein „Judenhaus“, wo die Verfolgten zwangseinquartiert wurden. Als Anna Kahn am 1. September 1942 von dort nach Theresienstadt deportiert wurde, teilten mindestens 17 weitere Personen aus diesem Haus ihr Schicksal: Else Alken geb. Mamroth (1877–1942), August Becker (1859–1942), Ida Becker geb. Feibelmann (1889–1942), Emma Fürst geb. Joseph (1861–unbekannt), Henriette Heichelheim geb. Strauss (1872–1944), Fanny Hertz (1866–1942), Nanny Hirschberg geb. Lonnerstädter (1874–1942), Rosalie Hochschild geb. Moos (1854–1942), Pauline Israel geb. Gutmann (1852–1942), Sofie Lehmann (1866–1942), Rosa May geb. Dreschfeld (1873–unbekannt), Siegmund Neu (1876–1944), Jenny Neu geb. Grünebaum (1882–1944), Hermann Oppenheimer (1862–1942), Anna Schild geb. Israel (1878–unbekannt), Willy Stern (1867–1942) und Luise Strauss geb. Burghold (1861–1942).

Nach einem knapp viermonatigen Aufenthalt in Theresienstadt wurde Anna Kahn dort am 13. Januar 1943 ermordet. Sie wurde 73 Jahre alt.

(MB)

Quellen

— ITS Digital Archive, Arolsen Archives / 2.1.1.1 HE 013 JÜD 0 Informationen verschiedener Art / Sign. DE ITS 2.1.1.1 HE 013 JÜD ZM 40/ Doc. ID 70354724
— HHStAW, 519/3, 3410
— ISG FFM, STA 11, 446
— ISG FFM, STA 11, 558
— ISG FFM, STA 12, 569
— Aufbau, 26.10.1945, Vol. XI, Nr. 43, S. 29.
— Adressbuch Frankfurt am Main, 1885–1939
— Koch, Eric: Die Braut im Zwielicht, Bonn 2009

RICHARD BREITENFELD

B R E I T E N F E L D, Richard

geb. am 13.1o.69 in Reichenberg/Wien
letzter Wohnort Ffm - Hansa - Allee 7

deportiert am 1.9.1942 nach Theresienstadt
am 16/12.42 in Theresienstadt verstorben

— * 13.10.1869 Reichenberg
— ✡ 16.12.1942 Theresienstadt (Terezin/Tschechien)

— Deportation 01.09.1942 nach Theresienstadt (Terezin/Tschechien)

Leben

Richard Breitenfeld wurde als Sohn des Kaufmanns Adolf Breitenfeld (1822/23–1886) und seiner Frau Marie (1828–1881) im böhmischen Reichenberg geboren. Über seine Kindheit und Jugend ist wenig bekannt. Er nahm ein Studium der Musikwissenschaften auf – seine Ausbildung zum Opernsänger begann er in Wien bei Professor Johann Reß (1839–1916). Sein beruflicher Einstieg erfolgte in Köln am Theater. Aufgrund seines Talents war er sowohl national als auch international hoch angesehen und an verschiedenen Bühnen zu Gast, so beispielsweise in Frankreich, der Schweiz, Freiburg und Stuttgart. Im Jahr 1905 heiratete er die gebürtige Wienerin Olga geb. Sgalitzer (1885–1942). Als Bassbariton war er an der Frankfurter Oper tätig. Aufgrund einer starken Kurzsichtigkeit musste Breitenfeld jedoch 1932 seine Bühnenarbeit aufgeben und war nun vorrangig als Gesangslehrer tätig. So würdigte 1932 ein Zeitungsartikel das Werk des bekannten Opernsängers:

> *Dreißig Jahre lang war Breitenfeld in unentwegter Berufstreue eine Stütze der Frankfurter Oper, und bis zum heutigen Tage ist er in jeder seiner Partien ein zuverlässiger Sänger […].*

Als eine der vielen Stufen der Diskriminierung und systematischen Verfolgung mussten ab 1938 alle Jüdinnen und Juden sowie nichtjüdische Ehepartner*innen ihr Gesamtvermögen vor den zuständigen Devisenstellen der Oberfinanzpräsidien offenlegen, bewerten lassen und anmelden. Auf einem „beschränkt verfügbaren Sicherungskonto“ hatten

sie anschließend nur noch eingeschränkt auf ihr eigenes Vermögen Zugriff. Dieser legalisierte Raub ermöglichte es dem nationalsozialistischen Regime, sich am Eigentum der Betroffenen fast nach Belieben zu bereichern. Selbst Kleinstbeträge wie jene 46,55 Reichsmark für den Kauf von je einer Brille für Richard Breitenfeld und seine Frau Olga im November 1940 mussten zunächst beantragt und dann genehmigt werden.
1942 wurden Richard und seine Frau Olga Breitenfeld mit dem Transport XII/2, Nr. 60 nach Theresienstadt deportiert und dort ermordet.

(IH)

Quellen

— ITS Digital Archive, Arolsen Archives / 2.1.1.1 HE 013 JÜD 0 Informationen verschiedener Art / Sign. DE ITS 2.1.1.1 HE 013 JÜD ZM 15 / Doc. ID 70345817
— HHStAW, 519/3, 1313
— HHStAW, 676, 8673
— ISG FFM, S2, 959
— www.holocaust.cz (zuletzt aufgerufen am 12.03.2023)
— www.jewishgen.org (zuletzt aufgerufen am 12.03.2023)
— www.frankfurt.de/frankfurt-entdecken-und-erleben/stadtportrait/stadtgeschichte/stolpersteine (zuletzt aufgerufen am 12.03.2023)

JULIUS COLLIN

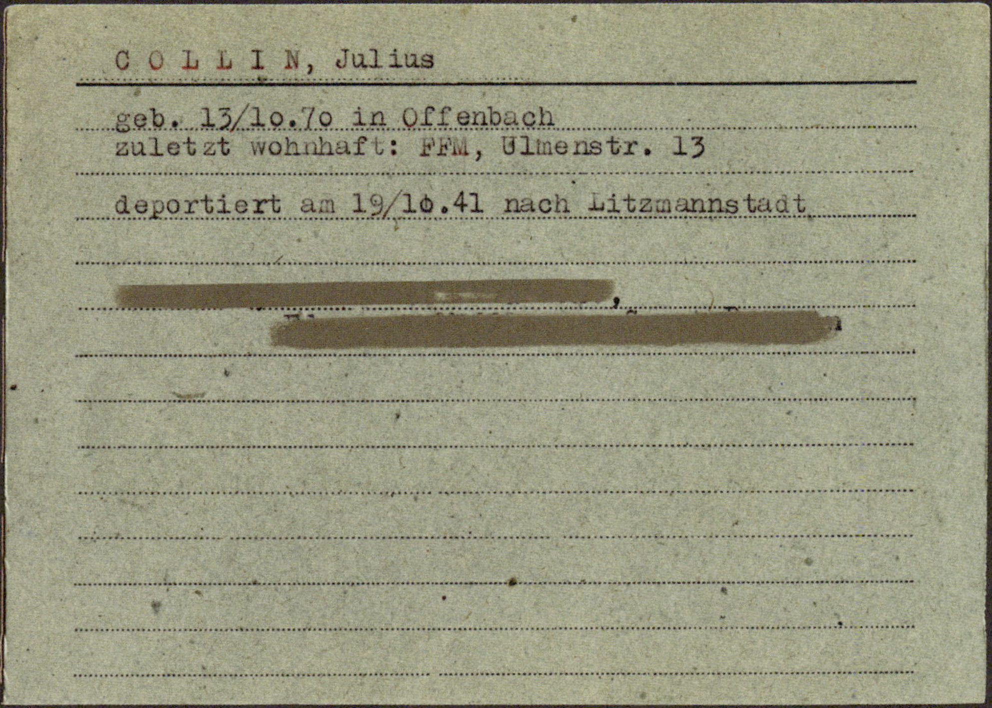

C O L L I N, Julius

geb. 13/1o.7o in Offenbach
zuletzt wohnhaft: FFM, Ulmenstr. 13

deportiert am 19/10.41 nach Litzmannstadt

[redacted],
[redacted]

— * 13.10.1870 Offenbach am Main
— ✡ 25.10.1941 Litzmannstadt (Lodz/Polen)

— Deportation 19.10.1941 nach Litzmannstadt (Lodz/Polen)

HENRIETTE COLLIN GEB. BEYFUß

C O L L I N, geb. Beyfuss, Henriette

geb. 13/1o.7o in Offenbach
zuletzt wohnhaft: FFM., Ulmenstr. 13

deportiert am 19/1o.41 nach Litzmannstadt

[redacted]

— * 25.04.1888 Frankfurt am Main
— ✡ unbekannt

— Deportation 19.10.1941 nach Litzmannstadt (Lodz/Polen)

Leben

Julius Collin wurde am 13. Oktober 1870 in Offenbach am Main in der Ludwigstraße 89 geboren. Seine Eltern waren Simon Collin (1839–1925) und dessen Ehefrau Johanna geb. Bergmann (1843–1897), er war das erste Kind des Ehepaares. Sechs Jahre später kam sein Bruder Friedrich (1876–wohl 1947) zur Welt. Anschließend zog die Familie von Offenbach nach Frankfurt, wo der jüngste Sohn Paul (1881–wohl 1976) geboren wurde.

Henriette Beyfuß war die Tochter von Leopold (1856–1934) und Rosa Beyfuß geb. Bergmann (1866–1942) aus Bockenheim. Sie hatte einen älteren Bruder, Hermann Beyfuß, der jedoch bereits im Alter von 14 Tagen verstarb. Ihr Vater Leopold war Teppichstangen- und Ofenfabrikant, später spezialisierte er sich mit seinem 1888 gegründeten Geschäft auf Schaufenstergestelle und Ladeneinrichtungen, die Familie wohnte im Bornwiesenweg. Julius und Henriette wuchsen demnach in derselben Nachbarschaft auf.

Julius' Vater, Simon Collin, begann seine berufliche Frankfurter Existenz als Kaufmann für „Leder- und Portefeuillewaren" unter der Anschrift Zeil 60. In den 1880er und 1890er Jahren erfolgten mehrmalige Umzüge des Geschäfts innerhalb Frankfurts; zudem veränderte Simon Collin seinen Fokus, weg von Leder- und Reiseartikeln hin zu „Bürsten, Seilerwaren, Seifen, Lichter, Holz- und Siebwaren, Türvorleger etc." So konnte man bei ihm qualitätvolle Jom-Kippur-Kerzen erwerben, sie waren „aus reinstem Stearin, brennen 26 Stunden, rauchen nicht und laufen nicht ab“, wie es in einer Anzeige in der ***Jüdischen Presse*** hieß.

Um 1900, zu dem Zeitpunkt bereits seit drei Jahren Witwer, setzte sich Simon Collin zur Ruhe. Seine drei Söhne Julius, Friedrich und Paul waren bereits alle erwachsen; sie eröffneten wenige Jahre später das Unternehmen ***Collin & Co.***, einen Großhandel für Tüll und Spitze. Alle drei waren in der Hermannstraße 9 gemeldet, wo auch ihr Vater Simon Collin wohnhaft war.

Obwohl Julius der älteste der drei Brüder war, so war er doch der letzte, der sich vor den Traualtar wagte. Am 21. September 1917, mitten im Ersten Weltkrieg gab der 47-jährige Kaufmann der fast 20 Jahre jüngeren Henriette Beyfuß das Ja-Wort. Zwei Jahre später, am 26. Juli 1919, bekamen die beiden ihr einziges Kind, den Sohn Herbert Collin (1919–unbekannt). Zu dem Zeitpunkt lebte das Ehepaar in der Heinestraße 31, Julius Collin war als „beitragendes Mitglied“ in der ***Senckenbergischen Naturforschenden Gesellschaft*** aktiv.

Julius Collin konnte das Geschäft mit seinen Brüdern erfolgreich weiter ausbauen. Das Unternehmen, das dem Reichsverband der Tüll- und Spitzengroßhändler in Berlin angehörte, war über drei Dekaden aktiv. Es überstand den Ersten Weltkrieg und die sich anschließenden Nachkriegsjahre inklusive Inflation, Währungsreform und „Bubikopf“: Denn der sich in den 1920er Jahren durchsetzende Modetrend der Kurzhaarfrisur für Frauen führte zur „fast vollständigen Absatzstockung in Schleiern“. Für die Jahre 1927 bis 1930 konnten Umsätze über 1 Million Mark verzeichnet werden, die im Rahmen der Weltwirtschaftskrise jedoch einbrachen. Dennoch war es den dreien möglich, auch im Jahr 1938 abermals Umsätze über der 1 Mio.-Mark-Grenze zu erwirtschaften. Das Unternehmen ***Collin & Co.*** hatte 45 Angestellte inkl. sechs Lehrlingen sowie 25 Arbeiter*innen.

Zum 31. Dezember 1938 musste das Unternehmen „weit unter Wert“ an die Firma ***Kempf & Co*** verkauft werden. Der Käufer erwarb alle Guthaben,

Kassen, das gesamte Warenlager, die Versandmaterialien, alle Reisekollektionen, das Mobiliar, die Geschäftsausstattung, die Maschinen sowie die Berliner Geschäftseinrichtung.

Im Jahr 1939 zogen die Collins aus Im Trutz 44, wo sie seit 1931 wohnten, in die Ulmenstraße 13 ins Frankfurter Westend. Julius Collin war zu diesem Zeitpunkt 69 Jahre alt, seine Gesundheit angegriffen, er litt an „einem Blasenleiden, an Zuckerharnruhr und an Beschwerden, die durch eine erhebliche Erhöhung des Blutdrucks bedingt sind. Sein Allgemeinzustand ist durch diese Dinge erheblich beeinträchtigt." Zudem war er am Grünen Star erkrankt und hatte dadurch seine Sehkraft weitgehend eingebüßt.

Das Ehepaar Collin wurde am 19. Oktober 1941 aus ihrer Fünfzimmerwohnung in der Ulmenstraße 13 deportiert, zu dem Zeitpunkt waren die Eheleute 71 und 53 Jahre alt.

Der einzige Sohn Herbert Collin war spätestens 1939 nach Großbritannien geflohen, er bemühte sich in diversen Anträgen ab 1950 bis mindestens 1960 um finanzielle Entschädigung für die Ermordung seiner Eltern.

Auch den beiden jüngeren Brüdern von Julius Collin, Friedrich und Paul, war die Flucht vor den Nationalsozialisten geglückt. Friedrich Collin bestieg am 30. März 1940 zusammen mit seiner Frau Martha ein Schiff im französischen St. Nazaire, das beide nach New York brachte, wo eine Tochter der beiden zu dem Zeitpunkt bereits wohnhaft war. Paul Collin war wie sein Neffe Herbert spätestens 1939 nach Großbritannien geflohen.

(MB)

Quellen

— HStAMR, 918, 324
— HStAMR, 918, 929
— HHStAW, 518, 10139
— HHStAW, 676, 6870
— ISG FFM, STA 10, 160
— ISG FFM, STA 10, 240
— ISG FFM, STA 10, 254
— ISG FFM, STA 11, 544
— ISG FFM, STA 12, 163
— Adressbuch Frankfurt am Main 1890, 1899, 1907
— Bericht der Senckenberg Naturforschenden Gesellschaft, Frankfurt am Main 1920
— Die Jüdische Presse. Organ für die Gesammtinteressen des Judenthums, Berlin, 1890, 21. Jg., Nr. 31

CÄCILIE GOLDSCHMIDT GEB. HAMBURGER

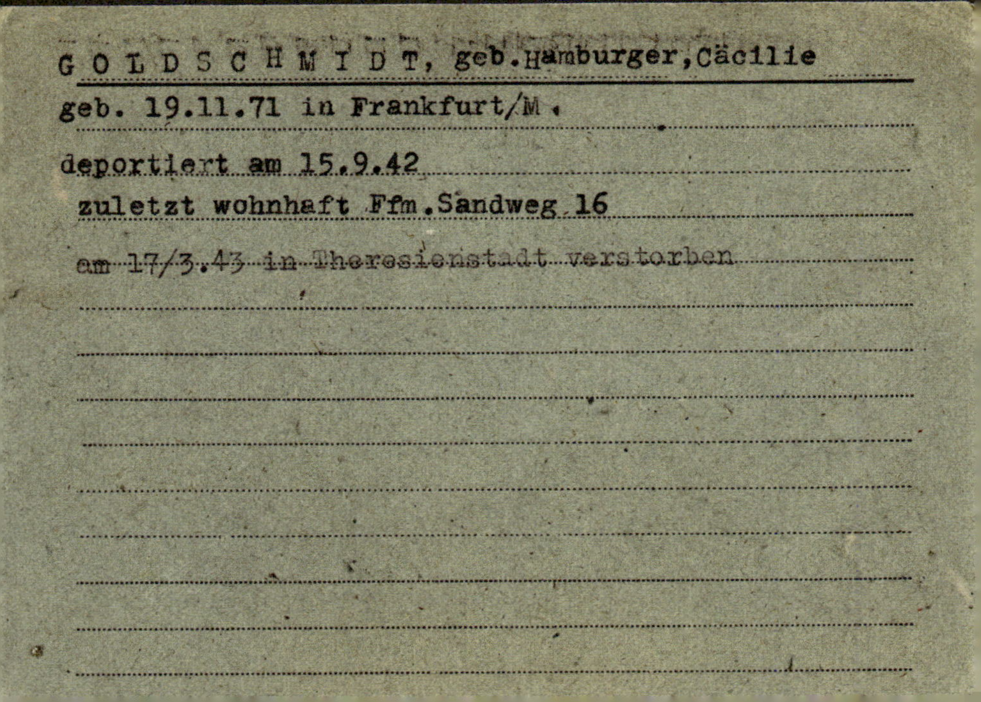

G O L D S C H M I D T, geb. Hamburger, Cäcilie

geb. 19.11.71 in Frankfurt/M.

deportiert am 15.9.42

zuletzt wohnhaft Ffm. Sandweg 16

am 17/3.43 in Theresienstadt verstorben

- * 19.11.1871 Frankfurt am Main
- ✡ 19.03.1943 Theresienstadt (Terezin/Tschechien)

- Deportation 15.09.1942 nach Theresienstadt (Terezin/Tschechien)

Leben

Cäcilie Goldschmidt kam als erstes Kind von Caroline (auch Gütel) Hamburger geb. Rothschild (1849–1925) und Leopold (auch Loeb) (1836–1902) in Frankfurt zur Welt. Ihr Vater hatte 1861 in Wien einen Mineralien- und Münzhandel gegründet, mit dem er 1864 nach Frankfurt zog. In Hessen war die Familie schon seit langer Zeit ansässig, der Urgroßvater von Cäcilie Goldschmidt war der Hanauer Yom Tov Hamburger (ca. 1730–1804), ein strenggläubiger Mann und direkter Abkömmling des Rabbiners und Talmudisten Yom Tov Lipmann ben Nathan ha-Levi Heller (1579–1654). Hamburgers Sohn und damit Cäcilies Urgroßvater war der Hoffaktor Loeb Hamburger (ca. 1761–1835), der im 18. Jahrhundert als einer der wenigen wohlhabenden Bewohner*innen in der Hanauer Judengasse galt.

Als Cäcilie Hamburger vier Jahre alt war, wurde der Cousin ihres Vaters, Leo Hamburger (1846–1929), nach jahrelanger Mitarbeitertätigkeit zum Teilhaber, so dass die Firma von da an unter ***L. & L. Hamburger*** in der Uhlandstraße 56 firmierte. Das Unternehmen entwickelte sich gut, regelmäßige Auktionen wurden seit 1889 durchgeführt, darunter solche von in Numismatik-Kreisen „legendären“ Sammlungen wie der des Mailänder Seidenfabrikanten Ercole Gnecchi (1850–1932) oder der des Schweizer Politikers Hans Wunderly von Muralt (1842–1921). Cäcilie, die älteste Tochter, und ihre fünf Geschwister Joseph (1874–1926), Dora Tirza (1876–1939), Mathilde (1878–unbekannt), Selma (1880–unbekannt) und

David (1881–1940) wuchsen demnach in einem wohlhabenden und angesehenen Haushalt auf.

Im Alter von 19 Jahren heiratete Cäcilie am 28. Februar 1890 den 13 Jahre älteren Frankfurter Kaufmann Isaak Löb Goldschmidt (1858–1918). Seine Eltern waren Löb (1831–1890) und Hannchen Goldschmidt geb. Mainz (1836–1904).

Das Paar wohnte anfänglich zur Miete im Röderbergweg 9, dort kam am 28. Dezember 1890 auch das erstes Kind zur Welt, Flora Goldschmidt (1890–unbekannt). Es folgten Leo Moses (1892–wohl 1976), Toni (1896–1989), Martha (1899–1918) und als Nachzüglerin Johanna Henny Goldschmidt (1908–wohl 1959). 1899 zog die Familie um in den Sandweg 16. Dies war nicht nur das Wohnhaus, sondern auch die Geschäftsadresse von Isaak Goldschmidt, der im Immobilien- und Hypothekengeschäft tätig war.

1918, kurz vor dem Ende des Ersten Weltkriegs starb Isaak Goldschmidt im Alter von 60 Jahren. Im Jahr darauf hatte die Witwe Cäcilie Goldschmidt einen weiteren Tod zu verkraften, denn ihre Tochter Martha starb im Alter von nur 20 Jahren. Zu diesem Zeitpunkt waren die drei ältesten Kinder erwachsen, die jüngste Tochter Henny jedoch erst elf Jahre alt.

Auch nach diesen Schicksalsschlägen blieb die Witwe Goldschmidt im Haus im Sandweg wohnen. Bis 1934 führte das Frankfurter Adressbuch Cäcilie Goldschmidt als „Privatiere“ und Eigentümerin unter dieser Adresse, im ersten Stock war ihr Sohn Leo Moses als Kaufmann gemeldet. Das Erdgeschoss teilte sich Cäcilie Goldschmidt mit zwei weiteren Parteien, dem Uhrmacher M. Horneck und dem Kaufmann R. Schultheiß. Das zweite Stockwerk war vermietet an einen Kaufmann und einen Witwer, das dritte Geschoss bewohnten ein Kaufmann und eine Privatiere, im vierten Geschoss lebte ein Angestellter. Insgesamt waren neben Cäcilie Goldschmidt und ihrem Sohn Leo Moses sieben weitere Parteien unter der Adresse Sandweg 16 gemeldet. Bis ins Jahr 1938 sollte sich die Anzahl auf zwölf Personen erhöhen. 1940 waren es bereits 16 Personen, 1941 dann 19. Offenbar war das Haus von Cäcilie Goldschmidt zu einem „Judenhaus" deklariert worden.

Im Rahmen der ersten Deportation wurde niemand aus ihrem Haus abgeholt, lediglich eine Person aus der Nachbarschaft, im Sandweg 7, Marion Kugelmann (1927–unbekannt), war betroffen. Bei der Deportation am 12. November 1941 nach Minsk waren es mindestens 69 Nachbar*-innen aus dem Sandweg 3, 7, 14, 28, 30, 31, 38, 40, 44a, 47, 79 und 83, die abgeholt wurden, aus dem Haus von Cäcilie Goldschmidt traf es einzig Josefine Goldschmidt geb. Löwenstein (1893–unbekannt). Nach Kowno wurden am 22. November 1941 aus den Häusern 28, 30, 32 und 38 mindestens 21 Menschen deportiert. Am 11. Juni 1942 wurden aus dem Sandweg 14, 28, 44 und 83 mindestens zehn Personen nach Majdanek verschleppt, aus dem Haus von Cäcilie Goldschmidt traf es das Ehepaar Robert Hess (1884–unbekannt) und Selma Hess geb. Simons (1898–unbekannt). Robert Hess, der seine beruflichen Anfänge im Bankenwesen hatte, war von 1937 bis 1942 kaufmännischer Angestellter der Jüdischen Gemeinde gewesen. Am 18. August wurden deportiert: aus der Nachbarschaft Sandweg 7 und 14 mindestens 45 Personen, aus dem Sandweg 16 waren betroffen Agnes Dalberg geb. Kaufmann (1873–1942), Emma Narewczewitz geb. Stern (1853–1943), Erich Narewczewitz (1893–1943), Gertrud Narewczewitz geb. Dalberg (1903–nach 1945) und Robert Narewczewitz (1935–überlebt).

Am 15. September 1942 wurde Cäcilie Goldschmidt nach Theresienstadt deportiert, mindestens 20 weitere Personen aus dem Sandweg 16 waren ebenfalls auf diesem Transport dabei: 13 Frauen und sieben Männer. Die jüngste Person war 36, die älteste 87 Jahre alt, 13 der Deportierten waren bereits über 60.

Cäcilie Goldschmidt verbrachte noch ein halbes Jahr in Theresienstadt, bevor sie am 19. März 1943 dort ermordet wurde.

Von ihren vier Kindern überlebten drei die Schoa: Leo Moses Goldschmidt in New York, Toni Rosenbaum geb. Goldschmidt ebenfalls in New York sowie Henny Gut geb. Goldschmidt im schwedischen Stocksunde. Die älteste Tochter Flora Wechsler geb. Goldschmidt war ebenfalls von den Nationalsozialisten ermordet worden.

(MB)

Quellen

— HStAMR, 903, 153
— HHStAW, 518, 11988
— HHStAW, 518, 11999
— ISG FFM, STA 10, 282
— ISG FFM, STA 10, 306
— ISG FFM, STA 11, 23
— ISG FFM, STA 11, 165
— ISG FFM, STA 12, 561
— ISG FFM, STA 12, 579
— Adressbuch Frankfurt am Main 1890–1941
— Kampmann, Ursula: Der Ursprung des deutschen Münzhandels: Die Familien Hamburger und Schlessinger, Osnabrück 2022

DESEY (DESIRÉ)

P O L L I T Z, ~~Peggy~~

~~geb. 26/6.72 in FFM.~~

zuletzt wohnhaft: FFM, Scheffelstr. 26

~~deportiert am 1/9.42 nach Theresienstadt~~

~~am 16/3.43 in Theresienstadt verstorben~~

— * 26.06.1872 Frankfurt am Main
— ✡ 16.03.1943 Theresienstadt (Terezin/Tschechien)

— Deportation 01.09.1942 nach Theresienstadt (Terezin/Tschechien)

Leben

Desirée Pollitz wurde am 26. Juni 1872 in Frankfurt am Main geboren. Ihr Vater war der Kaufmann und Wechselsensal Carl Theodor Pollitz (1837–1924), ihre Mutter Rosalie Pollitz geb. Großmayer (1844–1912). Die Eltern hatten 1864 in Mainz geheiratet, von wo die Familie väterlicherseits stammte. Die Familie der Mutter Rosalie hatte ihre Wurzeln in Bayern. Desirée Pollitz hatte mindestens vier Geschwister: Samuel Gustav (1865–unbekannt), Julie Lucie Flothow (1866–unbekannt), Robert Carl Julius (1868–1922) und Ferdinand Carl (1873–wohl 1921), die Familie wohnte unter der Adresse Niedenau 61.

Desy, wie sich Desirée zu nennen pflegte, hatte u. a. 1897/98 eine Ausbildung am *Dr. Hoch'schen Konservatorium* in Frankfurt am Main genossen, auch in Italien hatte sie eine Weile studiert. Neben ihrer Tätigkeit als Lehrerin für Gesang und Sprachtechnik war sie als Sängerin (Sopran und Mezzosopran) tätig.

Bis 1920 scheint die Villa in der Niedenau 61 dem Vater Carl Pollitz gehört zu haben, ab 1921 taucht weder Carl im Telefonbuch auf, noch ist die Villa weiterhin im Besitz der Familie Pollitz. Eigentümer war von da an der *Bürger-Ausschuß Bürgerrat e. B.*, das Haus wurde an verschiedene Parteien vermietet, u. a. an die *Frankfurter Kinderhilfe*, den *Reichsbund Deutscher Techniker* und den *Rhein-Mainischen Volksbund*. Die Gesangslehrerin Desy Pollitz, wie sie sich 1921 erstmalig auch offiziell im Frankfurter Adressbuch nennen ließ, war eine von drei Mietparteien des zweiten Obergeschosses. Kurze Zeit später verließ sie das Haus, in dem sie aufgewachsen war und zog in die Leerbachstraße 28.

1927 wurde ihr, die ein für damalige Verhältnisse ungewöhnliches Leben als unverheiratete und berufstätige Frau führte, das „Zeugnis über die staatliche Privatmusiklehrerprüfung“ verliehen, womit sie das Recht erhielt, sich als „staatlich anerkannte Gesangslehrerin“ zu bezeichnen. Im selben Jahr veröffentlichte sie den schmalen Ratgeber ***Durch Technik zur Kunst der Sprache und des Gesanges***.

Im August 1934 wurde innerhalb der Schuldeputation Frankfurt in Erwägung gezogen, Desy Pollitz zu untersagen, „arische“ Gesangsschüler*innen zu unterrichten, da sie selbst „nichtarischer Abstammung“ sei. Da sie jedoch nachweisen konnte, dass sie bereits vor dem Ausbruch des Ersten Weltkriegs als Lehrerin tätig gewesen war, erhielt sie eine Sondergenehmigung, die Verlängerung der Unterrichtserlaubnis „in unbeschränktem Umfange“ wurde ihr erteilt.

Ab wann ihr das Unterrichten gänzlich untersagt war, ist bislang unbekannt. Doch selbst ohne ein Verbot wird es für sie kaum möglich gewesen sein, ausreichende Einkünfte aus dem Gesangsunterricht zu erzielen, da „arische“ Schüler*innen sich nicht getraut haben dürften, bei einer jüdischen Lehrerin ein und aus zu gehen.

1934 zog Desy Pollitz um in die Holzhausenstraße 3, wo sie bis zuletzt in den Adressbüchern geführt wurde. Dennoch sollte das nicht ihre letzte Wohnung in Frankfurt sein, offenbar wurde sie 1941/42 zwangsumquartiert in ein „Judenhaus“. Die Karteikarte der Jüdischen Gemeinde vermerkt, dass sie zuletzt im Haus des Ehepaares Louis und Hedwig Bodenheimer in der Scheffelstraße 26 lebte → S. 112. Von dort wurde Desirée Pollitz am 1. September 1942 nach Theresienstadt deportiert, wo sie ein halbes Jahr später am 16. März 1943 ermordet wurde.

(MB)

Quellen

— ISG FFM, A.40.01, 543
— ISG FFM, STA 10, 33
— ISG FFM, STA 10, 42
— ISG FFM, STA 10, 55
— ISG FFM, STA 10, 59
— ISG FFM, STA 11, 15
— ISG FFM, STA 11, 180
— Adressbuch Frankfurt am Main 1915–1940
— Schuster, Bernhard (Hrsg.): Die Musik. Halbmonatszeitschrift mit Bildern und Noten, 7. Jg., Bd. 23, Berlin/Leipzig 1907/1908

ALICE ELLINGER
GEB. KEHRMANN

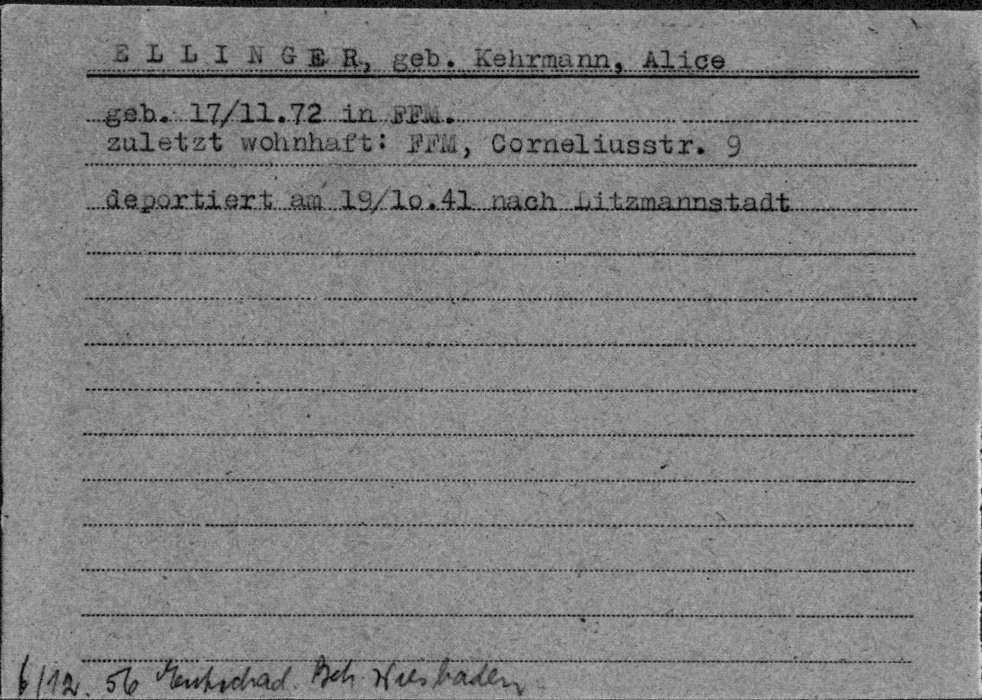

E L L I N G E R, geb. Kehrmann, Alice

geb. 17/11.72 in FFM.
zuletzt wohnhaft: FFM, Corneliusstr. 9

deportiert am 19/1o.41 nach Litzmannstadt

6/12.56 Entschad. Beh. Wiesbaden

- * 17.11.1872 Frankfurt am Main
- ✡ 31.03.1942 Litzmannstadt (Lodz/Polen)

- Deportation am 19.10.1941 nach Litzmannstadt (Lodz/Polen)

Leben

Alice Kehrmann wurde als jüngstes von drei Kindern am 17. November 1872 in Frankfurt am Main geboren. Ihre Eltern waren der Kaufmann Abraham Jesel (später: Adolf) Kehrmann (1835–1914) und seine Frau Therese Kehrmann geb. Loeb (1842–1911). Alice hatte zwei ältere Schwestern, Clementine (1866–1930) und Emma (1867–1958) → S. 76.

Bisher ist nichts über die Kindheit, Jugend oder Ausbildung von Alice und ihren Schwestern bekannt. Die Familie wohnte mitten in der Frankfurter Innenstadt am Rossmarkt 9 im dritten Obergeschoss. Grund dafür war das *Geschwister Schnapper*, das Geschäft des Vaters, ein Weißwarenhandel im Erdgeschoss.

Alle drei Schwestern heirateten innerhalb von gut anderthalb Jahren: Im April 1895 ehelichte Emma den Rechtsanwalt Ernst Moritz Auerbach (1863–1926), im Februar 1896 nahm Clementine den älteren Bruder von Ernst Moritz, Ludwig August Auerbach (1857–1936) zum Mann. Die jüngste Kehrmann-Tochter Alice heiratete am 23. Dezember 1896 im Alter von 24 Jahren den Juristen Ruben Rudolf Ellinger (1867–1915). Die beiden Trauzeugen waren gleichermaßen Juristen: Alice' frisch angeheirateter Schwager Ernst Moritz, Eppsteiner Straße 40, und der Bruder des Bräutigams, Leo Ellinger, Friedberger Anlage 20.

Rudolf Ruben Ellinger stammte wie Alice aus Frankfurt, er war der Sohn von Philipp (1818–1875) und Mathilde Matel Ellinger geb. Ruben

(1829–1901). Er hatte zahlreiche Geschwister. Einer seiner Brüder, der bereits erwähnte Leo Ellinger (1852–1916), war gemeinsam mit Wilhelm Merton Mitbegründer der Frankfurter *Metallgesellschaft*. Seine Großmutter väterlicherseits war eine gebürtige Schnapper – ob darüber eine Verbindung zu Abraham Kehrmann, Inhaber des *Geschwister Schnapper* bestand, muss bislang offenbleiben.

Das junge Paar bekam am 25. September 1897 seinen ersten Sohn: Herbert Philipp (1897–1917). Am 14. November 1899 folgte Sohn Walter (1899–unbekannt). Als Nesthäkchen und einzige Tochter kam am 22. November 1905 Tochter Olga Mathilde (1905–unbekannt) auf die Welt. Anfänglich wohnte die Familie Am Tiergarten 30, anschließend in der Bockenheimer Landstraße 83. Um 1911 erwarb das Paar ein Eigenheim, ein neobarockes Haus aus dem Jahr 1892 in der Schubertstraße 23.

Alice Ellinger lebte ein Leben in besseren Verhältnissen. Ihr Mann war promovierter Justizrat, ihr Schwager Mitinhaber der Frankfurter *Metallgesellschaft*, für eine Frau in ihrer Position war es nicht vorgesehen, einer Erwerbstätigkeit nachzugehen. Eine Möglichkeit, dennoch ein aktives Leben jenseits der häuslichen Sphäre zu führen, war für Frauen wie Alice Ellinger das soziale Engagement. Von mindestens 1909 bis 1920 war sie als Rechnungsführerin im *Verein für Kinderhorte* tätig. Auch im *Verein für Arbeiterinnenheime* war sie aktiv. Zusammen mit Philippine Hochschild (1859–1931), einer Schwester ihres Mannes, die mit Zachary Hochschild, dem alleinigen Vorstand der *Metallgesellschaft AG*, verheiratet war, war sie in der Verwaltung des Heimes I, Mainzer Landstraße 182 tätig. Weniger aus gesellschaftlichem Engagement, sondern vielmehr aus Vergnügen sang Alice in einem der ältesten Chöre Deutschlands, dem *Cäcilienchor*.

In den 1910er Jahren hatte Frau Justizrat Dr. Ellinger einige Schicksalsschläge zu verwinden: Erst starben relativ kurz hintereinander ihre Eltern, 1911 ihre Mutter und 1914 ihr Vater. Ähnlich einschneidend wie der Tod der Eltern wird wohl auch der ihres Ehemannes gewesen sein:

Rudolf Ruben Ellinger starb am 26. Juni 1915 im Alter von nur 47 Jahren. Zu dem Zeitpunkt war der älteste Sohn Herbert kurz vor der Volljährigkeit, Walter war 15 und Tochter Olga noch nicht einmal zehn Jahre. Alice Ellinger war knapp 43 Jahre alt und Witwe. Doch die Serie der Todesfälle nahm noch kein Ende: Der 19-jährige Sohn Herbert Philipp Ellinger verlor sein Leben am 29. April 1917 auf den Schlachtfeldern bei Saint-Souplet.

Die Adressbücher führen Alice Ellinger bis zur Ausgabe 1932 als Eigentümerin und Bewohnerin der Schubertstraße 32. Im Anschluss wechseln ihre Adressen mehrfach: Unterlindau 13, Liebigstraße 35. Dann fand sie einen Platz in der Myliusstraße 46. Ihre unverheiratete Tochter Olga wohnte unter denselben Adressen. Sie war ausgebildete Sprachlehrerin und verdiente mit Englischunterricht ihren Lebensunterhalt. Im Mai 1940 plante sie ihre Flucht und stellte einen Antrag „auf Mitnahme von Umzugsgut“. Ob sie zuvor bereits einen Antrag gestellt hatte, konnte nicht geklärt werden. Möglicherweise hatte sie ihre verwitwete Mutter, die im November 1937 65 Jahre alt geworden war, nicht alleine lassen wollen. Offenbar blieb ihr Versuch, das Deutsche Reich zu verlassen, jedoch erfolglos, denn im September 1940 schrieb sie, ihre Auswanderung habe sich „wider Erwarten auf unbestimmte Zeit verschoben“.

Alice' Sohn Walter war zwischenzeitlich die Flucht nach Großbritannien gelungen, bei einer Registrierung im Jahr 1939 wurde er als 40 Jahre alt, verheiratet und „refugee“ ohne Beruf bezeichnet. Auf demselben Blatt mit ihm registriert waren auch sein Cousin Philipp Hochschild, 56, und Margrit Hochschild, 18. Für Walter Ellinger war England nur eine kurze Zwischenstation, am 10. August 1940 bestieg er die ***SS Samaria*** nach New York, wo er den Freund Walter Hochschild, 61 Broadway, New York, als seine Kontaktperson angab.

Am 7. Oktober 1941 teilte Olga Ellinger den Behörden mit, dass sie und ihre Mutter erneut umgezogen seien, und zwar in die Corneliusstraße 9. Von dort wurden beide keine zwei Wochen später, am 19. Oktober 1941, nach Litzmannstadt deportiert.

Neben Mutter und Tochter Ellinger wurden an diesem Tag noch 14 weitere Hausbewohner*innen verschleppt: Bernhard Adler (1875–1942), Bertha Adler (1893–unbekannt) → S. 342, Emma Adler geb. Bodenheimer (1877–unbekannt), Ernst Adler (1908–1942), Adolf Dukat (1900–1942), Susi Dukat geb. Kaufmann (1910–unbekannt), David Hirschfeld (1872–1942), Lilly Hirschfeld geb. Weber (1884–unbekannt), Abraham gen. Adolf Kaufmann (1875–1942), Ida Kauffmann geb. Stiefel (1879–unbekannt), Minna Sundheimer geb. Nussbaum (1886–unbekannt), Moritz Sundheimer (1877–1942), Albert Schott (1888–1942) und Amalie Schott geb. Wolfgang (1884–unbekannt). Auch der Ehemann von Alice' Nichte, Ludwig Ascher, wurde mit demselben Deportationszug aus Frankfurt nach Litzmannstadt verschleppt → S. 70.

Alice Ellinger war 69 Jahre alt, als sie das Ghetto Litzmannstadt erreichte. Dort wurde sie am 31. März 1943 ermordet. Die Spur ihrer Tochter Olga verliert sich im Ghetto, das Todesdatum ist unbekannt.

(MB)

Quellen

— ISG FFM, A.12.02, Ellinger, Alice und Rudolf
— ISG FFM, STA 10, 56
— ISG FFM, STA 11, 227
— ISG FFM, STA 11, 233
— ISG FFM, STA 12, 437
— ISG FFM, STA 12, 478
— ISG FFM, STA 12, 492
— ISG FFM, STA 12, 530
— HHStAW, 518, 10721
— HHStAW, 519/3, 2239
— HHStAW, 519/3, 2240
— HHStAW, 676, 7261

- The National Archives, London/UK, 1939 Register, Rg 101/238e via www.ancestry.org (zuletzt aufgerufen am 12.03.2023)
- Statue of Liberty – Ellis Island Foundation, Passenger ID 9012024657497
- Ellinger, Thomas: Around the world in forty-five years, EBL Books 2022

HEDWIG BODENHEIMER
GEB. WEILER

B O D E N H E I M E R, geb. Weiler, Hedwig

geb. 17/4.73 in Wüstensachsen
zuletzt wohnhaft: FFM, Scheffelstr.26

deportiert am 19/1o.41 nach Litzmannstadt

[redacted]

— * 17.04.1873 Wüstensachser/Rhön
— ✡ 17.05.1942 Litzmannstadt (Lodz/Polen)

— Deportation 19.10.1941 nach Litzmannstadt (Lodz/Polen)

LOUIS BODENHEIMER

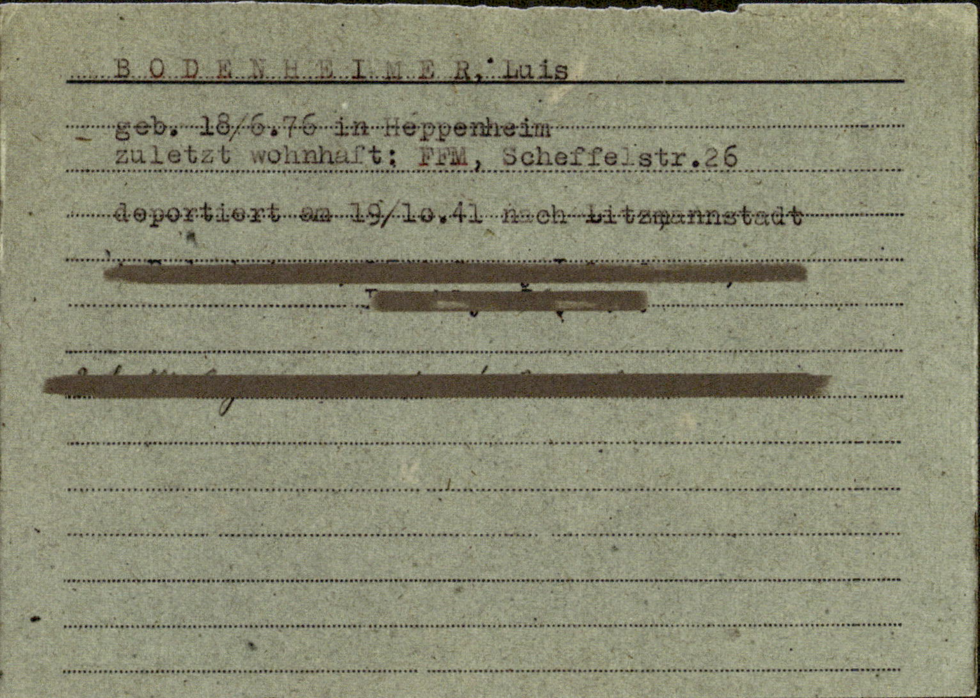

B O D E N H E I M E R, Luis

geb. 18/6.76 in Heppenheim
zuletzt wohnhaft: FFM, Scheffelstr.26

deportiert am 19/1o.41 nach Litzmannstadt

[redacted]

[redacted]

[redacted]

— * 18.06.1876 Heppenheim an der Bergstraße
— ✡ 10.08.1942 Litzmannstadt (Lodz/Polen)

— Deportation 19.10.1941 nach Litzmannstadt (Lodz/Polen)

Leben

Hedwig Weiler stammte aus Wüstensachsen in der Rhön, ihr Vater war der langjährige Religionslehrer in der dortigen jüdischen Gemeinde, Maier Weiler, ihre Mutter Karoline geb. Werner. Louis Bodenheimer war der Sohn des Heppenheimer Handelsmanns Abraham Bodenheimer (um 1838–1905) und dessen Frau Elise geb. Wolf (wohl 1842–1932).

Hedwig und Louis heirateten 1908 in Heppenheim, die Braut war zu dem Zeitpunkt 35 Jahre, der Bräutigam 32 Jahre alt. Im Jahr nach der Eheschließung wurde der einzige Sohn des Paares, Arthur Bodenheimer (1909–1995), geboren.

In den Frankfurter Adressbüchern wird Louis Bodenheimer 1913 erstmalig geführt, als Althändler in der Klostergasse 34/36 im Parterre, die Familie wohnte ca. 10 Minuten fußläufig entfernt zur Miete in der Obermain-Anlage 16. Der Erste Weltkrieg schien auf die geschäftliche Tätigkeit von Louis Bodenheimer keine negativen Auswirkungen gehabt zu haben, denn er wurde kurze Zeit danach Hauseigentümer: 1920/21 erwarb er eine Wohnimmobilie in der Scheffelstraße 26 im Nordend, 200m vom ***Philanthropin*** entfernt, dort wohnte das Ehepaar mit Sohn Arthur und der Mutter von Louis Bodenheimer. Die von ihnen nicht genutzten Räumlichkeiten hatten sie an vier bzw. fünf weitere Parteien vermietet. Sohn Arthur legte an der Ostend-Mittelschule das sog. Einjährige ab, anschließend absolvierte er eine kaufmännische Ausbildung, 1931 begann er seinen Dienst im väterlichen Geschäft.

Frankfurt — Litzmannstadt

Kurz nach dem Kauf der Wohnimmobilie erwarb Louis Bodenheimer 1922/23 das Gebäude Klostergasse 34/36, in welchem er bereits seit zehn Jahren seinen Betrieb im Hinterhof führte. In diesem Zuge ließ Bodenheimer sein Geschäft im Handelsregister eintragen für den „Handel mit Lumpen, Knochen, Papier, Flaschen, altem Eisen". Bis 1935 war er Alleininhaber des Altwarenhandels, dann stieg sein Sohn Arthur, zu dem Zeitpunkt 26 Jahre alt, mit ein. Neben dem Althandel befand sich in der Klostergasse 34/36 die Gastwirtschaft „Zum Einhorn", ein „Bier-Restaurant, [mit] nebenbei Ausschank von Wein, Apfelwein und Branntwein", das seit den frühen 1930er Jahren von Richard Bergmann betrieben wurde. Als dieser den Betrieb zum 1. April 1938 aufgab, fand sich zügig ein neuer Interessent, Friedrich Anton. Allerdings wurde diesem die Konzessionserteilung verweigert. In den Unterlagen der Stadt hieß es, der Althandel von Louis Bodenheimer – der sich zu diesem Zeitpunkt mindestens seit 20 Jahren dort befand – würde auf dem Hof „üble Gerüche" verbreiten, in die angrenzende Gaststätte käme keine gesunde Luft, zudem bestünden große Bedenken „betreffs der persönlichen Zuverlässigkeit" des neuen Pächters Friedrich Anton. Louis Bodenheimer unterstützte jedoch das Gesuch Antons, in der Hoffnung, sein Gebäude mit einer laufenden Gastwirtschaft zu einem besseren Preis verkaufen zu können. Er schaltete Anzeigen in der Zeitung und beauftragte Makler, gab an, sich zur Ruhe setzen zu wollen – die Erteilung der Schankerlaubnis wurde jedoch im August 1938 endgültig abgelehnt. Bereits Anfang des Jahres 1938 hatte Bodenheimer seinen Betrieb aufgeben müssen, am 4. Januar 1938 wurde die Firma offiziell aus dem Handelsregister gelöscht.
Am 15. November 1938 konnte Louis Bodenheimer die Immobilie Klostergasse 34/36 an Josef Räuchle und seine Frau Emma geb. Spangenberg verkaufen. Mit dem Erlös beglich das Paar die sog. Reichsfluchtsteuer.

Sohn Arthur hatte Ende 1937 Sitta Bodenheimer geb. Siesel (1914–2003) geheiratet. Mit der Geschäftsaufgabe war auch er seiner existenziellen Grundlage beraubt und wanderte am 14. Juni 1938 zusammen mit seiner Frau in die USA aus, das Paar nahm den Dampfer ***New York*** der

Hamburg-Amerika-Linie und fuhr von Cuxhaven über Cherbourg und Southampton nach New York, wo es sich in Brooklyn niederließ.

Das Ehepaar Bodenheimer lebte von nun an allein in seiner Wohnung, denn die Mutter von Louis Bodenheimer war bereits 1932 verstorben. Sie konnten die Immobilie bis zum 24. März 1941 behalten, dann waren sie auch hier genötigt, das Gebäude zu veräußern, Käufer war der Blumenhändler Alois Gassner. Mit dem Erlös dieses Verkaufs wurde die Zwangsgebühr für jüdisches Vermögen beglichen.

Zum Zeitpunkt des Verkaufs des Hauses in der Scheffelstraße 26 waren neben dem Ehepaar Bodenheimer dort nach Angaben des Adressbuchs fünf Parteien gemeldet, die alle den Zweitnamen Sarah bzw. Israel tragen mussten: die Schneiderin L. Löbensberg, der Kaufmann A. Haas, der Kaufmann A. Vogel, der Kaufmann E. Adler sowie der Werkmeister G. Rosenberg. Die Bodenheimers lebten nach dem Verkauf ihres Hauses noch sieben Monate in der Scheffelstraße 26, bis sie am 19. Oktober 1941 mit der ersten Deportation aus Frankfurt verschleppt wurden.

Hedwig Bodenheimer starb am 17. Mai 1942 in Litzmannstadt, ihr Ehemann Louis Bodenheimer überlebte noch drei Monate länger, bevor auch er am 10. August 1942 in Litzmannstadt sein Leben verlor.

Nach der Deportation der beiden wurde das Haus in der Scheffelstraße 26 offenbar als „Judenhaus" weiter genutzt: Am 12. November 1941 wurden von dort mindestens vier weitere Personen nach Minsk deportiert: Charlotte Rosenberg (1922–unbekannt), Gustav Rosenberg (1893–unbekannt), Helga Rosenberg (1924–unbekannt) und Johanna Rosenberg geb. Baruch (1901–unbekannt). Am 11. Juni 1942 nach Majdanek: Emanuel Adler (1882–unbekannt) und Mathilde Adler geb. Katz (1889–unbekannt). Am 18. August 1942 nach Theresienstadt: Hermine Mayer geb. Rosenfeld (1864–1942) und Gertrud Wolff geb. Ostwalt (1862–1942). Am 1. September 1942 nach Theresienstadt: Mathilde Rothschild (1878–1942) und Marie Siegel geb. Gieser (1874–1943). Am 15. September 1942 nach Theresienstadt: Gustel Hirsch

Frankfurt — Litzmannstadt

geb. Oppenheim (1865–1943), Sara Israel geb. Klein (1870–1943), Julie Lebach (1882–unbekannt), Amalie Lehmann geb. Kirchberger (1872–1942), Dina Rothschild (1898–unbekannt), Adolf Scheuer (1864–1942), Isabella Stern geb. Nickelsburg (1872–1943), Moritz Strauss (1856–1942), Emma Strauss geb. Schaumberg (1876–unbekannt) und Emma Wallerstein geb. Rosenthal (1871–1942) sowie am 24. September 1942 nach Raasiku: Ella Oppenheimer (1890–unbekannt).

Der Sohn Arthur Bodenheimer hielt sich in New York anfänglich mit kleineren Jobs über Wasser, 1943/44 trat er in den Dienst der amerikanischen Armee, ab 1948 war er Inhaber eines Lebensmittelgeschäfts. Nach dem Ende des Krieges erkundigte er sich nach dem Schicksal seiner Eltern: Am 2. August 1946 teilte ihm die Jüdische Betreuungsstelle der Stadt Frankfurt am Main, Baumweg 5–7, mit, dass diese im Oktober 1941 nach Litzmannstadt deportiert worden waren und von dort nicht mehr zurückgekehrt sind.

(MB)

Quellen

- ITS Digital Archive, Arolsen Archives / 6.3.1.2 Suchlisten / Sign. 631200003 / Doc. ID 82492338
- ITS Digital Archive, Arolsen Archives / 2.1.1.1 HE 013 JÜD 0 Informationen verschiedener Art / Sign. DE ITS 2.1.1.1 HE 013 JÜD ZM 14 / Doc. ID 70345556
- HStAMR, 900, 3975
- HStAMR, 900, 4052
- HHStAW, 518, 9847
- ISG FFM, STA 12, 755
- ISG FFM, A.32.02, 4066

NATHAN WACHTELKÖNIG

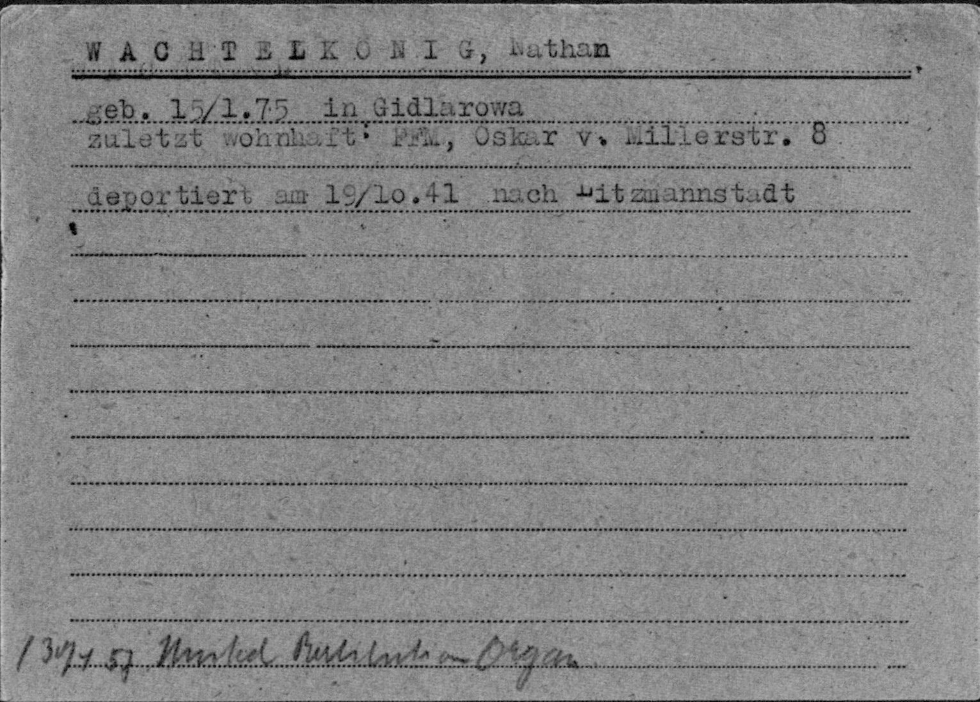

W A C H T E L K Ö N I G, Nathan

geb. 15/1.75 in Gidlarowa
zuletzt wohnhaft: FFM, Oskar v. Millerstr. 8

deportiert am 19/10.41 nach Litzmannstadt

13/7.57 Mündl. Bestätigung an Organ

— * 15.01.1875 Giedlarowa/Polen
— ✡ 20.12.1941 Litzmannstadt (Lodz/Polen)

— Deportation 19.10.1941 nach Litzmannstadt/
(Lodz/Polen)

TONI WACHTELKÖNIG
GEB. GERSTEN

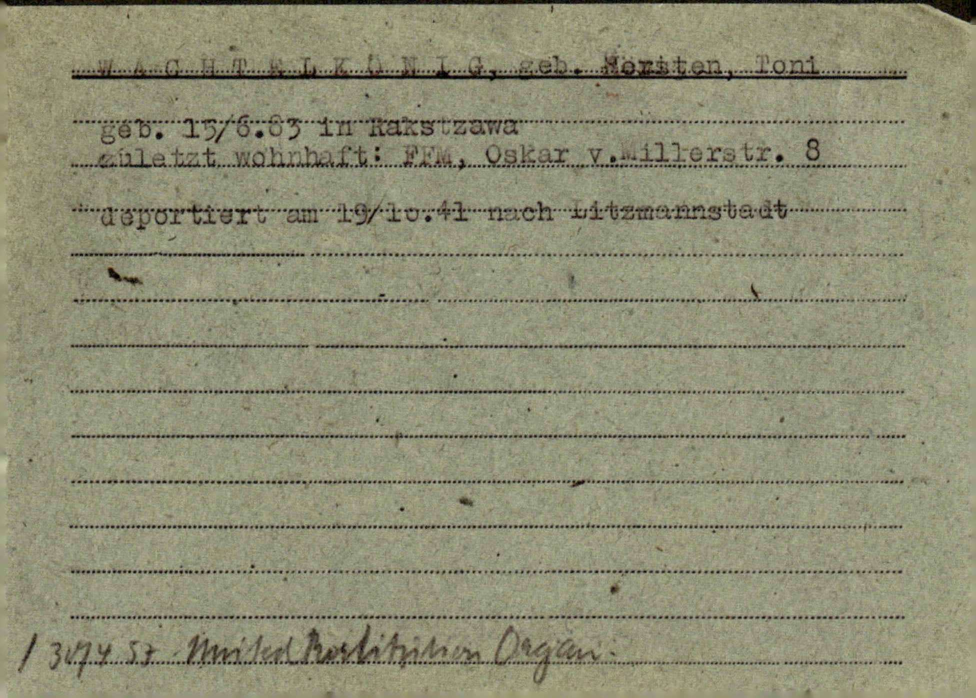

W A C H T E L K Ö N I G, geb. Gersten, Toni

geb. 15/6.83 in Rakstzawa
zuletzt wohnhaft: FFM, Oskar v. Millerstr. 8

deportiert am 19/10.41 nach Litzmannstadt

/ 3074 57 United Restitution Organ.

— * 15.06.1883 Rakszawa/Polen
— ✡ 19.12.1941 Litzmannstadt (Lodz/Polen)

— Deportation 19.10.1941 nach Litzmannstadt (Lodz/Polen)

Leben

Nathan Wachtelkönig und Taube (auch: Toni) Gersten heirateten am 27. Dezember 1899 in Frankfurt am Main. Über die Gründe, weshalb es die beiden, die aus dem polnischen Giedlarowa bzw. Rakszawa stammten, nach Frankfurt verschlug und sie dort heirateten, konnte nichts in Erfahrung gebracht werden.

Ihre Trauzeugen waren der Frankfurter Kaufmann Peter Henkel und der Buchführer Heinrich Ludwig. 1900 war das Paar in der Paradiesgasse 55 gemeldet, jedoch nur für ein Jahr. Bereits 1901 zog der 26-jährige Kaufmann mit seiner Frau nach Wiesbaden, bis 1913 führte das örtliche Adressbuch den jungen Mann als Kaufmann in der Blücherstraße 6.

Ab 1914 war das Ehepaar Wachtelkönig erneut in Frankfurt am Main ansässig, zwischenzeitlich waren sie Eltern von zwei Söhnen geworden, Samuel (1909–1974) und Markus (1903–1970). Von 1914 bis 1930 waren die Wachtelkönigs unter der Adresse Uhlandstraße 21 im Ostend im Adressbuch verzeichnet, 1931 änderte sich die Anschrift in Obermainstraße 8.

Nach Angaben einer Karteikarte der Rechneiamt-Steuerverwaltung betrieb Nathan Wachtelkönig einen Handel mit Wäsche-, Weiß- und Wollwaren, Handel mit Herrenstoffen und ab dem 28. Februar 1929 Handel mit Bildern. Da die dortigen Unterlagen unvollständig sind, ist der Betriebsbeginn nicht vermerkt, muss jedoch vor 1924 liegen.

Frankfurt — Litzmannstadt

1933 zog das Ehepaar erneut um, diesmal in die Oskar-von-Miller-Straße 8, hier waren sie laut Adressbuch die Eigentümer des Hauses, nicht mehr nur Mieter. Wie die Schwiegertochter Misket Wachtelkönig geb. Gruschow (1910–1988), die mit ihrem Mann und den drei kleinen Kindern bis zu ihrer Auswanderung im April 1939 im selben Haus wohnte, später angab, bestand die Wohnung aus Schlafzimmer, Speisezimmer, Salon, Musikzimmer, Gästezimmer bzw. Zimmer der Söhne und einer Küche.

Nathan Wachtelkönig musste am 6. Juli 1938 seinen Woll- und Wäschehandel abmelden. Ein halbes Jahr später, im Frühjahr 1939, waren die Wachtelkönigs gezwungen, ihre Wertgegenstände bei der Darlehensanstalt der Stadt Frankfurt abzuliefern, nach der Erinnerung der Schwiegertochter handelte es sich hierbei um silbernes Besteck für zwölf Personen, ein goldenes Armband, eine echte Perlenkette sowie je eine goldene Herren- bzw. Damenuhr an einer Kette.

Als Misket und Markus Wachtelkönig mit ihren Kindern im April 1939 das Deutsche Reich verließen, war Markus' jüngerer Bruder Samuel bereits seit einem halben Jahr in den USA: Er war am 10. September 1938 in Antwerpen an Bord der ***SS Königstein*** gegangen und hatte zwölf Tage später New York erreicht. Wie alle in die USA einreisenden nichtamerikanischen Staatsbürger*innen musste auch der 28-jährige Samuel Wachtelkönig eine Person, verwandt oder befreundet, nennen, bei welcher er sich aufzuhalten gedachte. In diesem Fall war das Abraham Wachtelkönig, vermutlich sein Onkel, ein jüngerer Bruder seines Vaters, welcher bereits 1900 als Schneider nach New York ausgewandert war.

Nathan und Toni Wachtelkönig lebten von Frühling 1939 bis zu ihrer Deportation am 19. Oktober 1941 in ihrer eigenen Wohnung in der Oskar-von-Miller-Straße 8. Das unterschied sie von zahlreichen weiteren Personen, die mit ihnen deportiert wurden. Auch war ihr Haus offenbar nicht zu einem „Judenhaus“ umfunktioniert worden, die beiden waren die einzigen Personen, die von dort deportiert wurden.

Nach ihrer Ankunft in Litzmannstadt überlebte das Ehepaar die ersten zwei Monate nicht. Nach Angaben des Sterberegisters des Krankenhauses im Ghetto Litzmannstadt verstarben die beiden an zwei aufeinanderfolgenden Tagen: Toni Taube Wachtelkönig am 19. Dezember 1941 angeblich an chronischer Unterernährung im Alter von 58 Jahren, Nathan Wachtelkönig einen Tag später, am 20. Dezember 1941, angeblich an einer bakteriellen Blutvergiftung, im Alter von 66 Jahren.

(MB)

Quellen

- HHStAW, 518, 9847
- HHStAW, 518, 42885
- ISG FFM, STA 11, 272
- The Statue of Liberty—Ellis Island Foundation, Passenger ID 604595070062
- The Statue of Liberty—Ellis Island Foundation, Passenger ID 901198366765O
- Adressbuch Frankfurt am Main 1900–1940
- Adressbuch Wiesbaden 1901–1913

Frankfurt — Litzmannstadt

MINA STEIN
GEB. BAER

S T E I N , Minna geb.Bär

geb.am 27.3.74 in Frankfurt/Main

Letzter Wohnort Ffm.Schwanenstr. 7
deportiert am 15.9.1942 nach Theresienstadt

— * 27.03.1874 Frankfurt am Main
— ✡ 03.10.1955 Frankfurt am Main

— Deportation 15.09.1942 nach Theresienstadt (Terezin/Tschechien)

Leben

Mina Stein wurde als eines von fünf Kindern von Hermann und Fanny Baer geb. Oppenheimer geboren. Ihre Geschwister waren Louise (1875–1943), Emil (1877–unbekannt), der Schuhmachermeister Berthold (1877–1942) → S. 170 und Bertha (1881–1942). Von 1880 bis 1889 besuchte Mina das *Philanthropin*.

1906 heiratete sie den Fotografen Berthold Stein (1863–1939), der ein *Photographisches Atelier* in der Eisernen Hand 17a betrieb. Mit ihm hatte sie einen Sohn, Otto (1909–unbekannt). Gemeinsam mit Otto, seiner Frau Marga (1914–unbekannt) und den Enkelinnen Marianne (1937–unbekannt) und Tana (1938–unbekannt) lebte die Familie im Musikantenweg 22 in „gut situierten Verhältnissen" in einer „elegant eingerichtete[n] 6-Zimmer-wohnung [sic] mit echten Gemälden". Sohn Otto war Möbelvertreter und Eigentümer des Hauses. Auf seinem Grundstück betrieb er im Erdgeschoss „in einem von ihm selbst ausgebauten großen Lagerraum ein Auslieferungslager für Möbel [...]."

Berthold Stein starb am 4. Januar 1939 im Krankenhaus der Israelitischen Gemeinde in der Gagernstraße 36. Im November 1938, kurz vor Bertholds Tod, musste die Familie die „Judenvermögensabgabe" entrichten. Um diese zahlen zu können, waren die Steins gezwungen, das Haus im Musikantenweg zu verkaufen. Die verwitwete Mina, ihr Sohn und seine Familie mussten die Sechszimmerwohnung im Musikantenweg aller Wahrscheinlichkeit nach im Oktober 1939 verlassen. Ab diesem

Zeitpunkt war zumindest das Mobiliar der Wohnung durch Otto eingelagert worden, im Frankfurter Adressbuch 1940 ist die Familie Stein nicht mehr dort gemeldet.

Gemeinsam mit ihrem Sohn, seiner Frau und den Kindern bereitete Mina Stein die Auswanderung vor, zu der es nicht mehr kam. Am 11. Juni 1942 wurde Otto mit seiner Familie nach Majdanek/Polen deportiert und zu einem unbekannten Zeitpunkt ermordet. Mina wurde kurz darauf, am 15. September 1942, nach Theresienstadt deportiert.

> ***Bei meiner Deportation nach Theresienstadt wurde meine 6 Zimmerwohnung mit allem Inhalt = Möbel, Hausrat, Kleider, Wäsche u.s.w. von der Gestapo versiegelt und versteigert.***

Am 3. Juli 1945 kehrte sie nach über 30 Monaten KZ-Haft in ihre Geburtsstadt Frankfurt zurück. Organisiert hatte diesen Transport der Rabbiner Leopold Neuhaus →S. 192. Ihre Geschwister waren inzwischen verstorben oder ermordet worden, ihr Sohn, ihre Schwiegertochter und die Enkelinnen ebenfalls ermordet.

> ***Hierdurch bescheinigen wir, dass Frau Minna Stein geb. Bär geb. 27.3.74 in Frankfurt/Main am 15.9.42 nach Theresienstadt deportiert wurde und am 3. Juli 1945 von dort zurückgekehrt ist.***

Nach ihrer Rückkehr nach Frankfurt bezog Mina Stein zum 1. Juni 1946 eine Zweizimmerwohnung im Erdgeschoss im Sandweg 16, in der sie ein Zimmer bewohnte.

1948 wurde sie als erste Frau in den Vorstand der Nachkriegsgemeinde gewählt. Sie vertrat neben ihren Aufgaben im Vorstand als erste Vorsitzende auch die ***Jüdische Frauenvereinigung***, die im Jahr zuvor gegründet worden war, mit dem Ziel, „rituelle Verpflichtungen zu übernehmen und sich der Sozialarbeit und Kulturpflege zu widmen“.

Im Wiedergutmachungsverfahren, das sich über mehrere Jahre zog, vertrat sie der Rechtsanwalt Erich Cohn-Bendit. Eine kleine monatliche Rente von 145 DM wurde ihr zugesprochen. Ihr Antrag auf Wiedergutmachung von körperlichem Schaden wurde dagegen abgewiesen.

Mina Stein starb am Morgen des 3. Oktober 1955 in ihrer Wohnung im Sandweg. Ihr Grab befindet sich auf dem Neuen Jüdischen Friedhof.

(SR)

Quellen

— Deportationskartei der Jüdischen Gemeinde Frankfurt am Main
— ITS Digital Archive, Arolsen Archives / 3.1.1.1 Nachkriegszeitkartei / Nachkriegszeitkartei (A-Z) / Namen in der "phonetischen" Sortierung ab SR / Sign. 03010101 24 090 / Doc. ID 69289816
— HHStAW, 518, 14546
— ISG FFM, 10, 70
— ISG FFM, STA 12, 322
— ISG FFM, STA 12, 855
— ISG FFM, STA 12, 896
— ZA B.1-13.A.970
— ZA B.1-13.A.971
— Adressbuch Frankfurt am Main 1932–1940
— Tauber, Alon: Zwischen Kontinuität und Neuanfang, Wiesbaden 2008
— www.arolsen-archives.org (zuletzt aufgerufen am 12.03.2023)
— www.yadvashem.org (zuletzt aufgerufen am 12.03.2023)

ALBERT HAAS

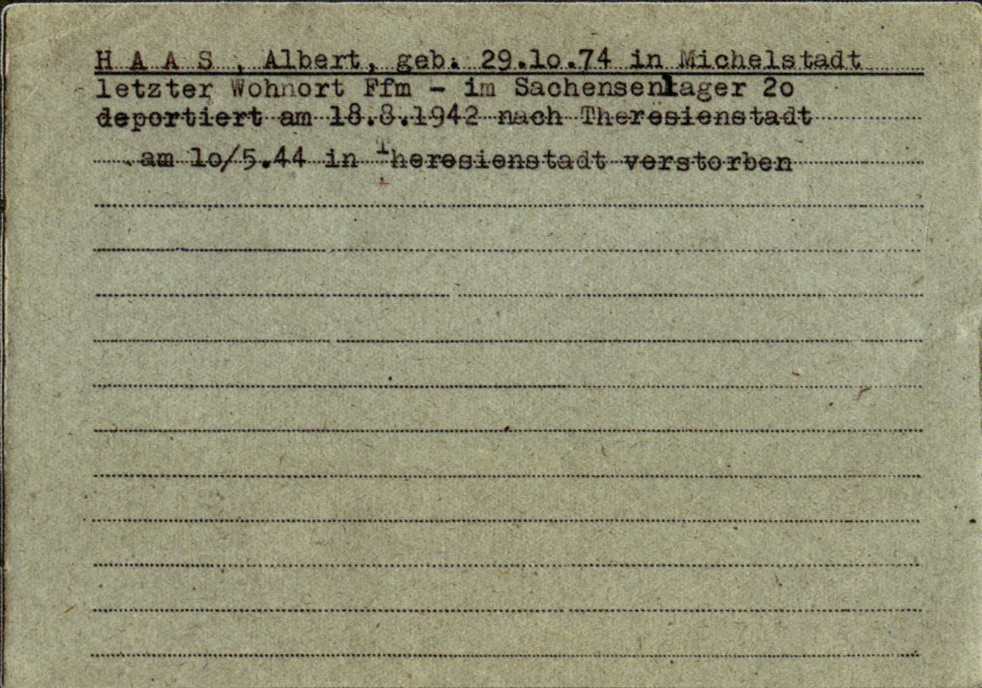

H A A S , Albert, geb. 29.1o.74 in Michelstadt
letzter Wohnort Ffm - im Sachensenlager 2o
deportiert am 18.8.1942 nach Theresienstadt
am 1o/5.44 in Theresienstadt verstorben

- * 29.10.1874 Michelstadt
- ✡ 10.05.1944 Theresienstadt (Terezin/Tschechien)

- Deportation 18.08.1942 nach Theresienstadt (Terezin/Tschechien)

JOHANNA HAAS
GEB. GERSON

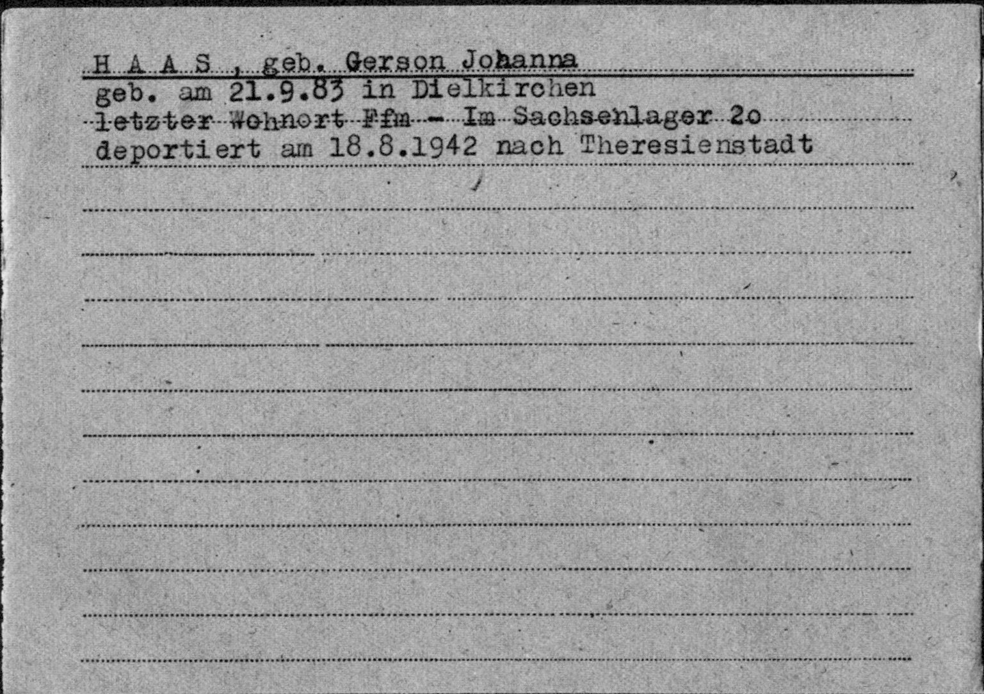

H A A S , geb. Gerson Johanna
geb. am 21.9.83 in Dielkirchen
~~letzter Wohnort Ffm - Im Sachsenlager 2o~~
deportiert am 18.8.1942 nach Theresienstadt

— * 21.09.1883 Dielkirchen
— ✡ unbekannt

— Deportation 18.08.1942 nach Theresienstadt (Terezin/Tschechien)

Leben

Albert Haas wurde am 29. Oktober 1874 in Michelstadt im Odenwald geboren. Zu dem Zeitpunkt gab es dort bereits seit gut 100 Jahren eine Synagoge, der Anteil der jüdischen Bevölkerung betrug im letzten Viertel des 19. Jahrhunderts ca. fünf Prozent. Seine Eltern waren der Viehhändler und Metzger Moses Haas und dessen Frau Wilhelmine „Minna" Haas geb. Joseph (ca. 1840–1912). Albert Haas absolvierte das sog. Einjährige und erlernte im Anschluss den Beruf des Tapezierers und Dekorateurs. Damit machte er sich in Frankfurt unter der Anschrift Unterlindau 57 selbständig.

Johanna Haas wurde als Tochter von Joseph Gerson und Henrietta geb. Gutmann am 21. September 1883 in dem ca. 30 Kilometer nördlich von Kaiserslautern gelegenen Dielkirchen geboren. Die Gemeinde umfasste wenige hundert Einwohner*innen, im ersten Viertel des 19. Jahrhunderts lebten dort 20 Jüdinnen und Juden, 1933 waren es 36. Über ihre Familie ließ sich wenig ermitteln, abgesehen davon, dass ihr Vater Joseph Gerson 1899 ein Patent anmeldete, das eine „Neuerung an Fahrradreifen mit Korkeinlage" betraf.

1902 ist Albert Haas das erste Mal im Frankfurter Adressbuch als Tapezierer im Parterre des Grüneburgweg 90 verzeichnet. Bis 1907 war er als Mieter unter verschiedenen Adressen in Frankfurt gemeldet, ab 1908 führte ihn das Adressbuch als Hauseigentümer der Immobilie in der Unterlindau 57, auch seine verwitwete Mutter Wilhelmine Haas war dort gemeldet. Im selben Jahr begann der Bau der Westend-Synagoge, die einen fünfminütigen Spaziergang von dort entfernt lag.

Möglicherweise war der Anlass des Hauskaufs eine private Veränderung im Leben von Albert Haas, denn am 29. Mai 1907 hatte er Johanna Gerson geheiratet. Die Funktion der Trauzeugen übernahmen der Kaufmann Josef Gerson, 55 Jahre alt aus Dielkirchen, und der Kaufmann und Bruder der Braut Max Gerson aus London.

Das Ehepaar Haas bekam zwei Töchter, Henny und Gertrud. Bis 1932 blieb die Familie Haas in der Unterlindau wohnen, anschließend zogen sie zehn Gehminuten weiter östlich in eine Immobilie Im Sachsenlager 20.

Johanna arbeitete im Geschäft ihres Mannes mit. Sie nähte und schnitt zu. In den Wiedergutmachungsunterlagen hieß es, Albert Haas „habe insbesondere nach 1933 noch viel zu tun gehabt, da die auswandernden Juden sich Couches und Sessel hätten auf- oder umarbeiten lassen, um auf diese Weise durch Mitnahme von Möbeln bei der Auswanderung wenigstens einen Teil ihres Vermögens zu retten".

1937 machte das Finanzamt Frankfurt die Steuerfahndungsstelle auf Albert Haas aufmerksam, mit dem Hinweis, dass er angeblich nicht alle Einnahmen versteuern würde. Der zwei Monate später verfasste Fahndungsbericht meldete, dass Albert Haas allein arbeite und ohne fremde Hilfe. „Zum Transport bedient er sich eines alten BMW Wagens, den er gebraucht für 300 RM erworben hat." Des Weiteren kam der Bericht zu dem Schluss, dass Haas seine Bücher nicht bzw. nicht ordnungsgemäß geführt habe, weshalb er eine Strafe zu zahlen hatte.

Im Dezember 1938 musste Albert Haas sein Haus Im Sachsenlager 20 verkaufen und auch seinen Betrieb schließen. Obwohl das Ehepaar Haas nicht mehr Eigentümer des Hauses war, blieben die Eheleute dort wohnen.

1874–1944
1883–unbekannt

Am 18. September 1942 wurden sie von Frankfurt nach Theresienstadt deportiert, gemeinsam mit drei weiteren Bewohner*innen des Hauses Im Sachsenlager 20: Isidor Keller (1867–1942), Bertha Koehler geb. Löwenstein (1869–unbekannt) und Fanny Steiner geb. Goldschmidt (1859–1843). Schon bei vorherigen Deportationen waren Personen aus dem Haus abgeholt worden.

Die beiden Töchter Henny Grünwald und Gertrud (auch Trude) Stein konnten das Deutsche Reich rechtzeitig verlassen.

(MB)

Quellen

— HHStAW, 518, 12810
— HHStAW, 518, 133387
— HHStAW, 519/3, 811
— HHStAW, 676, 6484
— ISG FFM, STA 11, 374
— Arnsberg, Paul: Die jüdischen Gemeinden in Hessen. Anfang – Untergang – Neubeginn, Bd. 2, Frankfurt am Main 1971
— www.alemannia-judaica.de/dielkirchen_juedgeschichte.htm (zuletzt aufgerufen am 12.03.2023)

Frankfurt — Theresienstadt
Frankfurt — unbekannt

JOHANNETTE GEN. JETTCHEN ABERMANN GEB. CAHN

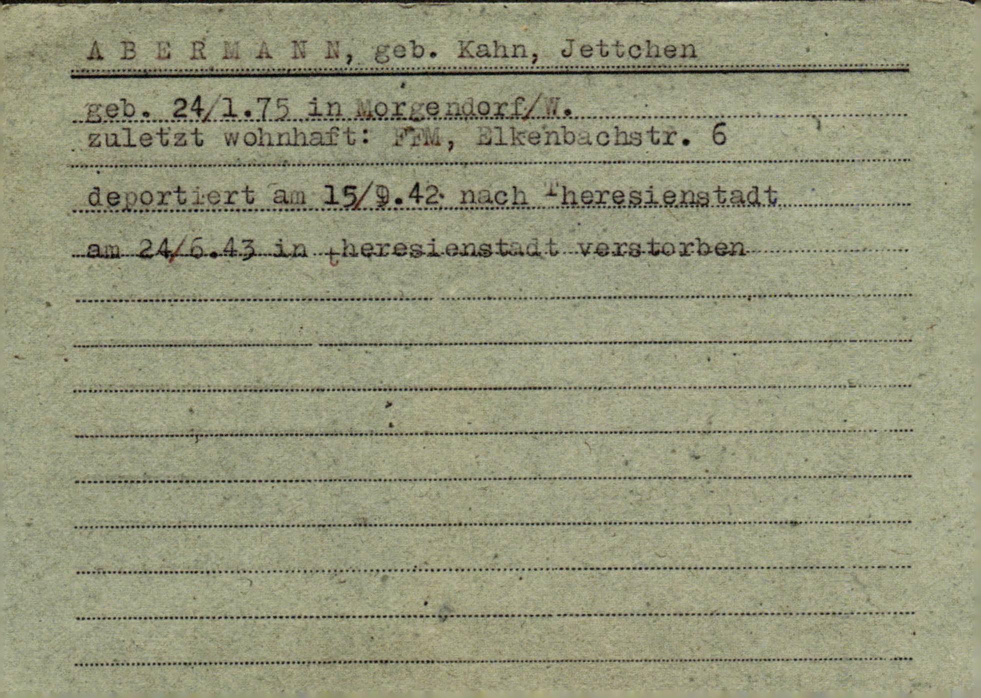
A B E R M A N N, geb. Kahn, Jettchen

geb. 24/1.75 in Morgendorf/W.
zuletzt wohnhaft: FFM, Elkenbachstr. 6

deportiert am 15/9.42 nach Theresienstadt

am 24/6.43 in Theresienstadt verstorben

- * 24.01.1875 Mogendorf
- ✡ 24.06.1943 Theresienstadt (Terezin/Tschechien)

- Deportation 15.09.1942 nach Theresienstadt (Terezin/Tschechien)

Leben

Johannette (genannt Jettchen) Abermann geb. Cahn kam am 24. Januar 1875 in Mogendorf bei Wirges im Westerwald zur Welt. Als sie 1910 ihren Geburtsort verließ, lebten dort 34 Juden und Jüdinnen, was 4,5 Prozent der gesamten Einwohnerschaft entsprach. 1912 zog sie zusammen mit ihrem Ehemann Lugu Abermann (1881–1930) von der Königsteinerstraße 2 in dem erst 1928 nach Frankfurt eingemeindeten Höchst in die Kasinostraße 2a, die während der Zeit des Nationalsozialismus nach dem Höchster SA-Mann Josef Bleser benannt war. Im November 1930 starb Lugu Abermann; er wurde auf dem Sodener Friedhof beerdigt. Von Beruf war er Kaufmann und auch als Gemeindediener tätig.

Eine 1918 geborene, ebenfalls in der Kasinostraße lebende Höchsterin erinnert sich, dass Jettchen Abermann oft am Fenster saß. Stets sei sie samstags von ihr, wenn sie draußen auf der Straße spielte, gerufen worden, um das Herdfeuer anzuzünden. Dabei erklärte sie die an Schabbat geltenden religiösen Regeln. Als Dank für das Anzünden gab es Matze-Brot.

Jettchen Abermann wohnte bis zum Mai 1939 in der Kasinostraße. Sie zog dann in die Innenstadt Frankfurts, zunächst in den Sandweg 40, später in die Ostendstraße 56. Sie lebte von der Unterstützung der Jüdischen Wohlfahrtspflege. Im Oktober 1940 war sie in der Klingerstraße 27 gemeldet, danach in der Elkenbachstraße 6/II.

Am 15. September 1942 wurde Jettchen Abermann nach Theresienstadt deportiert und dort am 24. Juni 1943 ermordet.

(CKH)

Quellen

- HHStAW, 518, 11070
- HHStAW, 519/3, 18431
- HHStAW, 519/3, 25264
- HHStAW, 519/3, 29907

OTTO IWAN DRIESEN

— * 01.03.1875 Segnitz
— ✡ unbekannt

Leben

Otto Driesen wurde 1875 als erster Sohn des Lehrers Jakob Driesen (1850–1912) und seiner Frau Henriette geb. Herzstein (1851–1924) in Segnitz, unweit von Würzburg geboren. Sein Vater unterrichtete am dortigen Internat, bevor dieses 1881 geschlossen wurde und die Familie mit den zwei Söhnen zunächst nach Tauberbischofsheim und später nach Karlsruhe umzog. Zum Studium der Rechtswissenschaften und später der Geschichte und Neueren Sprachen zog es Otto Driesen nach Berlin, Heidelberg und Straßburg, wo er schließlich im Fach Romanische Philologie promoviert wurde. Sein Staatsexamen für die Fächer Geschichte, Französisch, Englisch, Latein, Deutsch und Erdkunde legte er 1900 ab und durfte fortan, wie sein Vater, als Lehrer unterrichten.

Während eines längeren Aufenthalts in Paris lernte er die gebürtige Pariserin und seine spätere Ehefrau Henriette Rosenbaum (1876–unbekannt) kennen. Sie heirateten 1901 und zogen nach Berlin, wo Otto Driesen als Privatgelehrter Aufsätze und Bücher wie ***Der Ursprung des Harlekin. Ein kulturgeschichtliches Phänomen*** (1904) publizierte. 1902 wurde Tochter Martha in Berlin geboren, 1906 kam Sohn Reinhold zur Welt. Wenig später nahm Driesen die Arbeit als Oberlehrer in Berlin-Charlottenburg auf, wo er schon früh Vorschläge für Unterrichtsreformen, wie den Einsatz von Kinematographen und Grammophonen, machte.

Mit Ausbruch des Ersten Weltkriegs initiierte Driesen eine Sammlung von Gold und Silber unter Philolog*innen, Lehrer*innen und Geistlichen zur Finanzierung des Krieges, bevor 1916 seine Einberufung als ungedienter Landsturmmann folgte. Nur wenige Monate später wurde er wegen einer Herzerkrankung im Lazarett behandelt und im Folgejahr ins Kriegspresseamt in Berlin berufen. Seine bis 1918 veröffentlichten propagandistischen Schriften im Dienste des Kriegspresseamts zeugen von seinem Patriotismus und seiner Loyalität zum Kaiser. Nach Kriegsende wurde Driesen Leiter des Pressereferats der Waffenstillstandskommission und nahm u. a. an den Verhandlungen in Versailles teil. Im September 1919 wechselte er in die Presseabteilung des Auswärtigen Amts, schied jedoch schon zum 1. Oktober desselben Jahres endgültig aus dem preußischen Staatsdienst aus. Kurz darauf wurden im Dezember 1919 in der Presse Vorwürfe gegen Driesen laut, in eine Finanzaffäre verwickelt und „ein ausgesprochener Monarchist gewesen zu sein".

> ***Direktor Driesen war 46 Jahre alt, als er von Berlin nach Frankfurt kam, eine jugendliche Erscheinung, ein Mann voll Vitalität und Dynamik, voll Begeisterung und Schaffensdrang. Er war ein unermüdlicher Arbeiter, ein Mensch mit Ausdauer und Zähigkeit, der alle und alles, was ihm in den Weg kam, mit sich fortriß.***

Otto Driesen folgte nun dem Ruf als Direktor ans *Philanthropin* in Frankfurt, wo er sich im Frühjahr 1921 mit seiner Familie niederließ. Sie bezogen eine Wohnung im *Philanthropin*, die Mutter Driesens wohnte im Sandweg. Sohn Reinhold gründete kurz nach der Ankunft in Frankfurt den *Sportverein Philanthropin*, kam jedoch am Tag der Vereinsgründung im Alter von nur 14 Jahren bei einem Unfall ums Leben. Der Start in Frankfurt muss für die Familie ein beschwerlicher gewesen sein. Driesen aber leitete umfassende Reformen ein, erweiterte die Schule durch die Gründung der Frauenschule 1922 – der einzigen derartigen Einrichtung im Deutschen Reich – und der Volksschule 1924. 1925 wurde die Schule schließlich Realgymnasium. Seiner schon früher formulierten Forderung folgend, setzte er nun beispielsweise im Fremdsprachenunterricht Grammophonplatten ein, Fächer wurden in den unteren Klassen zum Teil übergreifend unterrichtet.

Driesens Tochter Martha, die als Schriftstellerin in Berlin lebte, wurde in diesen Jahren in eine Nervenheilanstalt eingewiesen und zog nach ihrer Entlassung zeitweise zu den Eltern nach Frankfurt.

Den Umbau des ***Philanthropins*** zum „Schulwerk“, das vom Kindergarten bis zum Abitur führte, schloss Driesen Ende der 1920er Jahre noch vor dem 125-jährigen Jubiläum der Schule 1929 ab – rund 900 Kinder besuchten die Einrichtung zu diesem Zeitpunkt. Mit der zunehmenden Größe der Schule wuchs auch die finanzielle Belastung für den Träger, die Einheitsgemeinde. Dies hatte die Schließung des Kindergartens und der Frauenschule in den frühen 1930er Jahren zur Folge. Ab 1933 nahm der Druck auf die Schule zu. Jüdische Lehrer*innen anderer Schulen wechselten ans ***Philanthropin***, während nichtjüdische die Schule verlassen mussten, und jüdische Kinder anderer Schulen gezwungen waren, ans ***Philanthropin*** zu wechseln.

> ***Täglich sind die Augen von 1200 Kindern auf uns geöffnet, wie nur Kinderaugen offen sein können, abgrundtief in unerbittlichem Vertrauen. […] Täglich beruhigt eine ganze Gemeinde ihre unheimlich Sorge um ihre wirtschaftliche Existenz durch den Gedanken an unsere seelische Arbeit für die Zukunft ihrer Mitglieder.***

Die Schule wurde zum Ort, an dem die jüdische Identität gestärkt und die Schüler*innen durch Iwrith-Unterricht und Palästinakunde auf eine mögliche Auswanderung vorbereitet wurden. Kurz vor seiner Pensionierung wurde die Schule zum Ausbildungszentrum für das *Cambridge School Certificate*. In zwei Klassen fand der gesamte Unterricht auf Englisch statt, um die Schüler*innen auf ein Studium in Großbritannien vorzubereiten.

Am 21. März 1937 wurde Otto Driesen im Alter von 62 Jahren feierlich in den Ruhestand verabschiedet:

> ***Mit seiner nie erlahmenden Arbeitsfreude und Pflichterfüllung bis zum Letzten war der Direktor Lehrern und Schülern ein leuchtendes***

Vorbild. [...] Die Freude an der Jugend und die Liebe zu ihr waren die Triebkräfte seines Wirkens. [...] Sein Name wird mit dem Philanthropin unzertrennlich verknüpft bleiben.

Im Herbst 1937 zog das Ehepaar Driesen zurück nach Berlin, von wo aus die Eheleute 1938 nach Frankreich flüchteten. Ein Brief aus Frankreich vom 4. September 1941 hat sich erhalten – es ist das letzte Lebenszeichen Otto Driesens. Tochter Martha, die zuletzt in einer Nerven- und Heilanstalt lebte, wurde am 15. Juni 1942 ins Vernichtungslager Sobibor/Polen deportiert. Vermutlich wurden Otto und seine Frau Henriette Driesen am 25. März 1943 mit dem Transport 53 vom Internierungslager Drancy in Frankreich in das Vernichtungslager Sobibor deportiert. Ihr Todesdatum, wie das ihrer Tochter Martha, bleibt unbekannt.

(SR)

Quellen

- HStAMR, 908, 1043
- ISG FFM, S2, 9454
- ISG FFM, STA 12, 600
- Stadtarchiv Karlsruhe 3 B.A. II 55
- Amtliches Fernsprechbuch für den Bezirk der Reichspostdirektion Frankfurt am Main, 1921
- Arnsberg, Paul: Die Geschichte der Frankfurter Juden, Bd. 3, Darmstadt 1983
- Bischoff, Norbert: Otto Iwan Driesen, in: Segnitzer Gschichtn Nr. 47, Segnitz 2017
- Gemeindeblatt der Israelitischen Gemeinde Frankfurt am Main, Nr. 13, 1935
- Gemeindeblatt der Israelitischen Gemeinde Frankfurt am Main, Nr. 7, 1937

— Hirsch, Albert: Das Philanthropin zu Frankfurt am Main. Dokumente und Erinnerungen. Frankfurt am Main 1964
— Hoppe, Dorothee: Otto Driesen, 2021, in: Frankfurter Personenlexikon
— www.yadvashem.org

SASCHA SCHWABACHER

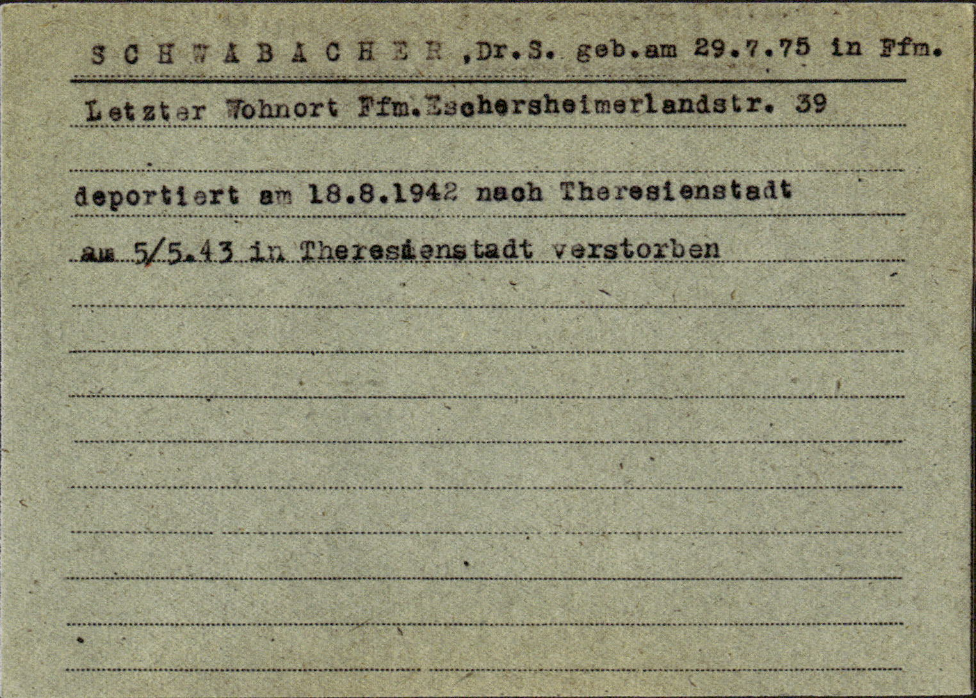

S C H W A B A C H E R ,Dr.S. geb.am 29.7.75 in Ffm.

Letzter Wohnort Ffm.Eschersheimerlandstr. 39

deportiert am 18.8.1942 nach Theresienstadt

am 5/5.43 in Theresienstadt verstorben

— * 29.07.1875 Frankfurt am Main
— ✡ 05.05.1943 Theresienstadt (Terezin/Tschechien)

— Deportation 18.08.1942 nach Theresienstadt (Terezin/Tschechien)

Leben

Die Familie Schwabacher war eine weit verzweigte und eng verbandelte Familie aus Frankfurt. Saschas Großvater Löser Wolf Schwabacher hatte acht Kinder. Ebenso hatten ihr Vater, der Kaufmann und Fabrikbesitzer Michael Schwabacher (1848–1916) und ihre Mutter Fanny geb. Sichel (1852–1907) zahlreiche Kinder: Sascha war das dritte von sieben. Vor ihr gab es Johanna, die den bekannten Doktor der Philosophie, Schriftsteller und Redakteur der Frankfurter Zeitung Richard Fedor Mamroth (1851–1907) geheiratet hatte. Danach kam Hugo Michael Schwabacher, der Chemiker war und viel verreiste.
Nach Sascha gab es noch Mathilde, die den Kaufmann Emanuel Fürth heiratete sowie Rahel und Frieda-Flora, welche ebenfalls einen Fürth – Abraham Albert – in erster Ehe geheiratet hatte. Ihre Tochter aus zweiter Ehe, Sascha Vera Kopp, war eine der wenigen direkten Verwandten von Sascha Schwabacher, die nach 1945 noch lebten.
Ein Bruder, Emil Eliser, verstarb im Kindesalter. Als Letztes kam noch Max Michael. Er war zwölf Jahre jünger als Sascha und wie sein Bruder Hugo Chemiker. Gemeinsam mit ihrem Vater Michael und dessen Bruder Naftali Herz Schwabacher betrieb er eine Chemiefabrik namens *M. Schwabacher & Co.* in der Freiligrathstraße 35–39. Das Familienunternehmen bestand bis mindestens 1937. Saschas Bruder Max emigrierte 1939 nach Chile – und zählte somit zu den wenigen Überlebenden ihrer direkten Verwandtschaft.

Die Familie Schwabacher hatte zumindest teilweise eine enge Verbindung zur jüdischen Gemeinde und Gemeinschaft. So war Saschas Onkel Anselm Löser Synagogenvorsteher der ***Israelitischen Frauen-Krankenkasse*** und Ökonom des ***Vereins zur Beförderung der Handwerke unter den israelitischen Glaubensgenossen***. Ebenso war auch seine Frau Dora Toni Schwabacher für jüdische Vereine und Organisationen tätig. Ein anderer Onkel, Naftali Schwabacher, war Vorstandsmitglied der ***Israelitischen Religionsgesellschaft***.

Nach eigener Aussage besuchte Schwabacher ein höheres Töchterpensionat in Frankfurt am Main, zog jedoch 1901 nach Zürich um und legte dort im April 1903 die Reifeprüfung ab. Noch im selben Jahr immatrikulierte sie sich an der Universität Zürich. Ihre Studien hatte sie zunächst mit Philosophie begonnen, wechselte jedoch bald zur Kunstgeschichte im Hauptfach. Sie verbrachte Semester an den Universitäten in Zürich, Berlin, München und Heidelberg und lernte bei bekannten deutschsprachigen Kunsthistorikern wie Heinrich Wölfflin, Ludwig Justi oder Adolph Goldschmidt. Zudem unternahm sie längere Studienreisen ins Ausland.

Das Studium musste Schwabacher jedoch mehrmals aufgrund von Krankheits- und Todesfällen in der Familie unterbrechen. So war 1907 ihre Mutter Fanny verstorben, 1908 ihr Großvater Löser Wolf und 1910 ihre Schwester Johanna Mamroth. Vermutlich kämpfte ihre Schwester Rahel zu diesem Zeitpunkt schon mit einer psychischen Erkrankung – 1914 verstarb sie in der Frankfurter ***Anstalt für Irre und Epileptische***. Letztlich promovierte Sascha Schwabacher 1911 mit einer Dissertation zum Thema „Die Stickereien nach Entwürfen des Antonio Pollaiuolo in Florenz“.

Seit 1915 schrieb sie verschiedene Artikel für die Zeitschrift *Der Cicerone*. Darunter auch zahlreiche Besprechungen von Ausstellungen und Buchrezensionen. Dabei scheute sie nicht davor zurück, Größen der deutschen Kunstgeschichte, wie beispielsweise Carl Einstein, zu kritisieren. Von 1920 bis 1930 war Sascha Schwabacher in der Zweigredaktion

Frankfurt am Main als erste, feste redaktionelle Vertretung des *Cicerone* tätig und somit Korrespondentin für die Kunst- und Kulturszene der Stadt. In ihrer Verantwortung für ihre Heimatstadt berichtete sie regelmäßig und ausführlich über Ausstellungen, die bei den lokalen Kunsthandlungen und Galerien stattfanden sowie über die Neuerwerbungen, Umhängungen und Sonderausstellungen am *Städel*. Als Kunsthistorikerin muss sie über engere Kontakte nach Paris verfügt haben, da sie auch über Ausstellungen in der französischen Hauptstadt schrieb.

Sascha Schwabacher war Mitbegründerin der *Vereinigung für Neue Kunst* (VFNK), neben ihr waren an der Gründung beteiligt der Kunsthistoriker Walter Müller-Wulckow, der Kunstkritiker und Maler Eduard von Bendemann, Dr. W. Schürmeyer, die Künstlerin Pauline Kowarzik, Dr. J. Petersen sowie der Maler August Babberger. Die Satzung der Vereinigung ist auf den 9. März 1917 datiert und hatte zum Ziel, junge und moderne Kunst durch Ausstellungen, Vorträge, Publikationen und Ankäufe zu fördern. In der Zeitschrift *Deutsche Kunst und Dekoration* stellte sie sich im Jahr ihrer Gründung wie folgt vor:

> *Aber am Herzen liegt uns vor allem die Kunst unseres Tags. Ein Ding lieben heißt es fördern, solang es dies bedarf. Nur das Passive ist das Feindliche unserem Geist. Aktiv sein in der Liebe heißt sich ganz einsetzen für die Idee. Sinn zu fördern hat aber nur das Neue. Hier liegt die Aufgabe der Zukunft. Für Altes zu stürmen, wäre Widersinn in sich selbst. […] Nicht oft war Kunst so nötig wie in diesen Tagen. Und so selten war so sehr Geist der Kunst unser Geist.*

Noch 1917 veranstaltete die Vereinigung eine Ausstellung zu moderner Kunst aus Frankfurter Privatsammlungen im *Frankfurter Kunst-Verein*. Es wurden hochkarätige Werke von van Gogh, Matisse, Picasso, Cézanne, Kokoschka, Pechstein, Hofer, Kirchner, Marc und Nolde aus bekanntesten Frankfurter Sammlungen, wie der von Harry Fuld oder Paul Hirsch, gezeigt. Die Ausstellungen mussten jedoch kurz darauf aufgrund des Krieges aussetzen. 1919 fanden noch weitere Schauen zu Jakoba van Heemskerk und Max Beckmanns neusten Werken bei *Tiedemann &*

Uzielli statt. Die Vereinigung hatte in kürzester Zeit eine solche Bekanntheit erlangt, dass sie sogar mit Egon Schiele für eine mögliche Ausstellung in Kontakt stand. Um der Bevölkerung die moderne Kunst insgesamt näherzubringen, wurden u. a. auch Jahresgaben herausgegeben.

Es ist nicht bekannt, weshalb Sascha Schwabacher nicht ebenso wie ihr Bruder emigriert ist. Ihre letzte bekannte Adresse scheint die Eschersheimer Landstraße 39 gewesen zu sein, bevor sie am 18. August 1942 ins Ghetto Theresienstadt deportiert wurde. Dort verstarb sie am 5. Mai 1943 aufgrund der lebensfeindlichen und menschenunwürdigen Zustände.

Sascha Schwabacher hatte keine eigenen Kinder, so dass ihre Nichte Sascha Vera Kropp als Alleinerbin nach dem Krieg Ansprüche auf Rückerstattung erhob. Dabei ging es vor allem um das Vermögen und die Wertpapiere sowie die „Judenvermögensabgabe". Aufgrund ihrer Deportation – auch nach 1945 wurde diese noch „Evakuierung" genannt – war Sascha Schwabacher dazu gezwungen worden, ihr Vermögen an die ***Reichsvereinigung der Juden in Deutschland*** zwecks „Heimeinkaufes" abzutreten. Dabei ging es um Verträge, die deutsche Jüdinnen*Juden zwangsweise abschließen mussten, die ins Ghetto Theresienstadt deportiert wurden. Die Verträge sollten ihnen eine lebenslange kostenfreie Unterkunft und Verpflegung sowie medizinische Versorgung garantieren – im Gegenzug übertrugen die Betroffenen ihr Restvermögen an die ***Reichsvereinigung der Juden in Deutschland***, welche zu dem Zeitpunkt bereits vom Reichssicherheitshauptamt kontrolliert wurde. Das Geld floss also direkt in den Repressionsapparat des nationalsozialistischen Deutschlands.

Einer Entschädigungszahlung wurde zugestimmt, wobei der Transfer des Geldes 1955 problematisch war: Sascha Vera Kropp lebte in Dresden und der Betrag konnte nur auf ein DM-Sperrkonto bei einer westdeutschen Bank überwiesen werden. Letztlich erhielt die Erbin das Geld auf ein Konto bei der Süddeutschen Bank.

(LV)

Quellen

- HHStAW, 518, 43160
- ISG FFM, STA 11, 231
- ISG FFM, STA 12, 477
- Adressbuch Frankfurt am Main 1915–1937
- Eine Vereinigung für Neue Kunst, in: Deutsche Kunst und Dekoration, Nr. 40, 1917
- Mues, Jenny: Kunstvereine als Vermittlungsinstanzen der Moderne in der Zeit der Weimarer Republik, Univ. Diss., München 2018
- Schwabacher, Sascha: Die erste Ausstellung der Vereinigung für Neue Kunst in Frankfurt am Main, in: Der Cicerone, Nr. 9, 1917
- Schwabacher, Sascha: Die Stickereien nach Entwürfen des Antonio Pollaiuolo in der Opera di S. Maria del Fiore zu Florenz, Univ. Diss., Straßburg 1910
- Schwabacher, Sascha: Pariser Ausstellungen, in: Der Cicerone, Nr. 13, 1925
- www.holocaust.cz (zuletzt aufgerufen am 12.03.2023)
- www.schiele-dokumentation.at (zuletzt aufgerufen am 12.03.2023)
- Diermann, Jana u. Glawe, Dorothee: Max Beckmann, Bibliografie 2008–2018 und Nachträge, 2021 www.archiv.ub.uni-heidelberg.de/artdok/volltexte/2021/7199 (zuletzt aufgerufen 02.02.2023)

ALICE MARIA BUSECK GEB. UNA

B U S E C K, geb. Una, Alice

geb. 22/8.75 in FFM.
zuletzt wohnhaft: FFM, Staufenstr. 31

deportiert am 19/1o.41 nach Litzmannstadt

— * 22.08.1875 Frankfurt am Main
— ✡ 16.12.1941 Litzmannstadt (Lodz/Polen)

— Deportation 19.10.1941 nach Litzmannstadt (Lodz/Polen)

FLORA BABETTE DREYFUSS GEB. UNA

D R E Y F U S S, geb, Una, Flora

geb. 16/12.76 in ?
zuletzt wohnhaft: FFM, Staufenstr. 31

deportiert am 19/1o.41 nach Litzmannstadt

Auskunft erteilt an das Amtsgericht(Frankfurt/Main
Abt. 51 Az.: 51 UR I 12o/59.
Frankfurt, d.16.7.1959. Sch.

— * 16.12.1876 Frankfurt am Main
— ✡ 24.10.1941 Litzmannstadt (Lodz/Polen)

— Deportation 19.10.1941 nach Litzmannstadt (Lodz/Polen)

Leben

Alice Maria Buseck-Una, geboren am 22. August 1875 in Frankfurt am Main, wurde mit der ersten Deportation, am 19. Oktober 1941, nach Litzmannstadt verschleppt und ist dort am 16. Dezember 1941 ums Leben gekommen. Ihre jüngere Schwester, Flora Babette Dreyfuss geb. Una, geboren am 16. Dezember 1876 in Frankfurt, wurde mit ihr zusammen an diesem Sonntagvormittag von der SA verhaftet und in die Großmarkthalle gebracht. Nach einer Nacht in den kalten Kellerräumen wurden die Schwestern mit über 1.000 Frankfurter*innen nach Litzmannstadt in das gerade eingerichtete Ghetto deportiert, in den gewaltsamen Tod.

Beide verwitwet, wohnten Alice Buseck und Flora Dreyfuss mit ihrer Mutter, Rosette Una, seit Dezember 1940 in der Pension Dorner-Dorée, Staufenstraße 31, in zwei kleinen Zimmern im Erdgeschoss, einem „Judenhaus“. Zum Auszug aus ihrer großen gemeinsamen Wohnung in der Savignystraße 55 hatte sie ein NSDAP-Mitglied, das selbst dort wohnen wollte, gezwungen. Dabei hatten sie den Mietvertrag mit der Eigentümerin, Frau Schneider, Neuhausstraße 18, ebenfalls Witwe, gerade erst zum 1. April 1939 unterschrieben. Mit ihren wertvollen Möbeln, Wäsche, Porzellan und zahlreichen Gemälden, darunter auch alte holländische Meister, hatten die drei alten Damen die Zimmer für sich und ihre zwei Hausangestellten eingerichtet.

Frankfurt — Litzmannstadt

Die Familie von Siegmund und Rosette Una war „sehr vermögend“, wie die Enkelin, Irma Buseck, geboren am 28. Mai 1897, verheiratet mit Gustav Fraenkel, nach dem Krieg an die 1. Entschädigungs-Kammer beim Landgericht Wiesbaden schrieb. Mit ihrem Ehemann und zwei Kindern hatte sie im Exil in Kenia überlebt. Sie schrieb: „Ich persönlich stamme von einer ehemals sehr vermögenden Familie. Mein Großvater hat ein Vermögen von 6 Millionen Mark hinterlassen. Es war zur Zeit meiner Jugend nicht üblich, ein weibliches Mitglied einer solchen Familie einen Beruf ergreifen zu lassen.“

Dies war aber nicht immer so: Die Eltern von Siegmund Una, Mayer Sußmann Una (1797–1849), Vorsteher der Jüdischen Gemeinde Hanau, und Bettchen geb. Stein, heirateten am 4. Dezember 1842 in der Bockenheimer Synagoge. Das jung verheiratete Paar lebte zusammen in Hanau und bekam drei Söhne: Siegmund, Wilhelm, der schon im Säuglingsalter starb, und Ernst Una. Doch im Alter von 52 Jahren, am 6. Juli 1849, starb auch schon der Vater, Mayer S. Una, und hinterließ Bettchen mit dem sechsjährigen Siegmund und seinem zweijährigen Bruder Ernst Una.

Der Grabstein für Mayer Sußmann Una befindet sich noch heute auf dem Jüdischen Friedhof in Hanau. Siegmund Una wuchs also ohne Vater auf und wurde Kaufmann und Bankier in Frankfurt. Vielleicht unterstützte ihn sein Cousin, der Privatier und Gemäldesammler Sußmann Una? In Hanau am 9. Mai 1832 geboren, lebte dieser mit seiner Frau Henriette geb. Scheuer in Frankfurt. Die Ehe blieb kinderlos, und so verteilte der reiche Kunstfreund in seinem Testament seinen Besitz großzügig auf die weitläufige Verwandtschaft. Auch Siegmund Una erbte nach dem Tod des Cousins am 23. Juni 1899 zwei recht wertvolle Gemälde.

Den geglückten Aufstieg von Siegmund und Rosette Una in der Frankfurter Geschäftswelt und Stadtgesellschaft dokumentieren Grundstückskauf und Hausbau 1896 in der Bockenheimer Landstraße 76: Siegmund Una war Mitglied der Handelskammer und Handelsrichter. Bei der feierlichen Einweihung des Reiterdenkmals für den deutschen

1876–1941

Kaiser Wilhelm I. auf dem Opernplatz am 10. Mai 1896 zum 25. Jahrestag des Friedens von Frankfurt nahm er auf der Ehrentribüne in der Nähe Kaiser Wilhelms II. als Repräsentant der Jüdischen Gemeinde Platz. Er war im Vorstand und auch zeitweise Vorsitzender der ***Israelitischen Religionsgesellschaft***. Großzügig spendete das Ehepaar an jüdische Wohlfahrtseinrichtungen.

Alice und ihre Schwestern Bessy und Flora wurden in die Gründerzeit hineingeboren: Deutschland hatte den Krieg 1871 gegen Frankreich gewonnen, und das Kaiserreich als geeinte Nation gewährte endlich der jüdischen Bevölkerung die rechtliche Gleichstellung. Die Jüdinnen und Juden in Frankfurt setzten eine Reformrichtung in ihrer Gemeinde durch, die zur Anpassung und Integration in die bürgerliche Gesellschaft führen sollte – eine Zeit der hoffnungsvollen Erwartungen und des wirtschaftlich-gesellschaftlichen Aufstiegs.

1875 war die junge Familie Una in der Palmstraße 10 zu Hause: der 32-jährige Vater Siegmund und die 21-jährige Mutter Rosette geb. Mayer mit der zweieinhalbjährigen Bessy und der neugeborenen Alice. Auch die Großmutter, Bettchen Una geb. Stein, war von Hanau nach Frankfurt gezogen. Schon lange war sie Witwe und lebte nun in der Nähe ihres ältesten Sohnes, Siegmund, der in der Bank- und Handelsstadt mit seinem Geschäftspartner Ullmann ein Büro in der Taubenstraße 9 hatte. Opernplatz 12, Bettchens Wohnung, war eine gute Adresse, und so nahm sie wohl am Leben der Familie und der Frankfurter Gesellschaft teil – zumal Bockenheim, wo sie herstammt, auch nicht weit ist. Wann sich Alice Una und Max Hermann Buseck kennenlernten und heirateten, ist nicht überliefert, aber der Fabrikant war ebenfalls im Westend, rund um die liberale Synagoge, zu Hause: Westendstraße 5 und Liebigstraße 53, wie in den Adressbüchern für 1896 und 1898 angegeben. Durch die Geburt der Tochter Irma 1897 könnte eine größere Wohnung nötig geworden sein.

Flora Una heiratete den Kaufmann Eugen Dreyfuss (1862–1939), Unterlindau 51, und bekam 1899 ihre Tochter Nelly.

Frankfurt — Litzmannstadt

Auch die ältere Schwester hatte bereits eine Familie gegründet: Bessy und der Weinhändler Martin Moritz Deutz, Bockenheimer Landstraße 109, hatten schon zwei Söhne, Paul Moritz und Herbert Julius. Im August 1900 bekam die 27-Jährige noch ein Mädchen. Als es kurz nach der Geburt starb, soll sich die verzweifelte Mutter vor Gram im Main ertränkt haben. Von dem tragischen Familienschicksal erzählt das Jugendstil-Grabmal aus weißem Marmor auf dem alten Friedhof, Rat-Beil-Straße.

Vier Jahre später starb Siegmund Una mit nur 60 Jahren am 25. April 1904. Rosette Una ließ daraufhin ein Doppelgrab anfertigen, links ihren Ehemann bestatten und das Medaillon mit einer Inschrift versehen. Heute hält der Grabstein keine Information über die hier zur ewigen Ruhe Gebetteten mehr bereit. Die Nationalsozialisten in Frankfurt plünderten die Metallbuchstaben von den jüdischen Grabsteinen, um sie für Kriegszwecke einzuschmelzen. Als Rosette Una 1942 starb, war niemand mehr da, um eine Inschrift anzubringen. Nur das handschriftlich geführte Beerdigungsbuch belegt, dass beide Ehepartner hier begraben sind.

Wie ging es nach der Deportation der beiden Töchter am 19. Oktober 1941 der Mutter, der 87-jährigen Rosette Una? Was erlebte sie in der Gestapo-Haft? Wann wurde sie entlassen? Ihre Angehörigen im Exil erfuhren es nicht. Die Akten verraten, dass die alte Frau noch im Januar 1942 in der Pension Dorner-Dorée in der Staufenstraße wohnte. Gesundheitlich ging es ihr sehr schlecht. Ihr Arzt, Dr. Alfred Lippstein, der seine Praxis in der Unterlindau 6–7 hatte, stellte am 17. Januar 1942 eine Bescheinigung aus: „Frau Una, geb. 21.2.1854, ist nicht wegfähig." Das ist wohl noch schlimmer als „gehfähig", der zunächst vermerkte, aber dann durchgestrichene Begriff. Auch an der Unterschrift unter der Prozessvollmacht für Dr. Popper „zur Verhandlung bei der Devisenstelle" lässt sich ihre körperliche Schwäche ablesen.

Die Devisenstelle war von der Deportation der 87-Jährigen ausgegangen und hatte die Zahlungen an sie im Oktober 1941 eingestellt. Erst nach langwierigen Bemühungen und der Bestätigung der Jüdischen Gemeinde, dass Rosette Una noch lebe, erhielt sie die kleine Summe von ihrem eigenen Vermögen, die die NS-Regierung ihr zum Leben zumaß. Im Altersheim, Wöhlerstraße 6, starb sie vor der sicheren Deportation am 11. Mai 1942.

Als ihre Enkelin, Irma Fraenkel, nach dem Krieg von Kenia aus versuchte, ihr Erbe anzutreten bzw. eine Entschädigung zu erhalten, mussten sie und ihr Ehemann Gustav Fraenkel zunächst größte bürokratische Hürden überwinden, ohne jegliche Empathie für das Schicksal ihrer Angehörigen in Deutschland und die eigene Armut und Krankheit im Exil in Afrika. Erst nach einem Schreiben an Bundeskanzler Konrad Adenauer 1962 – kurz vor Gustav Fraenkels Tod – wurde ihnen ein verhältnismäßig geringer Betrag zugestanden.

Die Schwester Gustav Fraenkels, Lony Rabl, hatte von Amsterdam aus ihrem Bruder 1938/39 zur Entlassung aus dem KZ Buchenwald verholfen. Sie selbst führte in Amsterdam ein Café, in dem sich viele jüdische Exilanten aus Deutschland trafen. Wegen des Kriegsbeginns konnte sie ihren neugeborenen Enkel, Peter Lobbenberg, in London nicht mehr kennenlernen. Lony Rabl wurde 1943 über Westerbork und Theresienstadt nach Auschwitz verschleppt und kam dort zu Tode.

Die zweite Enkelin von Rosette Una, Nelly Dreyfuss, lebte nach ihrer Scheidung in Berlin-Wilmersdorf, Kaiserallee 32/34, und arbeitete als Sekretärin im Filmgeschäft. Ihre Mutter Flora unterstützte sie finanziell von Frankfurt aus noch bis zu ihrer Deportation. Nelly versuchte, zu Lony Rabl nach Amsterdam zu kommen, wurde aber an der Grenze gefasst und in Aachen wegen „Grenzvergehen“ inhaftiert. Von dort wurde sie nach Berlin zurückgebracht und von dort mit dem 19. Transport in das Ghetto Riga deportiert und ermordet.

(CHT)

Frankfurt — Litzmannstadt

Quellen

- HHStAW, 469/6, 8838
- HHStAW, 518, 10008
- HHStAW, 518, 10010
- HHStAW, 519/3, 6402
- HHStAW, 519/3, 15344
- Stadtarchiv Hanau, Kartei der Juden in Hanau
- Beerdigungsbuch des alten jüdischen Friedhofs, Rat-Beil-Straße, Frankfurt am Main
- Corp, Ronald: Letters from Lony, London 2019
- Gedenkbuch Berlins der jüdischen Opfer des Nationalsozialismus, Berlin 1995
- Handelskammer zu Frankfurt a. M. (Hrsg.): Geschichte der Handelskammer zu Frankfurt a. M. (1707–1908). Beiträge zur Frankfurter Handelsgeschichte, Frankfurt am Main 1908
- Hartwig-Thürmer, Christine: Bockenheimer Landstraße 76. Ein Haus und seine verborgene Geschichte. Feldforschungstagebuch zur Ausstellung für das Historische Museum ‚Frankfurt und der NS. Das Stadtlabor auf der Suche im Heute 2021', Frankfurt am Main 2022
- Heuberger, Georg (Hrsg.): Und keiner hat für uns Kaddisch gesagt..." Deportationen aus Frankfurt am Main 1941 bis 1945, Frankfurt am Main 2004
- Heuberger, Rachel u. Krohn, Helga: Hinaus aus dem Ghetto... Juden in Frankfurt am Main 1800–1950, Frankfurt am Main 1988
- Karpf, Ernst: Geschichte der Frankfurter Juden bis zum Ende des Ersten Weltkriegs, 2003, in: www.frankfurt1933–1945.de (zuletzt aufgerufen am 12.03.2023)
- Kasper-Holtkotte, Cilli: "They called us Bloody Foreigners". Jewish Refugees in Kenia 1933 until the 1950, Berlin/Leipzig 2020
- Kingreen, Monica (Hrsg.): Nach der Kristallnacht, Jüdisches Leben und antijüdische Politik in Frankfurt am Main 1938–1945, Frankfurt am Main 1999
- Wohlenberg, Ilse: Das Haus Bockenheimer Landstraße 76, Frankfurt am Main 1991

RAHEL SECKBACH GEB. SPIERO

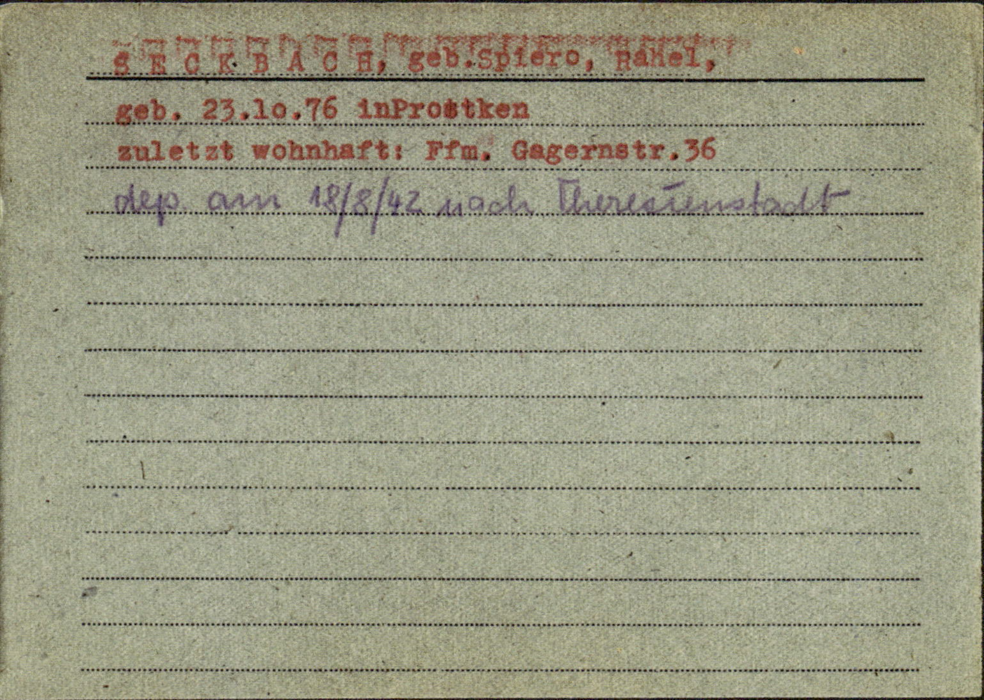

S E C K B A C H, geb.Spiero, Rahel,

geb. 23.1o.76 inProstken

zuletzt wohnhaft: Ffm. Gagernstr.36

dep am 18/8/42 nach Theresienstadt

— * 23.10.1876 Prostken (Prostki/Polen)
— ✡ 04.09.1949 Manchester/Großbritannien

— Deportation 18.08.1942 Theresienstadt (Terezin/Tschechien)

Leben

„Was diese wunderbare Frau als langjährige Leiterin des Jüdische Siechenheims in Frankfurt a. M. geleistet hat, ist allen Frankfurtern bekannt", so würdigt Leopold Neuhaus (1879–1954) → S. 192, letzter Rabbiner der im Nationalsozialismus vernichteten Frankfurter Israelitischen Gemeinde und nach der Schoa Gründungsrabbiner der heutigen Jüdischen Gemeinde Frankfurt am Main, in seinem Nachruf Rahel Seckbach. Wer war diese Frau, die Rabbiner Neuhaus so nachhaltig beeindruckte?

Rahel Seckbach, die langjährige Oberin des überregional nachgefragten Pflege-, Kranken- und Altenheims ***Gumpertz'sches Siechenhaus*** im Röderbergweg, gehörte zu jenen unentbehrlichen Stützen der Frankfurter Israelitischen Gemeinde, die eher im Hintergrund wirkten. Lange Zeit kannte niemand ihr Gesicht, bis in ihrer Entschädigungsakte ein 1940 ausgestellter Ausweis mit dem bisher einzigen Foto entdeckt wurde. Rahel Seckbach stammte aus Ostpreußen: Geboren wurde sie am 23. Oktober 1876 als ältestes von fünf Kindern des Kaufmanns Samuel (Berthold) Spiero und seiner Frau Amalie geb. Wolf(f) in Prostken (heute Prostki, Polen). Nach dem Besuch der Höheren Mädchenschule in Prostken zog es Rahel Seckbach wie viele an beruflichen Perspektiven in einem jüdischen Umfeld interessierte junge Frauen aus dem gesamten Deutschen Kaiserreich nach Frankfurt am Main: Dort hatten fünf Krankenschwestern und ihre ärztlichen Vorgesetzten im Oktober 1893 den ersten Verein für jüdische Krankenpflegerinnen gegründet. Durch seine hochqualifizierte Ausbildung mit optimalen Karriereaussichten und intensive Netzwerkarbeit gewann der Verein bald überregionales Ansehen; seine Absolventinnen bauten als Oberinnen an den jüdischen Krankenhäusern in Hamburg, Hannover, Köln, Basel oder Straßburg eine moderne jüdische Pflege auf. 1900 schloss Rahel Seckbach eine verkürzte Schwesternausbildung ab und arbeitete fortan sieben Jahre lang im Krankenhaus und in der Privatpflege. Einen ähnlichen Werdegang durchlief ihre jüngere Schwester Rosa Spiero (1885–1977), bis zu ihrer NS-Vertreibung 1941 Oberschwester am Frankfurter jüdischen Krankenhaus in der Gagernstraße. Auch auf Rahel Seckbach wartete eine herausfordernde Aufgabe: Sie übernahm das Amt der Oberin des *Gumpertz'schen Siechenhauses.*

Das Heim zur Langzeitversorgung jüdischer Bedürftiger mit chronischen Leiden hatte 1888 die Kaufmannswitwe Betty Gumpertz (1823–1909) gestiftet. Bis zur Schoa schuf das dem kleineren orthodoxen Flügel der Frankfurter Israelitischen Gemeinde zugehörige *Gumpertz'sche Siechenhaus* zusammen mit den gegenüberliegenden Krankenhäusern der *Israelitischen Religionsgesellschaft* – dem Hospital der Georgine Sara von Rothschild'schen Stiftung und dem Mathilde von Rothschild'schen Kinderhospital – auf dem Röderberg einen einzigartigen „Jewish Space" der Frankfurter jüdischen Pflege und Medizin. Das Heim selbst war ein Projekt der Frankfurt-Loge (1888–1937) des *Unabhängigen Ordens Bne Briss*; sie vereinte verschiedene Strömungen des Frankfurter Judentums. Die Präsidenten des Vereins *Gumpertz'sches Siechenhaus* – Ferdinand Gamburg (1835–1892), Charles L. Hallgarten (1838–1908), Julius Goldschmidt (1858–1932) und Richard Merzbach (1873–1945) – waren zugleich führende Persönlichkeiten der Frankfurt-Loge. Als die bisherige Oberin Thekla (Mandel) Isaacsohn (1867–1941) 1907 wegen Heirat ausschied, stellte der Schwesternverein seine erfahrene Pflegekraft Rahel Seckbach als Nachfolgerin vor. Nur ein Jahr später lobte der Gumpertz'sche Vorstand: „Die neue Oberin, Schwester Rahel, hat sich nun zu allseitiger Zufriedenheit in ihren neuen großen und verantwortungsvollen Pflichtenkreis eingewöhnt. Wir danken ihr aufrichtigst für die liebevolle Weise, in der sie ihre Obliegenheiten erfüllt".

Im *Gumpertz'schen Siechenhaus* unterstanden der neuen Oberin eine alte Villa sowie der größere Neubau der Minka von Goldschmidt-Rothschild-Stiftung. Über Jahrzehnte leitete sie die Pflege der Bewohner*innen aller Altersgruppen mit den unterschiedlichsten Krankheiten: Nerven-, Kreislauf-, Nieren- und Rheumaleiden, Schlaganfälle, Demenz, unheilbare offene Tuberkulose und Lähmungen bis zur Bettlägerigkeit. Nicht wenige litten an nässenden und geruchsintensiven Geschwülsten, die sozial isolierten. Auch deshalb wurde 1911 im Hause eine eigene kleine Synagogengemeinde, die *Kehilloh Gumpertz*, gegründet. Im Ersten Weltkrieg organisierte Oberin Rahel den Pflegebetrieb des Gumpertz'schen Lazaretts mit bis zu 40 Betten für verwundete Soldaten aller Konfessionen. 1919 heiratete sie den langjährigen Gumpertz'schen Verwalter Hirsch Hermann Seckbach (1880–1951) und bekam ihre Tochter Ruth Rosalie Seckbach (1919–2002). Aufgrund ihrer Eheschließung schied Rahel Seckbach nach fast 20 Dienstjahren aus dem Frankfurter jüdischen Schwesternverein aus:

> *Schwester Rahel hat [...] 1907 die Oberinstelle am Gumpertz'schen Siechenhaus übernommen. Auf diesem schwierigen Posten an der Spitze eines ausgedehnten Betriebes mit recht schwierigen Aufgaben hat sie in der Leitung der Verwaltung wie der Krankenpflege durch Geschick, Pflichttreue und große Herzensgüte die größte Anerkennung und Wertschätzung bei der Verwaltung, den Ärzten und den Pfleglingen gefunden und sich große Verdienste erworben.*

Rahel Seckbach setzte ihre Arbeit in der offiziellen Funktion einer Verwalterin fort: „Die Frau des Verwalters fungierte als Oberin des Spitals bei den Operationen. Sie hat auch jetzt noch den Posten in beiden Häusern inne."

Mehr als drei Jahrzehnte lang gestaltete und meisterte „Schwester Rahel", wie sie respekt- und liebevoll genannt wurde, als Oberin die Pflege im *Gumpertz'schen Siechenhaus* und arbeitete dabei eng in einem interkonfessionellen Team mit der evangelischen Frieda Gauer (1878–1960)

und der katholischen Franziska Fleischer (1877–1969) – beide Krankenschwestern hielten dem Heim auch unter dem Nationalsozialismus die Treue. Nach der NS-Machtübernahme 1933 bekam das ***Gumpertz'sche Siechenhaus*** nationalsozialistische Gruppierungen als Nachbarn in dem bereits 1929 aus Kostengründen an die Stadt Frankfurt vermieteten Vorderhaus einquartiert. Das jüdische Heim selbst war, nur durch einen hohen Holzzaun von seinen Verfolgern getrennt, in der alten Hinterhaus-Villa untergebracht.
Im März 1939 zwang die Gestapo Hermann Seckbach zur Flucht nach England, Rahel Seckbach blieb bei den von ihr Gepflegten zurück. Den Hausdurchsuchungen und weiteren Schikanen folgte am 7. April 1941 die NS-behördlich angeordnete Zwangsräumung des Gumpertz'schen „Hinterhauses". Rahel Seckbach begleitete ihre 46 teils bettlägerigen Plegebedürftigen in das letzte Frankfurter jüdische Krankenhaus Gagernstraße und leitete die dort eilends eingerichtete „Alten- und Siechenabteilung". Viele der von ihr Betreuten erlagen den Strapazen des erzwungenen Ortswechsels.

Am 18. August 1942 wurde Rahel Seckbach als „Transportleiterin" für den Deportationszug nach Theresienstadt eingesetzt; im Transport befanden sich neben ehemaligen Gumpertz'schen Bewohner*innen wie Siegmund Keller (1871–1942) viele weitere Pflegebedürftige, Pflegekräfte und Angestellte aus den zwangsaufgelösten Frankfurter jüdischen Institutionen. Fast zweieinhalb Jahre lang war Oberin Rahel in Theresienstadt inhaftiert; ihre nie nachlassende Sorge galt den Hilfsbedürftigen. 1944 wurde ihre jüngste Schwester Ida Spiero von Theresienstadt nach Auschwitz deportiert. Rahel Seckbach und ihre andere Schwester, Minna Spiero (1878–1961), gelangten am 5. Februar 1945 mit einem von Himmler aus taktischen Gründen zugelassenen (einzigen) Rettungstransport von Theresienstadt in die Schweiz. Von dort emigrierten sie zu Rahel Seckbachs Ehemann und Tochter nach England. Rahel Seckbach verstarb am 4. September 1949 in Manchester an den Folgen ihrer KZ-Haft. Leopold Neuhaus schrieb in seinem Nachruf:

Sie hat die Ärmsten der Armen, die hilflosen Siechen, die jahrelang ans Bett gefesselt waren, so betreut, dass sie ein Engel in Menschengestalt genannt werden kann. […] Das ging so weit, dass sie sogar den Unmenschen der Gestapo Hochachtung abgerungen hat. Und als sie trotz alledem das Siechenhaus dieser Gestapo überlassen musste, ging sie mit ihren Kranken ins Konzentrationslager Theresienstadt und hat dort fast 3 Jahre für sie in der selben Hingebung gearbeitet wie früher in besseren Zeiten. Das kleine Zimmer, in der Jägerstraße in Theresienstadt, war von morgens bis abends […] „überfüllt" von den Menschen, und das Ghetto rühmte ihr Wirken, die Arbeit von „Schwester Rahel".

(BS)

Quellen

— HHStAW, 518, 59139
— HHStAW, 518, 59144
— HHStAW, 519/3, 6083
— HHStAW, 519/3, 16218
— ISG FFM, A.12.02, Hermann Seckbach
— Arnsberg, Paul: Die Geschichte der Frankfurter Juden seit der Französischen Revolution, Bd. 1–3, Darmstadt 1983
— Bönisch, Edgar u. Seemann, Birgit: Jüdische Pflegegeschichte am Beispiel Frankfurt am Main, in: Pflege. Praxis, Geschichte, Politik, Bonn 2020
— Brauch, Julia; Lipphardt, Anna u. Nocke, Alexandra (Hrsg.): Jewish Topographies, Visions of Space, Traditions of Place, New York 2016
— Cohn-Neßler, Fanny: Das Frankfurter Siechenhaus, in: Allgemeine Zeitung des Judentums Nr. 16, 1920
— Gut, Elias: Geschichte der Frankfurter-Loge 1888–1928, Frankfurt am Main 1928

- Neuhaus, Leopold: Nachruf auf Rahel Seckbach, in: Aufbau Nr. 15, 1949
- Seckbach, Hermann: Das Glück im Hause des Leids. Skizzen aus einem Krankenhaus und Lazarett in der Kriegszeit, Frankfurt am Main 1918
- Seckbach, Rahel: Ein Jubiläum im Dienste der Menschenliebe, in: Der Israelit Nr. 78, 1937
- Sechzehnter Rechenschaftsbericht des Vereins Gumpertz'sches Siechenhaus in Frankfurt a. M. für das Jahr 1908, Frankfurt am Main 1909
- Seemann, Birgit u. Bönisch, Edgar: Das Gumpertz'sche Siechenhaus, Ein 'Jewish Place' in Frankfurt am Main, Frankfurt am Main 2019
- Seemann, Birgit: Die Frankfurter jüdische Krankenpflege und ihr überregionales Netzwerk, 2021, in: juedische-pflegegeschichte.de
- Seemann, Birgit: „Geschick, Pflichttreue und große Herzensgüte", Rahel (Spiero) Seckbach, Oberin des Gumpertz'schen Siechenhauses, 2018, in: www.juedische-pflegegeschichte.de (zuletzt aufgerufen am 12.03.2023)
- Seemann, Birgit u. Bönisch, Edgar: Jüdische Pflegegeschichte im Nationalsozialismus am Beispiel Frankfurt am Main, in: Steppe, Hilde u. Ulmer, Eva-Maria (Hrsg.): Krankenpflege im Nationalsozialismus, Frankfurt am Main 2013
- Seemann, Birgit: Rahel Sara Seckbach, geb. Spiero, in: Kolling, Hubert (Hrsg.): Biographisches Lexikon zur Pflegegeschichte, Nidda 2018
- Steppe, Hilde: „... den Kranken zum Troste und dem Judenthum zur Ehre...", Zur Geschichte der jüdischen Krankenpflege in Deutschland, Frankfurt am Main 1997
- Verein für jüdische Krankenpflegerinnen zu Frankfurt a. M., Rechenschaftsbericht 1913 bis 1919, Frankfurt am Main 1920
- www.juedische-pflegegeschichte.de (zuletzt aufgerufen am 12.03.2023)
- www.steinheim-institut.de (zuletzt aufgerufen am 12.03.2023)

BERTHOLD BAER

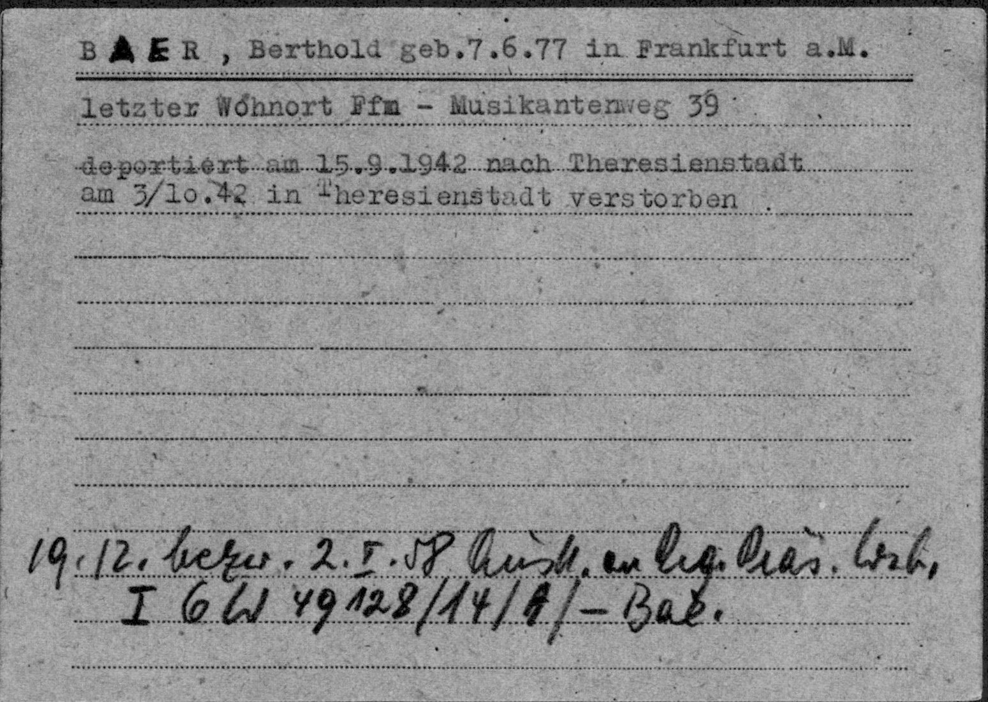

BAER, Berthold geb.7.6.77 in Frankfurt a.M.

letzter Wohnort Ffm - Musikantenweg 39

~~deportiert am 15.9.1942 nach Theresienstadt~~
am 3/10.42 in Theresienstadt verstorben

19.12. bezw. 2.V.58 Ausk. an Reg. Präs. Wsb.
I 6b 49128/14/A/ - Bae.

- * 07.05.1877 Frankfurt am Main
- ✡ 03.10.1942 Theresienstadt (Terezin/Tschechien)

- Deportation 15.09.1942 nach Theresienstadt (Terezin/Tschechien)

JENNY BAER
GEB. LOEWENTHAL

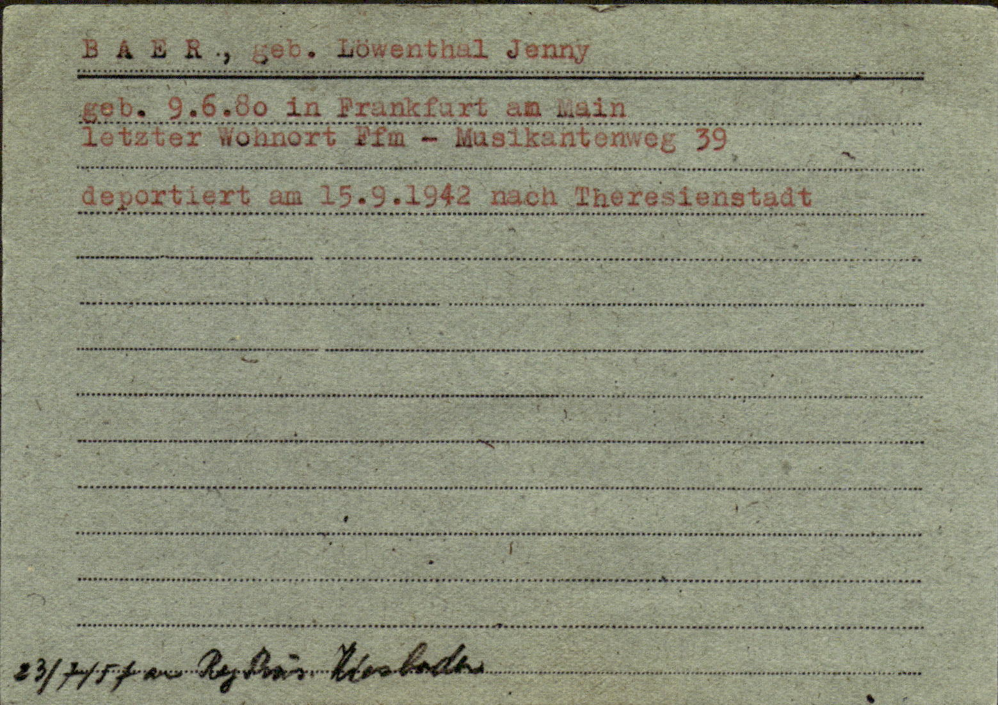

B A E R ., geb. Löwenthal Jenny

geb. 9.6.8o in Frankfurt am Main
letzter Wohnort Ffm - Musikantenweg 39

deportiert am 15.9.1942 nach Theresienstadt

23/7/57 an Reg.Präs. Wiesbaden

— * 09.06.1880 in Frankfurt am Main
— ✡ unbekannt

— Deportation 15.09.1942 nach Theresienstadt
— 15.04.1944 Weitertransport nach Auschwitz

Leben

Berthold Baer wurde 1877 in der Brückhofstraße 2 geboren, seine Eltern waren der Kommissionär Hermann Baer und dessen Ehefrau Fanny Baer geb. Oppenheimer. Er hatte mindestens vier Geschwister, unter anderem die drei Jahre ältere Mina Stein geb. Baer → S. 126. Sie sollte nach 1945 als erste und einzige Frau Mitglied des Vorstands der Jüdischen Gemeinde Frankfurt am Main werden. Berthold Baer besuchte das ***Philanthropin***, nach dem Ende seiner neunjährigen Schulzeit absolvierte er eine kaufmännische Ausbildung. Er war, wie seine Eltern, gläubiges Mitglied der Frankfurter Jüdischen Gemeinde.

Jenny Loewenthal kam 1880 als Tochter des Schächters Jonas Loewenthal und seiner Frau Amalie geb. Kleeblatt in der Johanniterstraße 18 zur Welt. Sie arbeitete als Schneiderin. 1903, im Alter von 23 Jahren, heiratete sie den Büroangestellten Karl Gustav Schwanthaler (1873–1911). Das Paar bekam zwei Kinder, Bertha Marx (1904–1944) und Selma Zins (1907–1984). Jennys Ehemann verstarb 1911 im Alter von 37 Jahren. So war Jenny Schwanthaler mit 31 Jahren Witwe und Mutter einer vier- und einer siebenjährigen Tochter, die gemeinsam im Musikantenweg 21 lebten.

Wann und wie Jenny Loewenthal verw. Schwanthaler und Berthold Baer sich kennengelernt haben, ist unbekannt. Am 25. Februar 1914, am Vorabend des Ersten Weltkriegs, schloss das Paar den Bund der Ehe. Trauzeugen der Zeremonie waren Jennys Bruder Leopold Loewenthal sowie ein Kaufmann namens Moritz Mattes.

Zum Zeitpunkt seiner Eheschließung war Berthold Baer Inhaber des Geschäftes ***Berthold Baer & Co.***, welches Christbaumschmuck und Fastnachtsartikel fertigte. Von 1909 bis 1915 führte ihn das örtliche Adressbuch mit dieser Angabe, das Geschäft lag in der Töngesgasse 46, Berthold Baer wohnte keine 200 Meter entfernt im Holzgraben 11.

Im Spätsommer 1914 kam der gemeinsame Sohn Hermann Wilhelm zur Welt. Im Jahr darauf wurde die Tochter Rose geboren, die jedoch noch im Kleinkindalter verstarb.
Familie Baer lebte ab dem Frühling 1917 in der Seumestraße 6, wo sie ca. 20 Jahre verblieb. Im selben Haus lag auch die Schuhmacherei Berthold Baers, seinen vorherigen Betrieb hatte er zu einem unbekannten Zeitpunkt aufgegeben sowie ein Geschäft für Damenkonfektion, welches auf den Namen von Jenny Baer angemeldet war.

Wann Jenny Baer ihre Tätigkeit aufgeben musste, ist unbekannt. Ihr Mann Berthold musste seine Schuhmacherei Ende März 1937 schließen. Wohl im Anschluss übersiedelte das Ehepaar Baer in den Musikantenweg 39. Der Sohn Hermann Wilhelm Baer, der die elterliche Wohnung zwischenzeitlich bereits verlassen hatte, zog dort erneut bei ihnen ein, allerdings nur, um seine Ausreise vorzubereiten. Gemeinsam mit seiner Frau Rosi gelang ihm die Flucht: Am 25. Februar 1939 konnten beide sich mit der ***SS Aquitania*** von Southampton nach New York einschiffen.

Jenny (59) und Berthold Baer (62) blieben allein im Musikantenweg zurück. Von dort wurden sie am 15. September 1942 nach Theresienstadt deportiert, mit ihnen wurden zwei weitere Personen aus der Hausgemeinschaft verschleppt: Alex Hess (1891–unbekannt) und Lotte Hess geb. Heyman (1895–unbekannt). Berthold Baer verstarb in Theresienstadt am 3. Oktober 1942 im Alter von 65 Jahren. Seine Frau Jenny soll nach Angaben ihres Schwiegersohnes Frederick (vormals Friedrich) Zins (1904–1985) noch im März 1945 in Theresienstadt gelebt haben. Diese Angabe widerspricht der des ***Gedenkbuchs für die Opfer der Verfolgung der Juden unter der nationalsozialistischen Gewaltherrschaft in Deutschland 1933–1945***, dort heißt es, sie sei bereits am 15. April 1944 nach Auschwitz weitertransportiert worden. Ihr genaues Todesdatum bleibt unbekannt.

Von den beiden Töchtern aus erster Ehe überlebte die ältere die Nazi-Herrschaft nicht: Berta Marx wurde im März 1943 mit ihren drei kleinen Kindern nach Theresienstadt und im Jahr darauf weiter nach Auschwitz deportiert und dort ermordet. Ihre Schwester Selma Zins war anfänglich noch durch eine Ehe mit einem Nicht-Juden geschützt. Schließlich wurde auch sie erst inhaftiert und mutmaßlich im Oktober 1943 nach Ravensbrück deportiert, wo sie als Zwangsarbeiterin für Siemens verpflichtet wurde. Wenige Tage vor dem Eintreffen des russischen Militärs in Ravensbrück wurde sie auf einen sog. Todesmarsch geschickt. Selma Zins überlebte schwer traumatisiert und wanderte mit ihrem Mann und ihren beiden Töchtern in die USA aus.

(MB)

Quellen

- HHStAW, 518, 9437
- HHStAW, 518, 9456
- ISG FFM, STA 10, 108
- ISG FFM, STA 10, 147
- ISG FFM, STA 11, 497
- ISG FFM, STA 12, 558
- The Statue of Liberty – Ellis Island Foundation Inc., Passenger ID 901762622502
- Adressbuch Frankfurt am Main 1913–1941
- Lerch, Victor: Mehr als ein Ozean. Eine Geschichte vom Überleben in Nazideutschland, Hohenwarsleben 2014

SIEGFRIED WÜRZBURGER

W Ü R Z B U R G E R, Siegfried

geb. 29/5.77 in FFM.
zuletzt wohnhaft: FFM, Bockenheimerldstr. 73

deportiert am 19/1o.41 nach Litzmannstadt

— * 29.05.1877 Frankfurt am Main
— ✡ 12.02.1942 Litzmannstadt (Lodz/Polen)

— Deportation 19.10.1941 nach Litzmannstadt (Lodz/Polen)

GERTRUDE WÜRZBURGER
GEB. HIRSCH

W Ü R Z B U R G E R, geb. Hirsch, Gertrude

geb. 2o/1o.89 in Offenbach
zuletzt wohnhaft: FFM, Bockenheimerldstr. 73

deportiert am 19/1o.41 nach Litzmannstadt

— * 20.10.1889 Offenbach am Main
— ✡ 03.05.1942 unbekannt

— Deportation 19.10.1941 nach Litzmannstadt (Lodz/Polen)

Leben

Siegfried Würzburger wurde als ältester Sohn des Kaufmanns Joseph Würzburger (1851–unbekannt) und seiner Frau Amalie geb. Brandeis (1855–1939) am 29. Mai 1877 in Frankfurt geboren. Sein Bruder Max kam im Jahr darauf zur Welt. Vater Josef verließ die Familie in den 1890er Jahren in Richtung USA – der Kontakt zur Familie brach ab. Die nun alleinerziehende Amalie zog mit ihren Söhnen zeitweise nach Mannheim, kehrte jedoch wieder nach Frankfurt zurück. Dort begann Siegfried mit seiner musikalischen Ausbildung – anfangs erhielt er Privatstunden, später Klavier- und Theorieunterricht am ***Dr. Hoch'schen Konservatorium*** bei Iwan Knorr (1853–1910). Orgelunterricht erhielt er vom Komponisten und Organisten Karl Breidenstein (1830–1897).

Siegfried Würzburger heiratete 1910 die Musikerin und Pädagogin Gertrude Hirsch. Diese entstammte einer Kaufmannsfamilie und wuchs in Offenbach auf. Ihre Eltern waren Isidor Hirsch (1858–1942) und seine Frau Auguste geb. Heilbrunn (1859–1918). Gertrude war Lehrerin für die Fächer Englisch, Französisch und Religion an der ***Holzhausenschule*** und gab zudem Musikunterricht. Gemeinsam bekamen Siegfried und Gertrude vier Söhne: Hans (1911–1941), Walter (1914–1995), Paul Daniel (1918–2000) und Karl Robert, später Kenneth Robert Ward (1922–2010). Die Familie bewohnte, zusammen mit der Mutter Siegfrieds, eine großzügige Fünfzimmerwohnung, in der Musik omnipräsent war: So befanden sich zwei Flügel und ein Klavier in der Wohnung, zu der auch eine umfangreiche Bibliothek gehörte.

> ***Sie [das Ehepaar Würzburger] besassen zwei Klavierflügel und ein Klavier, ferner eine grosse Bibliothek, insbesondere auch Musikliteratur und viele Noten, Partituren, [...] usw. Die Bibliothek war so umfangreich, dass sie die meissten [sic] Werke enthielt, die in jenen Jahren in Oper oder Konzertsaal aufgeführt wurden.***

1911 trat Würzburger die Stelle des Organisten an der neu geweihten Westend-Synagoge an. Während der G'ttesdienste muss er immer wieder auch improvisiert haben, spielte aber ebenso bewährte Stücke wie bspw. die von Johann Sebastian Bach. Seine ausgesprochene Begeisterung und Auseinandersetzung mit der Orgel machte sich auch zu Hause bemerkbar: Dort hatte er ein Klavier um ein Orgelpedal erweitert, was ihm das Üben in den heimischen vier Wänden ermöglichte. Zwei seiner Orgelkompositionen sind erhalten geblieben: ***Passacaglia über ,Moaus-zur'*** sowie ***Passacaglia und Fuge über ,Kol Nidre'***. Seine ehemalige Schülerin Martha Sommer-Hirsch (1918–2011) hatte die Manuskripte ins US-amerikanische Exil mitnehmen können, wo sie später selbst als Organistin tätig wurde.

Zusammen begründete das Ehepaar nicht nur eine private Musikschule, sondern auch das Jugendmusikfestival ***Jugend musiziert***.

> ***Siegfried Würzburger hatte sich in den Jahren vor 1933 als Musikpädagoge einen solch grossen Ruf geschaffen, dass er von Privatschülern einfach überlaufen wurde.***

Mit der Machtübernahme der Nationalsozialisten verlor Siegfried Würzburger einen Großteil seiner Privatschüler*innen. Die Familie sah sich mit erheblichen finanziellen Einbußen konfrontiert. Mit der Verwüstung der Westend-Synagoge während der Pogrome im November 1938 verlor Siegfried Würzburger seine dortige Stellung. Seit 1933 trat er noch gelegentlich bei Wohltätigkeitsveranstaltungen und Konzerten des ***Jüdischen Kulturbundes*** auf.

Die Familie lebte zuletzt in der Bockenheimer Landstraße 9, bevor sie zum Umzug in die Hausnummer 73 gezwungen wurde. Den Söhnen Walter, Paul und Karl gelang die Flucht ins Exil – Walter gelangte 1933 über London und Singapur (1939) nach Australien, wo er später Musik studierte. Paul emigrierte 1939 ins britische Mandatsgebiet Palästina – später kehrte er nach Deutschland zurück. Der jüngste Sohn Karl Robert gelangte am 24. August 1939 mit einem der Kindertransporte nach London. Max Würzburger, dem Bruder Siegfrieds, glückte 1936 die Flucht ins französische Exil.

Aus einem Antrag auf Mitnahme von Umzugsgut geht hervor, dass das Ehepaar Würzburger den Versuch unternommen hatte, im März 1940 nach Shanghai auszuwandern. Dieses Vorhaben scheiterte vermutlich aufgrund einer starken, angeborenen Sehbehinderung Siegfrieds und eines Asthmaleidens des ältesten Sohnes Hans. Gemeinsam mit ihm wurden Siegfried und Gertrude Würzburger am 19. Oktober 1941 nach Lodz deportiert. Sie kehrten nicht zurück.

An das Schicksal der Familie erinnern Stolpersteine vor ihrer letzten frei gewählten Meldeadresse in der Bockenheimer Landstraße 9.

(SR)

Quellen

— HHStAW, 518, 34869
— ISG FFM, STA 11, 429
— ISG FFM, STA 12, 896
— ITS Digital Archive, Arolsen Archives / 1.2.1.1 Deportationen / Deportationen aus dem Gestapobereich Frankfurt am Main / Sign. 8229601 / Doc. ID 11199981
— Frühauf, Tina: Siegfried Würzburger, in: Maurer Zenck, Claudia u.

Petersen, Peter (Hrsg.): Lexikon verfolgter Musiker und Musikerinnen der NS-Zeit, Universität Hamburg 2008: www.lexm.uni-hamburg.de/object/lexm_lexmperson_00003091 (zuletzt aufgerufen am 12.03.2023)
— www.holocaustmusic.ort.org (zuletzt aufgerufen am 12.03.2023)
— www.lexm.uni-hamburg.de (zuletzt aufgerufen am 12.03.2023)
— www.ushmm.org (zuletzt aufgerufen am 12.03.2023)
— www.yadvashem.org (zuletzt aufgerufen am 12.03.2023)

CHILD

Frank Rothschild

— * 16.07.1878 Krautheim
— ✡ 05.11.1940 Boston/USA

— Emigration 1939 nach London, von dort in die USA

Leben

Frank Rothschild wurde 1878 in Krautheim, einer kleinen Gemeinde nordöstlich von Heilbronn in Baden-Württemberg, als Sohn Abraham Rothschilds geboren. Dort besuchte er die Volksschule. Schon früh wurde sein musikalisches Talent erkannt, und er erhielt Klavierunterricht.

> *Im Alter von 12 Jahren spielte er eine Mozartsonate aus dem Gedaecht-nis, und viel besser als ich selbst mit den Noten vor mir, so sagte der Lehrer zu dem Vater, den er aus diesem Grunde aufgesucht hatte, um ihn zu bewegen, den Jungen Musik studieren zu lassen.*

Nach einem Musikstudium, u. a. am *Großherzoglichen Konservatorium für Musik Karlsruhe*, wurde Frank Rothschild 1903 Lehrer am *Philanthropin* unter dem damaligen Direktor Dr. Salo Adler (1857–1919). Ab 1910 war er als Dirigent des Chores der Westend-Synagoge beschäftigt, den er maßgeblich aufbaute und dessen „hohes künstlerisches Niveau nicht nur in unserer Stadt, sondern für viele Synagogen Süddeutschlands führend" wurde. Da er gleichzeitig Lehrer am *Philanthropin* war, konnte er zahlreiche Schüler*innen für den Chor gewinnen. Auch schrieb Rothschild Stücke für den G'ttesdienst und wurde so „bei der religiös-künstlerischen Bildung des Publikums seiner Synagoge nicht entbehrlich".

> *Herr Rothschild erfreut sich bei allen Mitgliedern der Gemeinde, wie auch bei seinen Vorgesetzten, einer seltenen Hochschätzung, zu der*

vor allem auch der vornehme Charakter und die feine Kultur, die ihn auszeichnen, beiträgt.

Ein Musikstudium am *Dr. Hoch'schen Konservatorium* nahm er im Jahr 1912 auf, wo er u. a. von Bernhard Sekles (1872–1943) in Komposition, Klavier und Kontrapunkt unterrichtet wurde. Er spielte Orgel – sein Lieblingsinstrument – und Violine.

Am 19. Dezember 1914 heiratete Frank Rothschild in Sankt Julian, einem kleinen Dorf in der Pfalz, Else Fries (1886–1963).

Mit Ausbruch des Ersten Weltkriegs wurde seine Tätigkeit in Frankfurt unterbrochen und Frank Rothschild war für mehrere Jahre als Infanterist an der Westfront. Nach seiner Rückkehr konnte er das Lehrerexamen abschließen und fortan „als Studienrat im musikalischen Lehrfach" am *Philanthropin* arbeiten. Er strukturierte den Unterricht mit viel Einsatz um und leitete den Chor, dessen musikalisches Programm er verantwortete. Er gab Konzerte in der Westend-Synagoge wie in der Schule.

Dem kinderlosen Ehepaar Rothschild gelang 1939 die Emigration nach London, von wo aus sie einige Monate später über Liverpool mit der *SS Samaria* nach New York auswanderten. Am 13. März 1940 trafen sie dort ein.

Im April 1939 wanderten wir wie so viele zunaechst nach England aus, nach London, wo schon einige seiner Saenger u. Saengerinnen ungeduldig auf Frank Rothschild warteten. Sie sangen schon in einer der grossen Synagogen u. hofften, er moege wieder uebernehmen. Doch er erhielt keine Arbeitserlaubnis. [...] Nach etwa 1 Jahr konnten wir nach Amerika weiter wandern.

Frank Rothschild schien zügig in den USA Fuß zu fassen, er wurde Chordirigent in der Bostoner Gemeinde *Temple Sinai* und schrieb die Musikstücke, die er in seiner Zeit in der Westend-Synagoge für den dortigen G'ttesdienst komponiert hatte, für seine neue Gemeinde aus dem

Gedächtnis nieder. Nur wenige Monate nach seiner Ankunft verstarb Frank Rothschild in Boston, USA.

(SR)

Quellen

- HHStAW, 518, 31718
- ISG FFM, S2, 2628
- ITS Digital Archive, Arolsen Archives / 2.1.1.1 HE 013 JÜD 0 Informationen verschiedener Art / Sign. DE ITS 2.1.1.1 HE 013 J.D ZM 67 / Doc. ID 70364492
- National Archives Boston/Massachusetts, Petitions and Records of Naturalization, 1798–1950, 12/1911, No. 3000057 via www.ancestry.org (zuletzt aufgerufen am 12.03.2023)
- The National Archives, London/UK, 1939 Register; Referenz Rg 101/103h via www.ancestry.org (zuletzt aufgerufen am 12.03.2023)

ARTHUR GALLINER

— * 08.10.1878 Kornewo/Russland
— ✡ 13.12.1961 London/Großbritannien

— Emigration 1939 nach Großbritannien

Leben

Arthur Galliner wurde als eines von sieben Kindern des Lehrers und Kantors Jonas (1846–1928) und seiner Frau Lina Galliner geb. Pianikowski (auch: Pernickowski) (1845–1917) in Kornewo (ehemals Zinten) geboren. Über seinen Werdegang, bevor er im Oktober 1900 ans *Philanthropin* in Frankfurt berufen wurde, ist nichts bekannt.

Nachdem er bereits 15 Jahre am *Philanthropin* unterrichtet hatte, erwarb Arthur Galliner 1915 die Hochschulreife und nahm ein Studium in den Fächern Kunstgeschichte, Deutsch, Mathematik und Geschichte an der Frankfurter Universität auf und wurde u. a. vom Direktor des *Städel*, Georg Swarzenski (1876–1957), unterrichtet. 1918 reichte er seine Promotion im Fach Kunstgeschichte ein. Er war schriftstellerisch wie künstlerisch tätig und schuf Landschaftsgemälde, Aquarelle und Porträts u. a. des Dichters Friedrich Stoltze (1816–1891), des Philosophen Martin Buber (1878–1965) und des Gelehrten Lazarus Goldschmidt (1871–1950).

> *Die eigentliche Begabung Galliners liegt wohl auf dem Gebiete der Porträtzeichnung [...]. Er gibt das Sichtbare am Menschen, und in der getreuen Wiedergabe der äusseren Erscheinung zeichnet er auch notwendigerweise all die Formen, die auf die geistige Haltung des Dargestellten zurückgehen.*

Zur Ausstellung kamen seine Arbeiten in diversen Galerien wie auch in den ***Chanukkah-Kunstausstellungen*** der Israelitischen Gemeinde.

Am 7. Juni 1922 heiratete er die Pharmazeutin Paula Ali Wiesenfelder (1894–1971), die gebürtig aus Bamberg stammte. Ein Jahr später kam die gemeinsame Tochter Gabriele (später Gabriella) zu Welt.

In der Israelitischen Gemeinde war Galliner Teil der liberalen Fraktion der Gemeindevertretung und Mitglied in der ***Kommission f. Unterrichts- u. Erziehungswesen***, der ***Gemeindeblattkommission*** sowie der ***Kommission für Bibliothek und Museum***. In der Westend-Synagoge gab er unentgeltlich Kurse in Kunstgeschichte.

Im Oktober 1938 wurde Galliner im ***Israelitischen Gemeindeblatt*** zum 60. Geburtstag gratuliert. Dort heißt es:

> ***Arthur Galliner darf in ungebrochener Frische in nicht ermüdetem Tätigkeitsdrang seinen 60. Geburtstag feiern. Daß ihm die Kraft, begeistert zu sein und zu begeistern [...] noch viele Jahre zum Wohle unseres Schulwerks und unserer Gemeinschaft erhalten bleibe, ist unser Wunsch [...].***

Seit den 1930er Jahren war Galliner Präsident der ***Bne Briss-Loge***, was zu seiner ersten Verhaftung im April 1935 führte. Eine zweite Verhaftung folgte im November 1938 – aus dieser Haft wurde Arthur Galliner nur unter der Auflage entlassen, aus Deutschland zu emigrieren. Er verließ Frankfurt im Juli 1939 Richtung England – kurz vor seinem 40-jährigen Dienstjubiläum am ***Philanthropin***. Seine Frau folgte ihm nur wenig später im August. Das gesamte Inventar der gemeinsamen Wohnung wurde durch die Gestapo beschlagnahmt, darunter eine rund 800 Bände umfassende Bibliothek, bestehend aus Publikationen zu Kunst, Literatur, Geschichte und Religionswissenschaften. Seine wissenschaftlichen Manuskripte – auch noch unveröffentlichter Schriften – musste Galliner zurücklassen.

Nach einiger Zeit in Ellesmere/Shropshire nahe Liverpool ließ sich die Familie Mitte der 1940er Jahre in London nieder, wo Arthur Galliner als Dozent für Kunstgeschichte an der ***Hammersmith School of Building, Arts and Crafts London*** und an der ***Borough Polytechnic School*** tätig wurde. An seine schriftstellerischen und künstlerischen Erfolge konnte er nicht mehr anknüpfen.

Arthur Galliner starb 1961 im Alter von 83 Jahren in London, seine Frau überlebte ihn um zehn Jahre.

(SR)

Quellen

- HHStAW, 518, 20266
- ISG FFM, STA 11, 663
- ITS Digital Archive, Arolsen Archives / 2.1.1.1 HE 013 JÜD 0 Informationen verschiedener Art / DE ITS 2.1.1.1 HE 013 JÜD ZM 25 / Doc. ID 70349024
- UAF 136, 4
- Direktorium des Kunstgeschichtlichen Instituts (Hrsg.): Die Geschichte des Kunstgeschichtlichen Instituts der Goethe-Universität Frankfurt 1915–1995, Frankfurt am Main 2002
- Gemeindeblatt der Israelitischen Gemeinde, Jg. 9, Nr. 1 (1931), Jg. 17, Nr. 1 (1938)

LEOPOLD NEUHAUS

N E U H A U S Dr. Leopold, geb.18.1.79 Rotenburg

letzter Wohnort: Ffm. Feuerbachstr.14

deportiert am 18.8.42 nach Theresienstadt

— * 18.01.1879 Rotenburg a. d. Fulda
— ✡ 10.05.1954 Detroit/USA

— Deportation 18.08.1942 nach Theresienstadt (Terezin/Tschechien)

CILLY NEUHAUS
GEB. CARLEBACH

N E U H A U S, Cilly, geb. Carlebach

geb. 2o.4.84 in Lübeck

letzter Wohnort: Ffm. Feuerbachstr.14

deportiert am 18.8.42 nach Theresienstadt

— * 20.09.1884 Lübeck
— ✡ 20.09.1968 New York/USA

— Deportation 18.08.1942 nach Theresienstadt (Terezin/Tschechien)

Leben

Leopold Neuhaus wuchs als Sohn des Kaufmanns Isaac Neuhaus (1850–1927) und dessen Frau Henriette, genannt Jettchen, Neuhaus geb. Blumenthal (1849–1900) in Rotenburg a. d. Fulda auf. Im Jahr zuvor war sein Bruder Moritz (1883–1917) auf die Welt gekommen. In Kassel besuchte Leopold das Gymnasium, bevor er u. a. in Berlin Philosophie studierte und zugleich das dortige Rabbinerseminar besuchte.

In diesen Jahren, vermutlich 1907, heiratete Leopold Neuhaus die aus einer orthodoxen Lübecker Rabbinerfamilie stammende Cilly geb. Carlebach. Sie war die Tochter von Esther geb. Adler (1853–1920) und Salomon Carlebach (1845–1919), der seit 1870 Rabbiner in Lübeck war. Cilly wurde als neuntes von insgesamt zwölf Kindern geboren. Neben den Geschwistern lebten zeitweise auch zwei Pflegekinder im Hause Carlebach. Weitere zwei der vier Schwestern sollten später Rabbiner heiraten, fünf der acht Brüder wurden selbst Rabbiner.

1908 trat Leopold Neuhaus eine Stelle als Rabbiner in Lauenburg (Pommern) an, im darauffolgenden Jahr in Ostrowo (Posen). Sohn Ralph kam dort am 21. April 1909 zur Welt. Während des Ersten Weltkriegs war Leopold Neuhaus mit der Betreuung russisch-jüdischer Kriegsgefangener betraut. 1919 floh er mit seiner Familie aus Posen, das inzwischen polnisches Gebiet geworden war, nach Leipzig, wo er bis 1926 Leiter einer jüdischen Schule war. In diesem Jahr zog er nach Mülheim a. d. Ruhr, um eine Stelle als Rabbiner anzutreten. Hier wirkte er bis zu seinem Umzug nach Frankfurt, wo er ab 1933 am *Philanthropin* unterrichtete.

> *Ich war im Jahre 1933 vom Juedischen Schulwerk der Juedischen Gemeinde Frankfurt am Main, Boernestrasse als Lehrkraft angestellt worden, um dann spaeter – 1937 – hauptamtlich als Rabbiner der Synagoge Boerneplatz angestellt zu werden.*

Das *Philanthropin* wurde zum damaligen Zeitpunkt von Otto Driesen geleitet → S. 140. Neben seiner dortigen Tätigkeit hielt Neuhaus auch immer wieder Vorträge im Jüdischen Lehrhaus. Die Familie Neuhaus lebte zunächst im Frankfurter Nordend, bevor sie ins Westend und Leopold und Cilly schließlich ins dort befindliche Jüdische Altersheim umzogen. Cilly hielt zu ihrer Familie in Norddeutschland auch in ihrer Frankfurter Zeit regen Kontakt, was aus dem erhaltenen Briefwechsel mit ihrer Schwägerin Lotte Carlebach-Preuss (1900–1942) hervorgeht.

1937 wurde Leopold Neuhaus Rabbiner der Börneplatzsynagoge der Israelitischen Gemeinde. Zu den hohen Feiertagen muss er auch G'ttesdienste im Jugendzentrum der Gemeinde in der Eschersheimer Landstraße 65 gehalten haben. Am Börneplatz konnte er diese jedoch nur bis zu den Novemberpogromen 1938 abhalten. Die Synagoge wurde in den Tagen rund um den 9. November 1938 nahezu vollständig zerstört – sie brannte bis auf die Außenmauern nieder. Leopold und Cilly Neuhaus hatten 1939 offenbar vergeblich versucht, eine Auswanderung – vermutlich nach Belgien – vorzubereiten.

Leopold Neuhaus war bis zu seiner Verhaftung und Deportation 1942 der letzte in Frankfurt wirkende Rabbiner während des Krieges. Am 18. August 1942 wurde das Ehepaar Neuhaus aus dem Jüdischen Altersheim in der Feuerbachstraße nach Theresienstadt deportiert.

> *Als das Altersheim aufgelöst wurde, erklärte er [Leopold Neuhaus] sich freiwillig bereit, zusammen mit den alten Leuten und seiner Frau den Transport nach Theresienstadt mitzumachen.*

Das Vermögen der Familie wurde nebst Möbelstücken, Silber, einem Flügel, einem Leuchter, einem Gemälde und Teppichen kurz nach der Deportation ebenso beschlagnahmt wie die umfangreiche deutsche und hebräische Bibliothek des Rabbiners.

In Theresienstadt wurde Leopold Neuhaus wie auch Leo Baeck (1873–1956) Mitglied des Ältestenrats und wirkte gleichermaßen weiter als Rabbiner. Nachdem das KZ im Mai 1945 befreit worden war, setzte sich Neuhaus für die Interessen der Frankfurter Jüdinnen*Juden ein und ließ u. a. eine Sterbeliste von Frankfurter und Wiesbadener Jüdinnen*Juden anfertigen, welche später zum Ausgangspunkt für die Deportationskartei werden sollte.

Im Juli kehrte das Paar nach Frankfurt zurück, wo Leopold Neuhaus den Wiederaufbau der Jüdischen Gemeinde – die nun nur noch aus rund 500 Menschen bestand – unterstützte. Er wurde als Nachfolger von August Adelsberger (1879–1952) erster Gemeindevorsitzender, Rabbiner, Oberrabbiner von Hessen, Landesbeauftragter für jüdische Angelegenheiten, Leiter der *Jüdischen Betreuungsstelle der Stadt Frankfurt am Main* und Vertreter der *Interessengemeinschaft der Israelitischen Kultusgemeinden* im amerikanisch besetzten Teil Deutschlands. Die im Sommer noch von Adelsberger gegründete *Betreuungsstelle für jüdische Mitbürger* etablierte sich später als *Jüdische Betreuungsstelle der Stadt Frankfurt am Main*. Stadt und Gemeinde arbeiteten eng zusammen. Die *Betreuungsstelle* half Jüdinnen*Juden bei Behördengängen, versorgte sie mit Nahrung, unterstützte in wirtschaftlichen Fragen wie bei der Suche nach Verwandten. Dort kam auch die Deportationskartei zum Einsatz – Angehörige, Rechtsanwält*innen und Ämter wandten sich mit Suchanfragen an die Gemeinde. Nachdem die *Betreuungsstelle* zunächst als eine städtische Dienststelle verstanden wurde, wurde sie spätestens mit dem Umzug in das Gemeindegebäude im Baumweg 5–7 zunehmend Gemeindebehörde.

Während seiner Amtszeit begründete Leopold Neuhaus das *Mitteilungsblatt der Jüdischen Gemeinden und Betreuungsstellen* und eröffnete u. a.

das Altersheim in der Gagernstraße 36. Cilly Neuhaus, obgleich kein Mitglied des provisorisch gewählten Vorstands, war für Fragen der Sozialarbeit zuständig.

Am 11. September 1945 hielt Neuhaus den ersten G'ttesdienst in der 1938 ausgebrannten und nun notdürftig hergerichteten Westend-Synagoge.

Die Rückkehr von Rabbiner Neuhaus nach Frankfurt war nicht nur unter religiösen Gesichtspunkten willkommen – er machte den Mitgliedern mit seiner Entscheidung Mut und stand gleichzeitig für die Kontinuität jüdischen Gemeindelebens in Frankfurt. Seine offensichtliche Entfremdung von Frankfurt wurde jedoch gleichermaßen augenscheinlich. So schrieb er in einem Brief 1946:

> ***Von dem alten Frankfurt besteht nicht mehr viel, lauter unbekannte Menschen, welche Frankfurt nicht kennen und Frankfurt kennt sie nicht. Von der ehemaligen Gemeinde von 36000 Juden in Frankfurt sind noch 600 vorhanden. Alle Andern sind nicht mehr da.***

Die geplante Auswanderung kündigt sich hier bereits an – das Ehepaar Neuhaus sollte nur für kurze Zeit nach Frankfurt zurückkehren. Die beiden nahmen schon 1946, rund ein Jahr nach ihrer Rückkehr aus Theresienstadt, in Bremen ein Schiff, um zu ihrem Sohn Ralph (1909–1990) in die USA überzusiedeln. Diesem war 1941 zusammen mit seiner Frau Betty geb. Wolff (1913–2009) die Flucht in die USA gelungen, wo auch er später als Rabbiner wirkte. Am 24. Juni 1946 kamen Leopold und Cilly Neuhaus in New York an. Dem betagten Ehepaar fiel es schwer, in den USA Fuß zu fassen oder die Sprache zu lernen. Schließlich trat Leopold Neuhaus eine Stelle in Detroit an, wo er einer kleinen Flüchtlings-Gemeinde vorstand, die den Frankfurter Ritus praktizierte. Er wie seine Frau Cilly befanden sich infolge der KZ-Haft in ärztlicher Behandlung, deren Kosten sie finanziell schwer belasteten.

Das gleich nach Kriegsende angestrengte Wiedergutmachungsverfahren erwies sich als zäh und langwierig, so dass Leopold Neuhaus 1954 „als armer und verbitterter Mann“ in Detroit verstarb. Seine Witwe Cilly Neuhaus überlebte ihn um 14 Jahre und starb 1968 in New York.

(SR)

Quellen

— HHStAW, 518, 8923
— HHStAW, 519/3, 5777
— HHStAW, 519/3, 18482
— HStAMR, 907, 5641
— ISG FFM, A.54.03, 4771
— ISG FFM, S2, 4240
— ZA B.1/13 A.258: Bl. 29
— The Statue of Liberty – Ellis Island Foundation Inc., Passenger ID 901762999082
— Arnsberg, Paul: Neunhundert Jahre ‚Muttergemeinde in Israel‘ Frankfurt am Main, Chronik der Rabbiner, Frankfurt am Main 1974
— Gillis-Carlebach, Miriam: Jedes Kind ist mein Einziges. Lotte Carlebach-Preuss. Antlitz einer Mutter und Rabbiner-Frau, Hamburg 2000
— Heuberger, Rachel u. Krohn, Helga: Hinaus aus dem Ghetto … Juden in Frankfurt am Main 1800–1950, Frankfurt am Main 1988
— Schreiber, Albrecht: Lübeck. Salomon Carlebach, in: Niemann, Sabine (Hrsg.): Die Carlebachs. Eine Rabbinerfamilie aus Deutschland, Hamburg 1995
— Tauber, Alon: Leopold Neuhaus, in: Neue Deutsche Biographie 19, 1999
— Tauber, Alon: Zwischen Kontinuität und Neuanfang, Wiesbaden 2008
— Frost, Reinhard: Neuhaus, Leopold. Artikel aus der Frankfurter Biographie (1994/96), in: Frankfurter Personenlexikon (Onlineausgabe), www.frankfurter-personenlexikon.de/node/631 (zuletzt aufgerufen am 12.03.2023)

DNER

Jugend-Bühne
Käte Wolff
Anleitung zum
Theaterspielen von
Irma Dresdner

— * 09.02.1880 Brieg/Schlesien
— ✡ 24.07.1939 Frankfurt am Main

Leben

Die Pädagogin und Autorin Irma Dresdner wurde am 9. September 1880 im schlesischen Brieg geboren. Im Alter von vier Jahren erkrankte sie an spinaler Lähmung, der sog. Kinderlähmung. Ihre Ausbildung als Pädagogin erhielt sie an der ***Pestalozzi-Fröbel-Schule*** in Berlin. 1909 zog sie nach Frankfurt und wurde Lehrerin am ***Philanthropin***. Die Schule war in diesem Jahr in einen großzügigen Neubau in der Hebelstraße gezogen und hatte eine gemischte Einführungsklasse für Kinder im Alter von fünf bis sechs Jahren eingerichtet, die von Irma Dresdner geleitet wurde. 1910 unterrichtete sie dort 28 Mädchen und Jungen und führte sie in den Schulalltag ein. Die Anmeldungen für die Einführungsklasse verdoppelten sich rasch, so dass die Klasse geteilt werden musste und sie zum Schuljahr 1911/12 die Leitung von zwei Klassen übernahm. Wie lange sie am ***Philanthropin*** tätig war, ist nicht bekannt.

In der Weimarer Republik war sie als Jugend- und Rundfunkautorin tätig und verfasste Stücke für das Jugendtheater, zum Beispiel ein Schattenspiel zu Purim oder Kindertheaterstücke zu Chanukka. Im ***Deutschen Rundfunkarchiv*** sind vier Beiträge von ihr zwischen 1929 und 1932 nachweisbar. Mehrere ihrer Schriften, die das Kinder- und Jugendtheater zum Thema hatten, erschienen im ***Fröbel-Verlag***.

Vor allem war sie stark engagiert im ***Selbsthilfebund der Körperbehinderten*** und ab 1931 im ***Reichsbund der Körperbehinderten***. Sie veröffentlichte Artikel und Studien zur Situation von Menschen mit physischen Einschränkungen. Mit ihrer Umfrage „Welchen Einfluss hat Ihre Körperbehinderung auf Ihre seelische Entwicklung ausgeübt?" gab sie Betroffenen die Möglichkeit, aus eigener Sicht ihre Lebenssituation, ihre Wünsche und Perspektiven zu schildern. Damit versuchte sie, ein Gegengewicht zur damals vorherrschenden, sogenannten Krüppelpädagogik zu schaffen, die von einer seelischen Schädigung bei Körperbehinderten ausging. Sie begab sich selbst von 1929 bis 1933 in Behandlung im ***Psychoanalytischen Institut*** in Frankfurt.

1933 wurde der ***Reichsbund der Körperbehinderten*** „gleichgeschaltet" und in die Organisation der ***NS-Volkswohlfahrt*** eingegliedert. Irma Dresdner wurde wegen ihrer jüdischen Herkunft im selben Jahr ausgeschlossen.

1934 war sie Mitglied im Schwesternverband der jüdischen Loge ***Unabhängiger Orden Bne Briss-Loge***, wo Dora Edinger (1890–1977), Frauenrechtsaktivistin und Mitglied im ***Jüdischen Frauenbund***, die bis zu ihrer Emigration 1936 in Frankfurt lebte, die Schriftleitung innehatte.

In Frankfurt bot Irma Dresdner durch Inserate im ***Gemeindeblatt der Israelitischen Gemeinde*** seit 1929 regelmäßig ihre Dienste als Autorin und Pädagogin für Festdichtungen zu Bar-Mizwa-Feiern, Chanukka-Feiern oder als Betreuerin bei Ferienaufenthalten an.

1934 veröffentlichte sie einen Aufruf zur Gründung einer Ortsgruppe des ***Selbsthilfevereins für jüdische Körperbehinderte*** in Frankfurt; die erste Sitzung fand am 31. Juli 1934 statt. Bis November 1936 war sie dort als Geschäftsführerin tätig.

Am 29. Juni 1938 musste Irma Dresdner eine Vermögensanmeldung an das zuständige Finanzamt Frankfurt-Ost abgeben. Sie war die Grundlage für die Berechnung und Erhebung der diskriminierenden Judenvermögensabgabe durch das Deutsche Reich. Sie gab in ihrer Erklärung an, dass sie schwer körperbehindert und gehunfähig sei. Ihr Hinweis auf einen längeren Krankenhausaufenthalt im selben Jahr deutet auf eine

Verschlechterung ihres Gesundheitszustandes hin. So hatte sie einen Motorkrankenwagen bestellt, den sie aufgrund ihrer Erkrankung nicht bezahlen konnte. Da sie lediglich über ein geringes Vermögen verfügte, welches unter der Bemessungsgrenze von 5.000 RM jährlich lag, wurde ihr keine Judenvermögensabgabe auferlegt.

Anschließend teilte sie dem Finanzamt mit, dass sie emigrieren wolle. Nach den Novemberpogromen 1938 wurde ihr daher in Erwartung der Auswanderung eine Reichsfluchtsteuer in Höhe von 1.000 RM in Rechnung gestellt, zahlbar in fünf Raten. Der Bescheid zur letzten Rate erreichte sie nicht mehr, da sie am 24. Juli 1939 im Krankenhaus der Jüdischen Gemeinde in der Gagernstraße an den Folgen einer Blutvergiftung verstarb.

(AH)

Quellen

— HHStAW, 676, 6347
— ISG FFM, STA 12, 856
— Deutsches Rundfunkarchiv Frankfurt am Main
— Dresdner, Irma: Jugendbühne. Anleitung zu Theaterspielen für Kinder und die heranwachsende Jugend, Nürnberg 1916
— Dresdner, Irma: Welchen Einfluss hat Ihre Körperbehinderung auf Ihre seelische Entwicklung ausgeübt? [Umfrage], in: Die Invalide Frau. Organ des Internationalen Bundes invalider Frauen, Basel 1932
— Dresdner, Irma: Welchen Einfluss hat Ihre Körperbehinderung auf Ihre seelische Entwicklung ausgeübt? [Umfrage], in: Über Körperbehinderung und seelische Entwicklung, in: Der Körperbehinderte (KB) 3, 1933
— Dresdner, Irma: Welchen Einfluss hat Ihre Körperbehinderung auf Ihre seelische Entwicklung ausgeübt? [Umfrage], als Separatausdruck in: Zeitschrift für angewandte Psychologie 44, 1933

- Israelitisches Familienblatt, Heft 16/1909
- Philanthropin. Realschule und höhere Mädchenschule der israelitischen Gemeinde zu Frankfurt a. M., Programm 1910, 1911, 1912
- Gemeindeblatt der Israelitischen Gemeinde Frankfurt am Main, Jg. 9, Heft 4 (Dezember 1930), Jg. 11, Heft 10 (Juni 1933), Jg. 12, Heft 9 (Mai 1934), Jg. 15, Heft 2 (November 1936), Jg. 15, Heft 8 (Mai 1937), Jg. 13, Heft 3 (November 1934)
- Stiftung Erinnerung, Verantwortung und Zukunft/Das Bundesarchiv: Liste der jüdischen Einwohner im Deutschen Reich 1933–1945, Stand 20.11.2017 (= „Residentenliste")
- Fuchs, Petra: „Krüppel" zwischen Emanzipation und Selbstaufgabe am Beispiel der Entstehung und Entwicklung des Selbsthilfebundes der Körperbehinderten (1919–1945) und der Biographie Hilde Wulffs (1898–1972), Dissertation an der Technischen Universität Berlin, Berlin 1999
- Kielholz, Arthur: Probleme der psychischen Hygiene in Anstalten, in: Fachblatt für schweizerisches Anstaltswesen = Revue suisse de établissement hospitaliers, Bd. 25/1954, Heft 11
- www.d-nb.info/gnd/1031970193 (zuletzt aufgerufen am 02.02.2023)

J A K O B I, geb.Schweitzer, Margit, g b.22.11.81
Miskolcz

zuletzt wohnhaft: Ffm./Schersh.Ldstr.20 E/

deportiert am 15.9.42 nach Theresienstadt

am 3/2.43 in Theresienstadt verstorben

— * 22.11.1881 Miskolcz/Ungarn
— ✡ 03.02.1943 Theresienstadt (Terezin/Tschechien)

— Deportation 15.09.1942 Theresienstadt (Terezin/Tschechien)

Leben

Margit Jacobi war die Tochter des Kaufmanns Samuel Schweitzer aus Miskolcz in Ungarn und dessen Ehefrau Therese geb. Schwarz. Aus ihrer Jugend ist nicht viel bekannt; im Alter von 27 heiratete sie im Januar 1908 in Mannheim den Straßburger Fabrikanten Artur Eugen Jacobi (1877–1933). Das Paar bekam zwei Kinder, Erwin (später Erwin Reuben) (1909–1979) und Dora (1913–1935).

Die Familie lebte in Straßburg, denn Eugen Jacobi war dort der Geschäftsführer der *Wolf Netter & Jacobi Eisenwerke*. Nach Ende des Ersten Weltkriegs wurden die deutschen Eigentümer der Firma jedoch enteignet und die Familie Jacobi musste als Staatsfeind Frankreichs das Land verlassen. Sie siedelte nach Frankfurt um und begann dort ein neues Leben. Hier baute Eugen Jacobi abermals die Metallhandelsfirma auf. Zudem war er sozial engagiert und trat für die Rechte sowie eine faire Entlohnung der Belegschaft ein.

In ihrer Villa am Schaumainkai 67 waren Margit und ihr Ehemann von einer erlesenen Kunstsammlung umgeben, die auch in Frankfurt schnell Bekanntheit erlangte. Diese umfangreiche Sammlung umfasste altmeisterliche Gemälde von italienischen, aber auch nordalpinen Meistern sowie antike Skulpturen. Gleichzeitig besaßen sie auch Kunstwerke moderner Künstler*innen, wie zum Beispiel Max Pechstein, Edgar Degas oder Paul Gauguin.

Im Jahr 1925 veranstaltete das *Städel* eine große Ausstellung, die Meisterwerke aus Frankfurter Privatsammlungen präsentierte. Das Museum fragte aus der Sammlung Jacobi mehrere Gemälde an, welche das Ehepaar alle zusagte. Im Katalog zur Ausstellung lassen sich insgesamt folgende sieben Werke nachweisen: eine Darstellung von Maria mit dem Christuskind von Francesco Bonsignori, ein Triumphzug des Ferraresischen Meisters des 15. Jahrhunderts, eine Jagdszene im Wald von Frans Francken d. Ä., ein männliches Brustbildnis von einem niederdeutschen Meister des 16. Jahrhunderts, eine Darstellung von Maria, das Kind anbetend, welche Cosimo Rosselli zugeschrieben wurde sowie zwei Heiligendarstellungen von Franziskus und Antonius, gemalt von einem spanischen Meister um 1530.

Zeit ihres Lebens verband Margit eine enge Freundschaft mit Albert Schweitzer (1875–1965). Bis heute zeugen davon an die einhundert im Nachlass des Arztes und Philosophen Schweitzer in der Zentralbibliothek Zürich verwahrten Briefe aus den Jahren 1927 bis 1939, wobei es ursprünglich viel mehr gewesen sein müssen. Die überlieferten Briefe erhielt Erwin Reuben Jacobi nach dem Krieg von der ehemaligen Modistin seiner Mutter, Elisabeth Anders. Margit hatte die Briefe und andere Wertsachen kurz vor ihrer Deportation der Vertrauten überreicht. Andere gelangten in den Besitz von Albert Schweitzer selbst, der sie später an Erwin Reuben Jacobi weitergab.

Obwohl Margit eine geborene Schweitzer war, bestand keine Verwandtschaft zwischen den beiden. Begonnen hatte die Freundschaft zwischen dem späteren Friedensnobelpreisträger und dem Ehepaar Jacobi bereits in Straßburg. Dort war Margits Ehemann Eugen geboren und hatte das Lyzeum gemeinsam mit dem Bruder von Helene Bresslau (1879–1957) besucht, welche 1912 Albert Schweitzer heiratete.

In den später durch Erwin Reuben Jacobi veröffentlichten Briefen schrieb Albert Schweitzer u. a. von seiner Sehnsucht nach dem Main, von den gemeinsamen Spaziergängen und von den Momenten, die er und Margit am Ufer des Flusses verbracht hatten. Trotz der Distanz und seiner

Aufenthalte in Lambarene/Gabun erinnerte sich Schweitzer gerne an die Atmosphäre am Main. Er beschrieb, wie er Margit Jacobi für ihre „Einfachheit“ und beruhigende Art bewunderte. Ihre Freundschaft und Verbundenheit war eng, so fand sich auch eine Büste Albert Schweitzers im Wohnzimmer des Ehepaares.

Kurz nach der Machtübernahme der Nationalsozialisten verstarb Margits Ehemann Eugen im Oktober 1933 an einer Lungenembolie infolge einer Darmoperation. In einem Brief an Albert Schweitzer berichtete die nun verwitwete Margit von den Schmerzen und der Trauer und davon, wie gerne sie ihre Gesundheit gegen die ihres Mannes getauscht hätte. Die Ungewissheit der Zukunft bereitete ihr Sorge. Nur zwei Jahre später erlitt sie einen weiteren Verlust, da ihre Tochter, die Krankenschwester geworden war, sich mit nur 22 Jahren aus bisher ungeklärten Gründen das Leben nahm. Zudem erkrankte Margit selbst und war aufgrund einer Operation lange ans Bett gebunden. Ihr Sohn Erwin Reuben war bereits 1934 nach Palästina ausgewandert, so dass Margit letztlich allein in Frankfurt zurückblieb und die Repressalien des nationalsozialistischen Deutschlands zu ertragen hatte.

Schritt für Schritt wurde ihr Vermögen durch die deutschen Finanzbehörden geschröpft. Noch 1934 besaß sie allein in Bargeld und Wertpapieren eine halbe Million Reichsmark. Insgesamt musste sie 115.000 RM Judenvermögensabgabe zahlen und es wurden 101.000 RM Reichsfluchtsteuer für eine geplante Ausreise zu ihrem Sohn ins damalige britische Mandatsgebiet Palästina einbehalten. Schon im Jahr 1939 attestierte ein Beamter der Devisenstelle handschriftlich, dass Margit Jacobi „leidend & dauernd in ärztlicher Behandlung“ sei. Vermutlich gelang ihr auch aufgrund ihres schlechten gesundheitlichen Zustandes nie die Ausreise nach Palästina. Zudem hatte sie sich lange gegen die Emigration gewehrt, weder ihr Sohn noch Albert Schweitzer konnten Margit Jacobi dazu bewegen, nach Palästina oder in die Schweiz zu Freunden zu fliehen. Als sie sich 1939 offenbar doch dazu durchringen konnte, war es für sie zu spät.

Im Juli 1939 musste Margit Jacobi die Villa am Schaumainkai 67 an die Stadt Frankfurt verkaufen, wofür sie zwar noch im Januar 1940 eine Summe von 53.138,50 RM erhielt, doch wurde ihr Konto zur selben Zeit bereits als ein beschränkt verfügbares Sicherungskonto bei der Deutschen Bank geführt. Die Einrichtung wurde über die Firma August Danz versteigert: darunter fielen Möbel, Teppiche, Porzellan und Gemälde, wobei von Letzteren die wertvollsten Stücke bereits zuvor geplündert worden waren.

Ihr Vermögen schrumpfte innerhalb weniger Jahre – dies hinderte Margit jedoch nicht daran, selbst 1940 monatlich mehrere hundert Reichsmark Zuwendungen an verarmte Jüdinnen*Juden zu zahlen, die auswandern wollten und die Flucht nicht finanzieren konnten. Dazu zählte auch die Verwandtschaft von Max Michel (1888–1941), welcher von 1927 bis 1933 als Kulturdezernent in Frankfurt tätig war: Für seine Schwester Ida Katz geb. Michel (1891–1982) mit ihrer Mutter Emma Michel geb. Wertheimer (1863–1940) und den beiden Kindern Lore (* 1922) und Ferdinand (* 1925) beantragte Margit Jacobi bei der Devisenstelle, je 500 RM für eine Ausreise zahlen zu dürfen. Die Zahlung wurde genehmigt und die Familie Katz schaffte es über Japan in die USA. Zudem unterstützte Margit Jacobi die Cousine ihres verstorbenen Mannes, Hedwig Jacobi, sowie ehemalige Angestellte und ihre Modistin, welche selbst nicht über ausreichend finanzielle Mittel verfügten. Es zeichnet sich das Bild einer Wohltäterin ab, die selbst in der eigenen Not an ihr Umfeld und Bedürftige dachte.

Die wertvolle Kunstsammlung musste Margit Jacobi ebenso wie das Haus und den restlichen Hausstand verkaufen. Die langen Umzugslisten, die sie wohl zur Vorbereitung ihrer Ausreise geführt hatte, zeugen von einem riesigen und wertvollen Besitz. Die meisten Kunstwerke fielen an den Frankfurter Kunsthändler Wilhelm Henrich (1906–1980), der diese zu äußerst niedrigen Preisen erwarb, um sie für ein Vielfaches weiterzuverkaufen. Nach dem Krieg sprach er jedoch gegenüber den Besatzungsbehörden von einer „Aufbewahrung" der Werke. Auch das Gemälde ***Maria das Kind anbetend*** von Cosimo Rosselli soll

Henrich Margit Jacobi im Jahr 1939 für 900 RM abgekauft haben. Dafür schien er jedoch keine Genehmigung gehabt zu haben, so dass der mit Henrich rivalisierende Kunsthändler Wilhelm Ettle (1879–1958) diesen Vorgang meldete und damit bewirkte, dass das Werk von den Behörden beschlagnahmt wurde. Letztendlich wurde Ettle mit der Verwertung des Werkes beauftragt und konnte es für 7.000 RM an Arbogast von Plawenn-Salvini (1883–1951) verkaufen. Dieser gab es wiederum weiter an eine Marienkirche in Plawenn (Südtirol).

Ab 1940 musste Margit Jacobi wiederholt von einem „Judenhaus" ins nächste umziehen. Sie lebte dort zusammen mit anderen jüdischen Frauen – zuletzt etwa mit Klara Lessing (1876–1943). Beide Frauen wurden mit dem Transport XII/3 am 16. September 1942 von Frankfurt nach Theresienstadt deportiert, wo Margit am 3. Februar 1943 aufgrund der lebensfeindlichen Bedingungen im Ghetto verstarb.

Erst im Frühjahr 1945 erfuhr ihr Sohn in Tel Aviv nach längerer Nachforschung vom Tod seiner Mutter. In der Ausgabe der Zeitung ***Aufbau*** vom 4. Mai 1945 veröffentlichte er eine Todesanzeige mit folgenden Worten: „Ende 1942 verschied in Theresienstadt unsere unvergessliche Mutter, Grossmutter, Schwester, Schwägerin und Tante Frau Margit Jacobi geb. Schweitzer ehemals Frankfurt am Main".

Erwin Reuben Jacobi kämpfte noch lange für die Rückerstattung und monetäre Wiedergutmachung. Dabei ging es auch darum, dass seine Mutter ihren gesamten Hausstand – samt Kunstwerken und Bibliothek – im Sommer 1939 hatte versteigern lassen müssen. Streitpunkt war der Erlös dieser Versteigerung von rund 50.000 RM, wovon ein Anteil von 11.920,50 RM wohl noch an Margit Jacobi ausgezahlt worden war. Das Auktionsergebnis wurde von mehreren Zeug*innen bestätigt bzw. für durchaus möglich erachtet, die Behörden gingen jedoch von einer Verwechslung mit dem Kaufpreis des Hauses aus. Sie legten dar, dass Margit Jacobi einen Anteil des Erlöses ausgezahlt bekommen habe und der Rest an das Auktionshaus als Provision gegangen sei, so dass der eigentliche Erlös 15.000 RM entspräche. Der Antrag auf

Entschädigung des „Verschleuderungsschadens" wurde auf Basis dieser Argumentation abgeschmettert und lediglich eine Entschädigung auf Basis der 11.920,50 RM ausgezahlt. Ein Beweis für diese Argumentation konnte nicht erbracht werden. Hiergegen legten Erwin Reuben Jacobis Anwälte Einspruch ein und forderten zumindest eine weitere Zahlung auf Basis des angenommenen Auktionserlöses von 15.000 RM. Zudem argumentierten sie, dass der reale Wert der Objekte – und damit der Schaden – wesentlich höher gewesen sein müsse als die 50.000 RM, da um 1939 jüdisches Eigentum bereits enorm billig veräußert wurde. Ein Gutachter taxierte anhand der Umzugslisten das versteigerte Mobiliar auf einen Zeitwert von 75.000 RM. Letztlich sprach das Land dem Kläger noch eine weitere Auszahlung zu, womit Erwin Reuben Jacobi insgesamt 11.116 DM als Entschädigung erhielt.

Bezüglich des Grundstücks am Schaumainkai 67 kam es schlussendlich 1950 zu einem Vertrag, der die Restitution desselben durch die Stadt an den Erben Erwin Reuben Jacobi besiegelte. Fünf Jahre später verkaufte er es an die Albert Steigenberger Hotelgesellschaft bzw. den Generaldirektor Albert Steigenberger.

Manche der Kunstwerke, die unter Druck an Wilhelm Henrich veräußert worden waren, konnten bei diesem nach 1945 sichergestellt werden. Andere hatte er bereits weiterverkauft, wobei er die Käufer nicht nennen konnte oder wollte. Auch die Stadt bzw. die Kunstmuseen hatten sich an Margit Jacobis Kunstsammlung bereichert. So befand sich zum Beispiel ein römischer Marmorkopf in der ***Städtischen Galerie (Liebieghaus)***.

Zudem wurde der Käufer bzw. der Besitzer des Rosselli-Bildes, Arbogast von Plawenn, dazu verpflichtet, das Werk an den Sohn Margit Jacobis zu restituieren. Die US-amerikanische Militärregierung sprach hierbei vor allem Ettle Schuld zu, im Wissen um den Umstand des Raubes an jüdischem Eigentum gehandelt zu haben. Auch Arbogast von Plawenn stand im Verdacht, von der Herkunft des Bildes gewusst zu haben, vor allem, weil die Beschlagnahme und der Verkauf ein halböffentlicher Skandal waren und er einen äußerst niedrigen Preis gezahlt hatte.

Letztlich kam es wohl zu einem Vergleich, in dem Erwin Reuben Jacobi 150.000 Lire für das Rosselli-Bild zahlen musste, damit von Plawenn es zurückgab. Gleichzeitig bestanden Schadensersatzansprüche gegen Wilhelm Ettle.

Insgesamt forderte Erwin Reuben Jacobi 21 Kunstgegenstände zurück. In den Umzugslisten von Margit Jacobi lassen sich um 1939 jedoch wesentlich mehr Kunstwerke finden, die vor allem von unbekannteren Künstler*innen stammten oder Arbeiten auf Papier waren.

Nach 1945 trat auch Albert Schweitzer mit Erwin Reuben Jacobi in Kontakt. Er bedankte sich vor allem für das Zusenden von Fotos, die für ihn zu den wenigen Überbleibseln einer glücklicheren Zeit zählten, und schwelgte in Erinnerungen an Margit und die Familie Jacobi:

> *Was war sie für ein Mensch! Und für deinen Vater auch habe ich eine grosse Verehrung gehabt. Man musste ihn gut kennen, um ihn recht schätzen zu können … die Freiheit, die in ihm war. – Dank auch für die Bilder des Hauses in Frankfurt. Ich freue mich an ihnen. Was wecken sie für Erinnerungen. – An Deine Schwester denke ich sogar manchmal. Ich sehe sie noch vor mir in eurem Garten hinter dem Haus […] August 28. […] So stürmen Erinnerungen auch [sic!] mich ein, während ich dir schreibe.*

(LV)

Quellen

— BArch, B323, 249
— HHStAW, Wi-FFM, 2701
— HHStAW, 519/E, 214
— HHStAW, 519/3, 20.399
— HHStAW, 519/3, 3212

- HHStAW, 518, 4343
- ISG FFM, STA 12, 773
- ISG FFM, STA 12, 801
- ISG FFM, A.62.02, 1927
- NARA, Ardelia Hall Collection: Munich Administrative Records, Restitution Research Records, Investigations: Eberl-Etz via www.ancestry.org (zuletzt aufgerufen am 12.03.2023)
- NARA, Ardelia Hall Collection: Wiesbaden Administrative Records, Cultural Object Movement and Control Records, Out-shipment 217 through Out-shipment 225 (September 1, 1950 – September 26, 1950) via www.ancestry.org (zuletzt aufgerufen am 12.03.2023)
- The National Archives at Philadelphia/Pennsylvania, Declarations of Intention For Citizenship, 1/19/1842 - 10/29/1959; NAI Number: 4713410 via www.ancestry.org (zuletzt aufgerufen am 12.03.2023)
- Stadtarchiv Mannheim, Standesamt, Heiratsregister, 1908, 16.01.1908.
- Städel-Archiv, Sig. 2011

- Zentralbibliothek Zürich, Handschriftenabteilung, Nachlass Albert Schweitzer, E.R.J. 303.3
- Aufbau, New York, Vol. XI, Nr. 18, 04.05.1945, S. 18
- Ausst. Kat. Ausstellung von Meisterwerken alter Malerei aus Privatbesitz, hg. von Georg Swarzenski, Städelsches Kunstinstitut (Frankfurt am Main), Frankfurt am Main 1925
- Jacobi, Erwin R.: Albert Schweitzer. Unveröffentlichte Briefe an Margit Jacobi, in: Librarium. Zeitschrift der Schweizerischen Bibliophilen-Gesellschaft = Revue de la Société Suisse des Bibliophiles, 1978, Bd. 19, Heft 1
- www.holocaust.cz/de/opferdatenbank/opfer/16822-margit-jacobi/ (zuletzt aufgerufen 07.01.2023)
- www.holocaust.cz/de/opferdatenbank/opfer/20877-klara-lessing/ (zuletzt aufgerufen 07.01.2023)
- Eugen Jacobi, in: Deutsche Biografie, via: www.deutsche-biographie.de/sfz70235.html (zuletzt aufgerufen 07.01.2023)

EUGEN MAYER

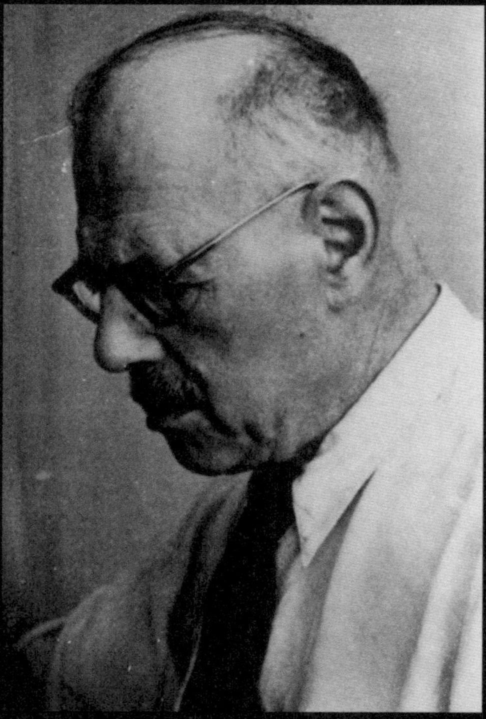

— * 04.07.1882 Zweibrücken
— ✡ 27.12.1967 Jerusalem/Israel

— Emigration 1933 ins britische Mandatsgebiet Palästina

Leben

Eugen Mayer wurde 1882 im rheinland-pfälzischen Zweibrücken als Sohn des Bezirksrabbiners Dr. Israel Mayer (1843–1898) und dessen Frau Johanna geb. Mannheimer (1852–1929) geboren. Die Familie lebte ein „gemäßigt konservativ-religiös[es]" Judentum. Über die Kindheit und Jugend Eugen Mayers ist wenig bekannt, er verlor jedoch bereits im Alter von 15 Jahren seinen Vater. Die Beziehung zu seinen Eltern, besonders seiner Mutter, kann, womöglich auch als Folge des frühen Verlusts, als innig beschrieben werden.

Zum Studium der Rechtswissenschaft und Ökonomie zog es Eugen Mayer nach München, Berlin und Heidelberg – sein Staatsexamen legte er 1910 ab. Bereits im Studium beschäftigte er sich intensiv mit zionistischen Ideen. Er sprach Deutsch, Französisch, Englisch und Russisch. Bei der ***Jewish Colonization Association*** (ICA), die es sich zur Aufgabe gemacht hatte, die Auswanderung von Jüdinnen*Juden aus Russland vor allem in die USA zu erleichtern, arbeitete er in den Jahren 1910–1914 als Assistant Director in Paris. In dieser Funktion unternahm er mehrere Reisen nach Russland. Während des Ersten Weltkriegs diente er im Krieg, u. a. an der russischen Front. Durch seine Tätigkeit in der ICA wurde die Frankfurter Israelitische Gemeinde auf ihn aufmerksam und berief ihn 1919 zunächst als Mitarbeiter und bald darauf als Nachfolger von Justizrat Dr. Berthold Baer (1857–1919) nach Frankfurt.

> *So mochte man diesen höchst unbürokratischen Leiter einer grossen Verwaltung, diesen zionistischen Europäer, diesen fast gesetzestreuen Liberalen gut leiden. Er konnte böse werden, war aber niemals langweilig. […] In seinem so menschlichen „Widerspruch" war Eugen Mayer ein Symbol der Frankfurter Judenheit.*

In seiner Funktion als Syndikus gelangen ihm zusammen mit dem Vorstandsvorsitzenden Dr. Julius Blau (1861–1939) und dem Vorstandsmitglied Prof. Aron Freimann (1871–1948) wichtige Gemeindereformen. Auch begründete er 1919 eine Jüdische Volkshochschule, setzte sich für die Berufung Franz Rosenzweigs (1886–1929) ein und gründete das Frankfurter *Israelitische Gemeindeblatt*.

Am 6. Mai 1920 heiratete Eugen Mayer die aus einem Londoner aristokratischen Hause stammende Hebe Rachel Bentwitch (1893–1973) in Wiesbaden, die an der Sorbonne in Paris studierte. Mit ihr bekam er drei Kinder.

Mit der Machtübernahme der Nationalsozialisten beschloss das Ehepaar Mayer auszuwandern. Ein Anlass muss auch die SPD-Mitgliedschaft Eugen Mayers gewesen sein, sein Pass war ihm zwischenzeitlich entzogen worden und eine „Verhaftung […] [stand] unmittelbar bevor". Zur Vorbereitung unternahmen die Eheleute bereits im Juli 1933 eine Reise nach London, „um dort gewisse finanzielle Transaktionen im Zusammenhang mit […] [der] Auswanderung durchzuführen".

Zum Abschied hieß es im *Israelitischen Gemeindeblatt*:

> *[U]nendlich groß war seine soziale Hilfstätigkeit, allen Regungen jüdisch-kulturellen Lebens hat er sich – ein Freund der Künste und vor allem der Musik – auf das eifrigste gewidmet. […] Herzliche Wünsche geleiten ihn und die Seinen auf dem Weg in das Land der Verheißung, dem schon seit Jahrzehnten seine besondere Liebe gegolten hat.*

Im Oktober des Jahres 1933 fuhren sie mit der *MS Vulcania* von Neapel in Richtung Haifa und ließen sich zusammen mit ihren zwei Söhnen und ihrer Tochter in Jerusalem nieder. Eugen Mayers Stelle als Syndikus in der Gemeinde blieb nach seiner Emigration unbesetzt. Zwischen 1943 und 1958 verantwortete er bei der *Jerusalem (Palestine) Post* das Wirtschafts- und Literaturresort und veröffentlichte unter zahlreichen Pseudonymen.

Anlässlich der Gründung der *Kommission zur Erforschung der Geschichte der Frankfurter Juden* 1961 wurde Eugen Mayer nach Frankfurt eingeladen. Er folgte dieser Einladung, obgleich fast 80-jährig – knapp 30 Jahre nachdem er Frankfurt verlassen hatte.

> *Vielleicht lag es daran, dass ich in dieser Stadt, deren Sprache meine eigene Muttersprache ist, wie ein Fremder durch die vertrauten Strassen ging, dass ich hinter all den Gesprächen die deutsche Sphinx zu sehen glaubte. Trotz aller Gastfreundschaft – und sie war fast überwältigend – und trotz der echten und manchmal tief bewegenden Wärme der Gesinnung wurde ich kaum jemals das Gefühl los, dass ich mich in einem seelischen Niemandsland befand, mit dem mich nichts mehr verbindet als der Friedhof der Geschichte.*

Eugen Mayer starb im Alter von 85 Jahren in Jerusalem.

(SR)

Quellen

— HStAMR, 925, 2529
— HHStAW, 518, 41411
— ISG FFM, S2, 939

— Gemeindeblatt der Israelitischen Gemeinde Frankfurt am Main, Nr. 3, 1933, S. 107
— Arnsberg, Paul: Die Geschichte der Frankfurter Juden seit der französischen Revolution, Bd. 3, Darmstadt 1983

KOB
AHN

258

Nr. 1924 G 1

Oranienburg, den 15. April 194o

Der Fotograf Jakob Israel Kahn - - - - - - - - -
- mosaisch - - - - -
wohnhaft in Frankfurt am Main, Allerheiligenstraße 26
ist am 12. April 194o um 14 Uhr 3o Minuten - - - - -
in Oranienburg im Lager Sachsenhausen verstorben. -

Der Verstorbene war geboren am 5. November 1882
in Witzenhausen an der Werra - - - - - - - - - - - - - -
(Standesamt - - - - - - - - - - - - - - - - - - -Nr. - - -)

Vater: unbekannt - - - - - - - - - - - - - - - - - - -

Mutter: unbekannt - - - - - - - - - - - - - - - - -

Der Verstorbene war nicht verheiratet. - - - -

Eingetragen auf schriftliche Anzeige des Lagerkommandanten des Lagers Sachsenhausen in Oranienburg.

~~Vorgelesen, genehmigt und unterschrieben.~~

Der Standesbeamte
- - -Griep - - -

- -

Todesursache: Beinschwellung, Kreislaufschwäche

Die Übereinstimmung der obigen Abschrift mit den Eintragungen im Sterbebuch wird hiermit beglaubigt.

Oranienburg, den 7. Juli 1948

Der Standesbeamte

— * 05.11.1882 Witzenhausen
— ✡ 12.04.1940 Sachsenhausen

— Deportation 1940 nach Sachsenhausen

Leben

Jakob Kahn wurde am 5. November 1882 in Witzenhausen an der Werra als Sohn von Levy und Berta Kahn geb. Neuburger geboren. Von 1889 bis 1897 besuchte er dort die jüdische Volksschule. Im Anschluss hätte Kahn „gerne den Schneiderberuf erlernt". Er verspürte „die Eignung und Lust und Liebe zu diesem Beruf". Doch die Eltern waren anderer Meinung. Sie hielten den Kaufmannsberuf für zukunftsträchtiger und schickten Kahn nach Frankfurt, wo er „nach dem Willen meiner Eltern" eine entsprechende Ausbildung absolvierte. Im Anschluss war er bei verschiedenen Firmen als Buchhalter tätig, bevor er 1914 auf dem Frankfurter Rechneiamt als Bürohilfsarbeiter angestellt wurde.
1920 erlitt Kahn einen Nervenzusammenbruch, er wurde in die Nervenheilanstalt Köppern im Taunus eingewiesen, erholte sich aber nicht vollständig. Fortan lebte er als Invalidenrentner in Frankfurt und hatte nur noch aushilfsweise Beschäftigungen. In seiner Freizeit scheint er sich vor allem mit Fotografie beschäftigt zu haben, teilweise gab er auch als Berufsbezeichnung Fotograf an. Über die Hintergründe des Nervenzusammenbruchs ist nichts bekannt, sehr wahrscheinlich ist aber, dass dieser auch mit Kahns homosexueller Veranlagung in Zusammenhang stand. „Schon als junger Mann" hatte er „keine geschlechtliche Neigung zu Frauen, sondern nur zu Männern" empfunden, wie er 1937 bei Gericht zu Protokoll gab. Eine Neigung, die nicht nur gesellschaftlich stigmatisiert, sondern nach § 175 StGB auch als „widernatürliche Unzucht" mit Gefängnis bedroht war. Dass Kahn betonte, „den Geschlechtsverkehr mit Frauen seinerseits als widernatürliche Unzucht empfunden zu haben",

zeugt von einigem Selbstbewusstsein. Wie für die meisten Homosexuellen dürfte es aber auch für ihn ein schwieriger Prozess gewesen sein, seine Veranlagung zu akzeptieren. Das gesellschaftliche Klima war selbst in den „goldenen zwanziger Jahren" der Entwicklung einer positiven homosexuellen Identität nicht wirklich zuträglich. Viele dachten wie der Frankfurter Gerichtsmediziner Prof. Rolf Hey (1892–1940), der meinte, Kahn sei „ein degenerativer Hysteriker", der „ohne eigentliche Anlage homosexuell geworden" sei.

Kahn jedoch lebte seine Homosexualität aus – und geriet deswegen immer wieder ins Visier von Polizei und Justiz. 1927 wurde er das erste Mal vor Gericht gestellt, weil er eine sexuelle Beziehung zu einem 16-Jährigen unterhalten hatte. Er wurde zu sechs Wochen Gefängnis verurteilt – eine recht milde, damals nicht unübliche Strafe. Trotz verbreiteter Stigmatisierung war die strafrechtliche Verfolgung Homosexueller umstritten und es gab begründete Hoffnungen, dass der § 175 StGB abgeschafft werden könnte. Hoffnungen, die mit der NS-Machtübernahme zerplatzten. Im Jahr 1935 verschärften die Nationalsozialisten den § 175 und leiteten eine massive Verfolgungspolitik ein. So erklärte Gestapochef Heinrich Himmler 1937, er werde „die Tüchtigkeit der Kriminalpolizei in Zukunft nach den Erfolgen auf diesen Gebieten beurteilen, da er die Bekämpfung der Homosexualität und der Abtreibung für eine der wichtigsten staatspolizeilichen Aufgaben erachte". Eine Vorgabe, die man sich bei der Frankfurter Polizei zu Herzen nahm, indem man einige „kreative" Ermittlungsmethoden erprobte. Dabei orientierte man sich an entsprechenden Methoden der Gestapo, die teilweise „Lockvögel" einsetzte, um schwule Männer zu sexuellen Handlungen zu motivieren.

Jakob Kahn gehörte zu den ersten Opfern dieser Ermittlungsmethoden, als er im April 1937 in der Nähe der Konstablerwache einen 17-jährigen Wanderburschen ansprach, diesem anbot, ihn zu fotografieren, und ihn einlud, bei ihm zu nächtigen. Die beiden verabredeten sich für einen späteren Zeitpunkt und trennten sich dann, was Wilhelm Wildhirt (1908–1948), seit 1935 Kriminalassistentenanwärter bei der Staats-

polizeistelle Frankfurt, beobachtete. Wildhirt sprach den 17-Jährigen an, erklärte ihm, dass es sich bei dem älteren Mann wahrscheinlich „um einen Homosexuellen handele", und „veranlasste ihn, die Verabredung einzuhalten und dann auf die Wünsche des Angeklagten einzugehen".
Der Jugendliche betrachtete das Ganze offenbar als ein Abenteuer und spielte beflissen die ihm zugedachte Rolle, indem er Kahn nach Hause begleitete, sich mit ihm ins Bett legte und die Initiative ergriff: Er legte „die Hand auf den Oberkörper des Angeklagten, schmiegte sich an ihn und machte dabei mit seinem Körper verhaltene Bewegungen". Als dieser ihn „darauf auf die Backe" küsste und „ihn über Kopf und Körper" streichelte, verließ der 17-Jährige die Wohnung, gefolgt von Kahn, der am Hauseingang „dann von dem wartenden Kriminalbeamten festgenommen" wurde.
Derartige Ermittlungsmethoden sorgten selbst im „Dritten Reich" für Unmut, sah man doch die Gefahr, dass die als Lockvögel eingesetzten Jugendlichen der Homosexualität „verfallen" könnten. Nach einer Beschwerde des Frankfurter OLG-Präsidenten erklärte Himmler, in Zukunft sollten „derartige Methoden zur Überführung von Homosexuellen nicht mehr zur Anwendung kommen". Auf den Fall von Jakob Kahn hatten diese Auseinandersetzungen allerdings keinen Einfluss. Vielmehr verurteilte ihn das Frankfurter Schöffengericht zu der auch für NS-Urteile harten Strafe von zwei Jahren Gefängnis. Kahn verbüßte die Strafe im Strafgefängnis Preungesheim. Ein Gnadengesuch wurde abgelehnt, so dass er erst am 6. April 1939 wieder entlassen wurde. Doch Kahn blieb nicht lange auf freiem Fuß. Denn inzwischen hatte die Frankfurter Gestapo eine groß angelegte „Aktion" gegen Homosexuelle gestartet. Hunderte Männer wurden verhaftet und durch Gestapobeamte verhört. Unter Drohungen gestanden viele ihre Sexualkontakte und nannten die Namen ihrer Partner. Das wurde Kahn erneut zum Verhängnis, denn er wurde von einem weiteren Sexualpartner belastet und am 2. Mai 1939 erneut verhaftet und in einem weiteren Gerichtsverfahren am 23. Juni 1939 zu acht Monaten Gefängnis verurteilt. Mitte Juli 1939 wurde er von Preungesheim ins Strafgefängnis nach Diez an der Lahn überführt. Nach der Verbüßung der Strafe wurde er allerdings nicht entlassen, sondern der Polizeibehörde Frankfurt „zur Verfügung" gestellt.

Die Frankfurter Kripo machte nun von der seit 1937 bestehenden Möglichkeit Gebrauch, dreimal vorbestrafte Homosexuelle in „Vorbeugungshaft“ zu nehmen, also in ein Konzentrationslager einzuweisen. Bei Männern, die wie Kahn nur wegen „einfacher“ Homosexualität verurteilt worden waren, wurde dies zwar nur selten angeordnet. In seinem Fall war es aber teilweise um jugendliche Partner gegangen, was das Risiko einer KZ-Einweisung erheblich steigerte. Und auch seine jüdische Herkunft dürfte eine Rolle gespielt haben. Kahn wurde schließlich ins KZ Sachsenhausen deportiert, wo er am 8. Februar 1940 eintraf. Man kategorisierte ihn als Jude, BV (Berufsverbrecher) und §175-Häftling. Er überlebte den Terror nicht lange. Am 12. April 1940 kam Kahn ums Leben. Als Todesursache wurden eine Beinschwellung und Kreislaufschwäche angegeben.

(AZ)

Quellen

- BArch, R 9361-III/225571
- HHStAW, 409/4, Nr. 3018
- HHStAW, 418, 1092
- HHStAW, 461, 17120
- ITS Digital Archive, Arolsen Archives / 2.3.1.2 Kartei des Amtes für die Erfassung der Kriegsopfer, Berlin / Karteikarten vom Amt für die Erfassung von Kriegsopfern, Berlin / Sign. 23120001 209 / Doc. ID 130608827
- ITS Digital Archive, Arolsen Archives / 1.1.38.1 Listenmaterial Sachsenhausen / Sterbebucheintragungen über verstorbene Häftlinge des Konzentrationslagers Sachsenhausen / Sign. 10010439 05 / Doc. ID 4120161
- Standesamt Oranienburg, Sterbeurkunde Nr. 1924 vom 7.7.1948
- Grau, Günter: Homosexualität in der NS-Zeit. Dokumente einer Diskriminierung und Verfolgung, Frankfurt am Main 1993

LUDWIG BLUMENBACH

B L U M E N B A C H, Ludwig

geb.16/1.83 in Gelnhausen
zuletzt wohnhaft: FFM, Feldbergstr.42

deportiert am 19/1o.41 nach Litzmannstadt

27.5.60 - Amtsgericht Ffm - Abt. 51, Az. 51 VI 826-27/60

23.2.62 - Oberfinanzdirektion Frankfurt(Main)
0 5608 - B 17 525 - Bv IV 5 -

— * 16.01.1883 Gelnhausen
— ✡ unbekannt

— Deportation 19.10.1941 nach Litzmannstadt (Lodz/Polen)

LINA BLUMENBACH GEB. MORITZ

B L U M E N B A C H, geb. Moritz, Lina

geb. 15/4.85 in Gelnhausen
zuletzt wohnhaft: FFM, Feldbergstr.42

deportiert am 19/10.41 nach ~~Litzmannstadt~~ Lodz

27.5.60 - Amtsgericht Ffm - Abt. 51, Az. 51 VI 826-27/60
23.2.62 - Oberfinanzdirektion Frankfurt(Main)
O 5608 - B 17 525 - Bv IV 5 -

— * 15.04.1885 Gelnhausen
— ✡ unbekannt

— Deportation 19.10.1941 nach Litzmannstadt (Lodz/Polen)

Leben

Ludwig Blumenbach war der Sohn des Kaufmanns Isaac Blumenbach und dessen Ehefrau Bertha geb. Lorsch in Gelnhausen. Nach Volksschule und anschließender dreijähriger kaufmännischer Ausbildung sowie Militärdienst heiratete er am 20. März 1908 die Gelnhausenerin Lina Moritz. Ihre Eltern waren Kaufmann (auch Karl) Moritz (1853–unbekannt) und Lidia geb. Tannenbaum (1853–unbekannt). Über ihre Kindheit und Jugend ist nichts bekannt. Noch im Jahr der Hochzeit kam der erste Sohn Siegfried (später Fred S. Brooks) (1908–1954) zur Welt, im Jahr darauf folgte Manfred (später Manfred Brooks) (1909–1989).

Als der Erste Weltkrieg ausbrach, war Ludwig Blumenbach 31 Jahre alt und wurde zum Kriegsdienst einberufen. 1918 kehrte er zurück, trotz gesundheitlicher Schäden konnte er erneut beruflich Fuß fassen und wurde noch im selben Jahr Mitinhaber der Firma *Gebrüder Spielmann* in Gelnhausen. Spätestens 1924 gründete er sein eigenes Unternehmen, die *Offenbacher Stempelfabrik* in der Frankfurter Straße 47 in Offenbach, die er bis September 1933 führte. Zusammen mit drei Arbeitern und einer Angestellten produzierte und vertrieb er Metall- und Gummistempel, Schilder sowie jegliches Zubehör. Neben seiner beruflichen Tätigkeit engagierte sich Ludwig Blumenbach sozial, war Mitglied im Deutschen Roten Kreuz, in den 1920er Jahren bekleidete er den Posten des Vorstands der Jüdischen Gemeinde in Gelnhausen, auch fungierte er als Vorsitzender des *Israelitischen Kriegerfonds*.

Frankfurt — unbekannt

Auch Lina Blumenbach schien über ein Einkommen zu verfügen, sie hatte von ihrem Vater Karl Moritz als Alleinerbin ein Manufakturwarengeschäft übernommen, welches sie weiterbetrieb. Die Familie bewohnte eine gutbürgerliche Wohnung mit fünf Zimmern.

1933 musste Lina Blumenbach ihr Geschäft im Zuge des Judenboykotts schließen, im Jahr darauf war auch Ludwig Blumenbach gezwungen, seinen Betrieb aufzugeben. Ihrer bürgerlichen Existenz in Gelnhausen beraubt, meldete sich das Ehepaar 1935 aus Gelnhausen ab und wurde nach Angaben des Frankfurter Adressbuchs von 1936 bis 1939 in der Wolfsgangstraße 145 sesshaft; der Bruder Ludwig Blumenbachs, Josef (1885–1943), war in Gelnhausen 1935 vorübergehend in sog. Schutzhaft genommen und in diesem Zusammenhang schwer misshandelt worden. Im Anschluss war ihm untersagt worden, seinen Geburts- und Heimatort zu betreten, er zog daraufhin nach Mannheim.
Ob die Situation seines Bruders Ludwig Blumenbach zum Umzug nach Frankfurt veranlasste oder ob er selbst ähnliche Maßnahmen in Gelnhausen zu erleiden hatte, konnte aus den eingesehenen Quellen nicht eruiert werden. Doch statt der wohl erhofften Verbesserung der Gesamtsituation durch den Umzug in das verhältnismäßig anonyme Frankfurt verschlimmerten sich die Umstände. 1938 wurde Ludwig Blumenbach wegen Verdachts auf sog. Rassenschande angeklagt und im Jahr darauf verurteilt. Von Februar 1939 bis Februar 1941 war er in Freiendiez, Butzbach und Kassel-Wehlheiden inhaftiert. Den Entschädigungsunterlagen ist zu entnehmen, dass Ludwig Blumenbach zuletzt als ehrenamtlicher Krankenpfleger für das Deutsche Rote Kreuz tätig war.

Das Ehepaar Blumenbach unternahm mithilfe ihrer bereits in die USA geflohenen Söhne „alle Anstrengungen, [um] eine beschleunigte Auswanderung [...] herbeizuführen“, jedoch erfolglos.

Nach Angaben der Söhne wohnte das Paar zuletzt in der Feldbergstraße 42. Im Frankfurter Adressbuch der Jahre 1940 und 1941 sind die Blumenbachs unter dieser Adresse nicht verzeichnet. Allerdings tragen die anderen unter dieser Adresse genannten Namen alle das Kürzel *I.* oder

S. als Kennzeichnung des zweiten Zwangsnamens *Israel* bzw. *Sara*. Es ist daher anzunehmen, dass es sich hierbei um ein „Judenhaus" gehandelt hat. Aus der Deportationsliste vom 19. Oktober 1941 nach Litzmannstadt geht hervor, dass aus dem Haus in der Feldbergstraße 42 mindestens 24 weitere Personen deportiert wurden: Lina Adler (1871–unbekannt), Martha Becker (1885–unbekannt), Karl Rudolf Dessauer (1922–1943), Elisabeth Dessauer geb. Lorch (1886–unbekannt), Hugo Frank (1881–1943), Hilde Frank geb. Strauss (1886–unbekannt), Moritz Hanau (1883–1942), Helene Hanau (1889–1942), Dr. Arthur Heymann (1872–unbekannt), Paula Heimann (1877–1942), Emil Hepner (1913–unbekannt), Käthe Hepner geb. Unger (1887–unbekannt), Walther Hepner (1921–unbekannt), Robert Höxter, Selma Höxter geb. Oppenheimer, Jenny Moritz geb. Goldschmidt (1893–unbekannt), Sally Moritz (1892–1942), Walter Moritz (1926–unbekannt), Louis Rosenblatt (1895–unbekannt), Eugenie Rosenblatt geb. Kaufmann (1896–unbekannt), Zessi Saul geb. Kaufmann (1886–unbekannt), Hermine Steinfeld geb. Baumann (1879–1942), Auguste Stern (1878–unbekannt) und Lina Stern (1881–unbekannt).

Am 19. Oktober 1941 wurden Ludwig und Lina Blumenbach nach Litzmannstadt deportiert. Ihr weiteres Schicksal sowie ihr Sterbedatum sind bisher unbekannt.

(MB)

Quellen

- HStAMR, 904, 2336
- HStAMR, 913, 1158
- HStAMR, 913, 1169
- HHStAW, 518, 178
- Deportationskartei der Jüdischen Gemeinde Frankfurt am Main
- Rehner, Heidrun: „Jetzt zieht auch Ihr von dannen". Lebensgeschichten Gelnhäuser Juden, in: Willi Stubenvoll (Hrsg.): 750 Jahre Messen in

Frankfurt. „Die Straße", Geschichte und Gegenwart eines Handelsweges, Frankfurt am Main 1990
— Klockhaus' Kaufmännisches Handels- und Gewerbe-Adressbuch des Deutschen Reichs, Bd. 3, Berlin 1936, S. 6014
— www.alemannia-judaica.de/gelnhausen_synagoge.htm (zuletzt aufgerufen am 09.09.2022)
— www.lagis-hessen.de/de/subjects/browse/page/101/sn/jgv (zuletzt aufgerufen 09.09.2022)
— drk-gn-slue.de/helft-uns-helfen/files/basic-html/page36.html (zuletzt aufgerufen am 09.09.2022)

1883–unbekannt
1885–unbekannt

Ein enger Freund aus Gelnhausen, Siegfried Weis, hatte anlässlich des Wegzugs des Ehepaares nach Frankfurt folgendes Gedicht verfasst:

Meinen lieben Blumenbachs zum Abschied

Jetzt zieht Ihr auch von dannen,
wollt Vaterstadt und Freundeskreis verlassen;
den Ort wo einstens Eure Ahnen
erhofften Glück und Segen zu erfassen.

Wo Euch das Leben ward geschenkt,
wo Ihr gelallt das erste Wort,
wo Eure Eltern nur zum Guten Euch gelenkt,
wo reine Liebe in Euch spross zum Heimatort.

Wo Ihr getollt als Kinder mit den Spielgefährten
Ohn' Unterschied nach Rasse oder Stand;
Wo brave Lehrer in der Schule lehrten,
dass Deutschland ist auch Euer Heimatland.

Wo Ihr zur letzten Ruhe habt bestattet
So manchen Teuren schon in kühle Erd;
Wo ihr zufrieden war't, wenngleich von Sorge oft beschattet,
wo Ihr zu schätzen wußt't das Glück am heim'chen Herd.

Wo sich stets viele Freunde um Euch scharten,
wo man geachtet Euch und hoch verehrt.
Wo Ihr in tausenden von Arten
Bewiesen, dass Euch die Heimat teuer ist und wert.

Wo Du, als einst die Trommel schlug zum Streite,
für Deutschlands Ehre zogst freudig aus;
nicht wolltest stehen Du im Kampf beiseite.
Als deutscher Held konnt'st kehren Du nach Haus.

Frankfurt — unbekannt
Frankfurt — unbekannt

Ludwig Blumenbach
Lina Blumenbach geb. Moritz

Im Kriege hast Du wie in Friedenszeiten,
gar manchem Kranken gelindert Schmerz und Pein,
und war in unserer Mitte jemand nahe dem Verscheiden,
man rief nach Dir und schnellstens trafst Du ein.

Und war der Kranke von dem Erdenkampf erlöset
Galt es den Toten dann zu legen in die Ruh.
Von allen, die geübt Gemillus-Chesed,
an erster Stelle standest immer Du.

Gar mancher schon, den man zu seinen Freunden zählte
Zog fort weil es das Schicksal so bestimmte im Weltgeschehen.
Im fernen Lande mancher sich die neue Heimat wählte;
Wer weiß wen man davon wird einmal wiedersehen.

Ihr zieht nicht weit und trotzdem ist so eigen

Und unbeschreiblich schwer es mir ums Herz.
Soll ich dem treuesten Freund die Hand zum Abschied reichen;
Ein tiefes Weh erfasst mich und ein wahrer Schmerz.

Drum zieht in Frieden ohne Druck der Hände,
habt Dank für alles was ihr mir getan.
Nur Glück sei Euch beschert und Segen ohne Ende,
kein Ungemach mög stören ferner Eure Lebensbahn.

Die Heimattreue ward Euch schlecht belohnt,
vergolten schlecht, dass Ihr war't immer hilfsbereit.
Des Schicksals Unbill hat Euch nicht geschont,
Euch zugefügt unsäglich Herzeleid.

Trotzdem denkt nicht in Hass und Groll zurück an diese Stätte,
Die Heimat soll Euch immer heilig sein.
Der stärksten Brandung folgt stets Wogenglätte,
der Finsternis auch wieder Sonnenschein.

— * 21.07.1884 Frankfurt am Main
— ✡ 03.01.1942 in Frankfurt am Main

Leben

Lucy Nelly Liefmann wurde 1884 als einzige Tochter von Leo Liefmann (1856–1941) und Auguste geb. Liefmann (1860–1940) in Frankfurt geboren.

> ***Da mein Großvater väterlicherseits, ein ergebener Deutscher, von deutscher Abstammung, längere Zeit in England lebte, ließ er sich daselbst naturalisieren. Mein Vater verzog nach meines Großvaters Tode im Alter von 8 Jahren mit seiner Mutter, einer geborenen Frankfurterin, hierher, wo er seitdem seinen Wohnsitz hat [...].***

Aufgrund der englischen Staatsbürgerschaft des Vaters war auch Lucy Nelly Liefmann englische Staatsbürgerin, „obgleich [...] [sie] niemals in England gewesen“ war. Sie besuchte die Frankfurter ***Elisabethenschule***, absolvierte 1904 das Lehrerinnenexamen und legte 1912 ihr Abitur an der ***Musterschule*** ab. Ihr Studium der Rechtswissenschaften begann Lucy Nelly Liefmann zunächst in Heidelberg, bevor sie 1914 nach Frankfurt wechselte. Dort promovierte sie 1918 als erste Frau – trotz einiger Hürden aufgrund ihres englischen Passes – am Juristischen Seminar mit der Arbeit ***Die Unterhaltspflicht des außerehelichen Vaters nach kontinentalen Rechten***.

Seit 1920 war sie als „wissenschaftliche Assistentin“ für das ***Städtische Wohlfahrtsamt*** tätig, wo sie u. a. die „Redaktion der [Frankfurter] Wohlfahrtsblätter“ verantwortete. Hierfür schrieb sie Beiträge zu Themen wie Altersfürsorge, Pflege und Kinderschutz.

Lucy Nelly Liefmann war ledig und lebte bis 1930 im selben Haushalt wie ihre Eltern. Aus dem städtischen Dienst wurde sie nach der Verabschiedung des *Gesetzes zur Wiederherstellung des Berufsbeamtentums* sowohl als Jüdin als auch wegen ihrer politischen Überzeugung als Sozialdemokratin 1933 entlassen. Im Kündigungsschreiben wird sie als „national unzuverlässig" bezeichnet, ein Kollege beschuldigte sie darüber hinaus, sich mehrfach kritisch zum NS-Regime geäußert zu haben. Mit der Kündigung spitzte sich die finanzielle Lage und der gesundheitliche Zustand Lucy Nelly Liefmanns wie auch der ihrer durch „Inflation und Deflation" finanziell mittellos gewordenen Eltern dramatisch zu. Ihre Bemühungen, eine angemessene Pension von der Stadt zu beziehen, blieben erfolglos.

> *Da sich meine Verhältnisse in keiner Weise gebessert haben, […] u. meiner eigenen größeren Anfälligkeit [wegen …] bitte ich sehr den bisher gewährten Härteausgleich zum mindesten in der bisherigen Höhe zu belassen. Ich erwähne nochmals, daß ich das einzige Kind meiner völlig mittellosen Eltern bin.*

Zwar konnte sie als Französisch- und Englischlehrerin Privatunterricht für Jüdinnen*Juden geben, die Kosten der Unterbringung ihrer Eltern in der *Budge-Stiftung* und die Ausgaben für Medikamente wegen ihrer Diabetes- und Asthmaerkrankung überstiegen ihre Einnahmen jedoch deutlich.

Ihre Mutter starb 1940, ihr Vater im darauffolgenden Jahr – vermutlich durch Suizid. Nach einem schweren Sturz im Februar 1941 und einem monatelangen Leidensweg starb Lucy Nelly Liefmann 1942, vermutlich wie ihre Eltern, durch Suizid. In der Melemstraße 8 erinnert ein Stolperstein an Lucy Nelly Liefmann. Ihr Grab befindet sich auf dem Neuen Jüdischen Friedhof.

(SR)

Quellen

- HHStAW, 519/3, 4460
- ISG FFM, A.11.02, PA 4.522
- ISG FFM, A.11.02, PA 4.523
- UAF Abt. 116, Nr. 9K
- www.stolpersteine-frankfurt.de/downloads/doku2015_web.pdf (zuletzt aufgerufen am 22.11.2022)

PAULA FRENKEL GEB. LANDAUER

— * 18.02.1885 München
— ✡ 18.05.1978 Jerusalem/Israel

— Emigration 1936 ins britische Mandatsgebiet Palästina

Leben

Paula Frenkel geb. Landauer wuchs als eines von drei Kindern des Bankiers Isidor Landauer (1852–1901) und seiner Frau Josephine, gen. Peppi, geb. Guggenheimer (1864–1943) in München auf. Über ihre Kindheit wie ihre Ausbildung ist wenig bekannt – ihren erlernten Beruf benennt sie später als „sozial Beamter". 1905, im Alter von 20 Jahren, heiratete sie den Kaufmann Meÿer Max Frenkel (1880–1951) und zog zu ihm nach Frankfurt. Meÿer Max Frenkel war als Holzgroßhändler tätig und unterhielt u. a. Geschäftsbeziehungen nach Rumänien und Polen, wo er Wälder aufkaufte und Sägewerke errichtete. Gemeinsam hatten sie die drei Kinder Hans Henry (1906–1994), Ernst Izchak (1911–1984) und Caroline Carmela (1926–1942). Die Familie lebte zusammen mit den Müttern von Paula und Max in einer Siebenzimmerwohnung im Sandweg 9, einem „hochherrschaftlichen Haus", und unterhielten einen „vornehme[n], bürgerliche[n] Haushalt" mit Hausangestellten. In der Wohnung befanden sich Ölgemälde, Grafiken und Teppiche sowie eine umfassende Bibliothek, die 700–800 deutsche und hebräische Bücher umfasste. „Das Schicksal dieser Sachen [...] ist unbekannt."

Seit dem Ende des Ersten Weltkriegs engagierte sich Paula Frenkel „intensiv ehrenamtlich in der *Jüdischen Wohlfahrtspflege*". Sie war Mitglied im Vorstand der Einrichtung und leitete seit 1920 die „Ausländerfürsorge [sic] der jüdischen Gemeinde". Ihr Mann unterstützte jüdische wie nichtjüdische Wohlfahrtseinrichtungen. Auch im *Jüdischen Frauenbund* war Paula Frenkel aktiv. So veranstaltete sie neben Ortsgruppensitzungen auch Vortragsabende in ihrer Wohnung zu Themen wie „Was Frauen von Vermögensverwaltung wissen sollten“ oder vegetarischer Ernährung.

Mit der Machtübernahme der Nationalsozialisten spitzte sich die Situation der Familie zu – finanzielle Ausfälle versuchten sie zunächst über die Vermietung einiger Zimmer ihrer Wohnung zu kompensieren. Meÿer Max Frenkel musste „mit der sogenannten Schutzhaft rechnen“ und verlor Anfang 1935 das „rumänische [Holz-]Einfuhrkontingent, das den Hauptteil seines Einkommens ergab“. Die Schikanierungen, Drohbriefe, Denunziationen und die finanzielle Lage veranlassten das Paar im Mai desselben Jahres zusammen mit ihrer Tochter Caroline über die Niederlande und Rumänien auszuwandern. An Bord der ***S.S. Dazia*** trafen sie schließlich im Februar 1936 im britischen Mandatsgebiet Palästina ein.

Nach der Auswanderung nach Palästina, wo Holzgeschäfte nicht in Frage kommen, mussten sich die Eheleute Frenkel durch Zimmervermietung kümmerlich durchschlagen.

Tochter Caroline verstarb nur wenige Jahre nach der Ankunft 1942 in Jerusalem. Über die Flucht der Söhne und ihren genauen Verbleib in diesen Jahren ist nichts bekannt. Hans Henry lebte seit Mitte der 1930er Jahre in Mexiko, Ernst Izchak später als Postbeamter in Jerusalem.

Paula Frenkel überlebte als einziges Geschwisterkind – ihre Schwester Martha verh. Heinemann (1886–1942) wurde in Theresienstadt ermordet. Ihr Bruder Karl Elias (1887–1945), der als Psychoanalytiker u. a. auch in Frankfurt gelebt hatte, wurde 1945 in Bergen-Belsen ermordet, ihre Mutter Peppi 1943.
Nach dem Tod ihres Mannes stellte Paula Frenkel in den 1950er Jahren einen Antrag auf Wiedergutmachung – sie war zu diesem Zeitpunkt nahezu blind. 1972 kehrte sie für einige Zeit nach Frankfurt zurück. Sie starb 1978 in Jerusalem.

(SR)

Quellen

- HHStAW, 518, 75698
- HHStAW, 518, 75874
- Israelitisches Gemeindeblatt, Jg. 8, Nr. 4, Nr. 8, Nr. 9
- www.hohenemsgenealogie.at (zuletzt aufgerufen am 12.03.2023)
- www.yvng.yadvashem.org (zuletzt aufgerufen am 12.03.2023)

ARTUR LUDWIG HOLDE

- * 16.10.1885 Rendsburg
- ✡ 23.06.1962 New York/USA

- Emigration 1936 in die USA

Leben

Artur Holde wurde als Sohn des Amtsgerichtssekretärs Theodor Julius Holde (1849–1915) und seiner Frau Ernestine geb. Leschinska (1857–1923) in Rendsburg geboren. Dort besuchte er das Gymnasium, bevor er 1905 an das *Stern'sche Konservatorium* in Berlin ging. Parallel dazu nahm er ein Studium an der *Akademie der Künste* auf, wo er bis 1910 u. a. von Hermann Kretzschmar (1848–1924) Unterricht erhielt. 1909 bewarb er sich für die Dirigentenstelle in der Hauptsynagoge in Frankfurt, wofür ihn sein ehemaliger Professor empfahl:

> *Er ist ein durchaus ernster, sehr talentvoller Musiker, und er erweist sich in meiner Meisterschule auch als strebsamer, talentvoller Studierender der Komposition.*

Auch Professor Ernst Taubert (1838–1934) lobte ihn in den höchsten Tönen und beschrieb ihn als „vielversprechenden Musiker", der „bereits so Hervorragendes erreicht [...] hat". Holde erhielt schließlich die Zusage und trat 1910 seine Stelle an.

Neben seiner Tätigkeit als Chorleiter gab Holde seit 1910 privaten Musikunterricht in den Fächern „Klavier, Theorie [und] Komposition". Von 1911 bis 1918 war Holde – mit Unterbrechung durch den Ersten Weltkrieg – Kapellmeister am *Neuen Theater*, das unter der Leitung von Arthur Hellmer (1880–1961) vor allem in den 1920er Jahren zum progressivsten Theater der Stadt avancierte. Für den *Frankfurter General-Anzeiger* war Holde ab 1918 als Musik- und Opernkritiker tätig, bis er 1933 seine Kündigung erhielt.

Während Holde lange Jahre als Musikkritiker, Chorleiter, Kapellmeister und Musiklehrer tätig gewesen war, konnte er ab 1933 nur noch sehr eingeschränkt arbeiten. In den Jahren 1933–1936 war er an der Herausgabe des ***Israelitischen Familienblattes*** beteiligt und engagierte sich auch im ***Jüdischen Kulturbund***, einer Organisation, die 1933 als Reaktion auf die Ausgrenzung jüdischer Künstler*innen gegründet worden war.

Am 22. Dezember 1932 heiratete Holde die gebürtige Wiesbadenerin und rund 20 Jahre jüngere Hedwig Holde geb. Goldschmidt (1906–1995) in ihrer Geburtsstadt. Das Ehepaar lebte im Frankfurter Westend im ersten Stock eines Hauses Im Trutz 17. Hedwig, die schon früh Klavierunterricht durch ihre Mutter erhalten hatte, war Pianistin und Lehrerin für musikalische Früherziehung am ***Dr. Hoch'schen Konservatorium***, bis sie am 10. April 1933 aus ihrer Stellung entlassen wurde. Fortan konnte sie nur noch im Rahmen des ***Jüdischen Kulturbundes*** auftreten.

> ***Mit der gegen Ende des Jahres 1938 einsetzenden Verschaerfung der politischen Massnahmen und der durch sie auf das Hoechste gesteigerten juedischen Auswanderung erlosch wenige Monate nach der November-Katastrophe diese Kunstpflege. Sie stellt trotz ihrem improvisierten und vergaenglichen Charakter ein leuchtendes Beispiel fuer den Lebenswillen und das Kulturbeduerfnis der juedischen Bevoelkerung der Frankfurter in den Zeiten schwerster Bedraengnis dar.***

Artur Holde emigrierte im Oktober 1936 zusammen mit seiner Frau auf der ***SS Hansa*** von Hamburg aus über den Atlantik. Am 20. Januar 1937 traf das Ehepaar Holde im kubanischen Havanna ein, von wo aus sie mit der ***SS Florida*** nach Miami und schließlich weiter nach New York reisten. Zwei Flügel der Firmen ***Blüthner*** und ***Bechstein*** sowie Noten und Mobiliar konnte das Ehepaar mit ins Exil nehmen.

Artur und seine Frau Hedwig lebten nahe der ***Columbia-Universität*** in Morningside Heights in New York/USA. Nach anfänglichen Schwierigkeiten konnte das Ehepaar Holde wieder beruflich Fuß fassen. Er schrieb seit 1938 Musikkritiken für die deutsch-jüdische Exilzeitung ***Aufbau***, war Korrespondent europäischer Zeitungen und arbeitete von 1945 bis 1954 im ***International Press Service*** des State Departement in Washington. Holde gab, wie auch seine Frau, Musikunterricht und war Mitglied in zahlreichen Musikverbänden. Sein Buch ***Jews in Music*** erschien 1959. In den 1950er Jahren bezog das Ehepaar Holde einen zweiten Wohnsitz in Westport, Connecticut. Hedwig Holde, nun bekannt als Heida Hermann oder Heida Holde, war Lehrerin an der dortigen ***Westport School of Music***, an der sie auch Konzerte gab.

> ***Jetzt in Westport, Conn. und New York lebend, setzt sie [Heida Hermann] ihre Konzerttaetigkeit in dem Duo mit dem Konzertmeister der N.Y. Philharmonic, John Coriglioano, und als Paedagogin erfolgreich fort.***

Artur Holde starb im Jahr 1962. Sein Grab befindet sich auf dem Willowbrook Cemetery in Westport, Connecticut.

(SR)

Quellen

- ISG FFM, A.40.01, 368
- ISG FFM, S5, 576
- HHStAW, 518, 16989
- The National Archives at Philadelphia/Pennsylvania, Declarations of
- Intention For Citizenship, 1/19/1842–10/29/1959; NAI-No. 4713410 via www.ancestry.org (zuletzt aufgerufen am 12.03.2023)
- NARA, Washington/D.C.; Petitions For Naturalization From the U.S. District Court For the Southern District of New York, 1897–1944; M1972, 1455 via www.ancestry.org

— NARA, Washington/D.C.; Index to Petitions For Naturalizations Filed in Federal, State, and Local Courts in New York City, 1792–1906; NAI-No. 5700802 via www.ancestry.org
— The Bridgeport Telegram, Bridgeport/Connecticut, 12.12.1954, B4
— Arnsberg, Paul: Die Geschichte der Frankfurter Juden seit der Französischen Revolution, Bd. 3, Darmstadt 1983
— Fetthauer, Sophie: Artur Holde, in: Maurer Zenck, Claudia u. Petersen, Peter (Hrsg.): Lexikon verfolgter Musiker und Musikerinnen der NS-Zeit, Universität Hamburg 2006: www.lexm.uni-hamburg.de/object/lexm_lexmperson_00000672 (zuletzt aufgerufen am 12.03.2023)

— * 28.01.1886 Bödigheim
— ✡ 24.11.1968 Clifton, New Jersey/USA

— Emigration 1939 ins britische Mandatsgebiet Palästina

ROSA MARX
GEB. SCHWAB

— * 26.11.1888 Randegg
— ✡ unbekannt

— Deportation unbekannt

AMALIE STUTZMANN

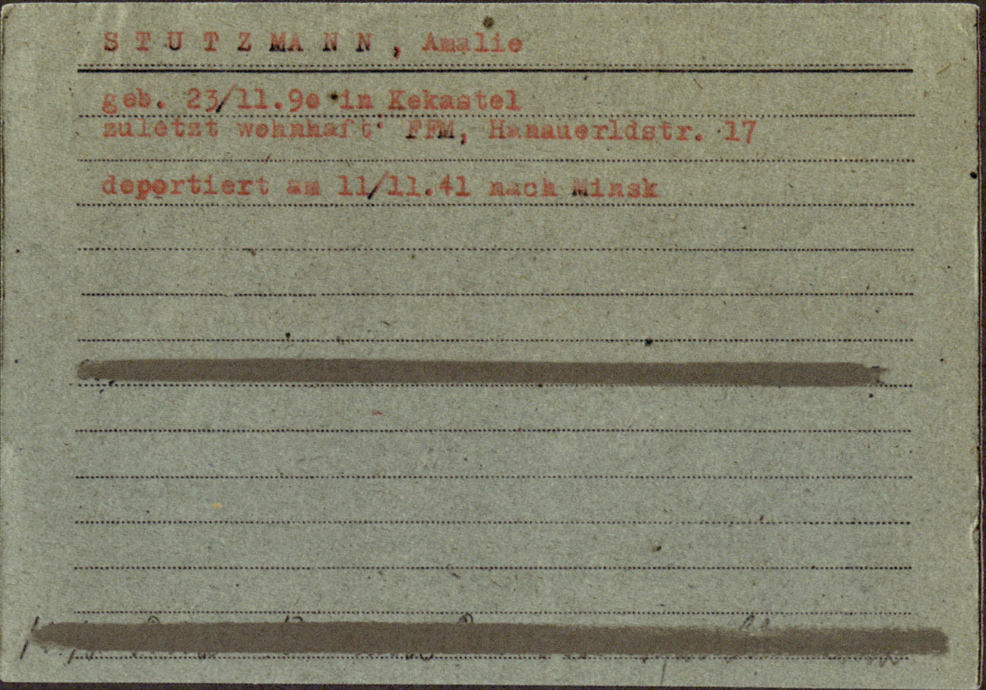

S T U T Z M A N N , Amalie

geb. 23/11.9e im Kekastel
zuletzt wohnhaft' FFM, Hanauerldstr. 17

deportiert am 11/11.41 nach Minsk

[redacted]

[redacted]

— * 23.11.1890 Keskastel/Elsass
— ✡ unbekannt

— Deportation 11.11.1941 nach Minsk/Belarus

MARKUS STUTZMANN

— * 18.11.1928 in Darmstadt
— ✡ 2021 Israel

— Emigration 1939 ins britische Mandatsgebiet Palästina

Leben

Der Röderbergweg im Frankfurter Ostend war zu Ende des 19. Jahrhunderts und Anfang des 20. Jahrhunderts ein beliebter Spazierweg für Frankfurter*innen. Er führte zu Apfelweinlokalen und dem Röderbergturm, einem Aussichtsturm, erbaut aus Holz im Jahr 1871 und in Stein erneuert im Jahr 1880. Der Stadtplan von 1914 zeigt entlang des Röderbergwegs zahlreiche jüdische Sozial- und Pflegeeinrichtungen, die älteste stand dort seit 1878: das *Rothschild'sche Hospital* unter den Hausnummern 93/97. Ein kleines Stückchen weiter, im Röderbergweg 87, lag seit 1903 die *Israelitische Waisenanstalt*, die zuvor in der Uhlandstraße 13 jüdische Waisen betreut hatte. Sie war eine Gründung der neo-orthodoxen *Israelitischen Religionsgesellschaft*, finanziert durch Schenkungen von Mitgliedern der Frankfurter Jüdischen Gemeinde. Satzungsgemäß sollten im Waisenhaus bevorzugt Frankfurter Kinder aufgenommen werden, mit dem Ziel, die Fürsorge der Eltern zu ersetzen, ihnen eine traditionelle jüdische Erziehung zu geben und sie bis zum Abschluss einer Ausbildung im Haus zu betreuen. Der Autor eines Zeitungsartikels von 1935 berichtet:

> *Den räumlichen Mittelpunkt der Waisenanstalt bildet die wun[der] schöne Synagoge. In ihr sehen wir […] Jahrzeitlichter, Jahreslichter, Gedenktafeln, die es ermöglichen, daß an jedem Jahrzeittag ein Kind das Kaddischgebet spricht. Jedes Kind ist über seine Pflichten in*

dieser Beziehung informiert, und wir hatten Gelegenheit, uns davon zu überzeugen mit welcher Liebe und Aufmerksamkeit die Kinder an dieser „Aufgabe" hängen.

Weiter beschreibt der Autor die drei Stockwerke des Hauses: Der Keller verfüge über moderne Heizungs- und Waschtechnik sowie Vorratsräume, im Erdgeschoss seien 16 Mädchen untergebracht, die von Fräulein Ella Schwarzstein (1880–1939) betreut würden. Dort gebe es weiter zwei Küchen, die Milch- und die Fleischküche, wie auch Wäsche- und Nähzimmer. Im ersten und zweiten Stock wohnten 58 Jungen. Es gebe Schlafsäle und Waschgelegenheiten, im zweiten Stock ein Krankenzimmer und zwei Zimmer für die Erzieher*innen. Im dritten Stock schließlich die Sukka, eine Laubhütte. Das Ambiente des Hauses sei, wie der Autor schreibt, luftig und geräumig, und die Kinder würden auf „gesetzestreuer Grundlage" von Isidor und Rosa Marx erzogen, unterstützt durch Ella Schwarzstein.

Isidor Marx wurde am 28. Januar 1886 in Bödigheim bei Karlsruhe geboren. Er studierte am israelitischen Lehrerseminar in Würzburg und war jüdischer Lehrer in Randegg, ab 1912 in Gailingen. Seit 1918 leitete er mit seiner Frau Rosa die *Israelitische Waisenanstalt*. Gemeinsam konnten sie die Flucht vieler Kinder ins Ausland organisieren. Er selbst entkam über das britische Mandatsgebiet Palästina und England in die USA, wo er am 24. November 1968 starb.

Rosa Marx war am 26. November 1888 in Randegg bei Karlsruhe als Rosa Schwab geboren worden. Isidor und Rosa Marx heirateten in Gailingen, wo sich das Ehepaar seit 1912 aufhielt, und bekamen drei Kinder. Als ihr Mann um 1939 aus Furcht vor der Verfolgung durch die Gestapo in Palästina blieb, übernahm sie allein die Leitung der Waisenanstalt. Rosa Marx wurde, gemeinsam mit anderen Frauen und den letzten verbliebenen Kindern der Waisenanstalt, im Mai oder Juni 1942 nach Theresienstadt deportiert und hat die Schoa nicht überlebt. Ihr

1886–1968
1888–unbekannt
1859–unbekannt
1859–2021

zum Gedenken wurde eine Straße im Frankfurter Ostend, unweit der ehemaligen Großmarkthalle, in *Rosa-Marx-Weg* benannt.

Die Kinder lebten im Heim streng nach orthodoxen Regeln. Koscheres Essen, Sabbatruhe, Kopfbedeckung für die Jungen und Religionsunterricht gehörten dazu, Feiern wie Bar- und Bat Mizwas, Chanukka und Purim wurden begangen. „Die ehemaligen Waisenhauskinder, mit denen wir gesprochen haben, erinnern sich insgesamt an eine schöne, glückliche Zeit im Waisenhaus. Sie waren geschützt, von Wärme und Fürsorge umgeben; Ausflüge in den Taunus und Ferien im Palmengarten, Geburtstagsfeiern, Sport und Spiel gehörten zum Alltag."

Eines dieser Kinder war Markus Stutzmann, er verbrachte im Heim seine Nachmittage, um zu spielen und seine Hausaufgaben zu machen. Er wuchs bei seiner Mutter Amalie Stutzmann, einer vom evangelischen Glauben zum Judentum konvertierten Krankenschwester, im Sandweg auf, ging im Röderbergweg in die *Israelitische Volksschule* und später an die *Samson Raphael Hirsch-Schule*. Abraham Bar Ezer, wie Markus Stutzmann später hieß, erinnert sich:

> *Die Atmosphäre in diesem Waisenhaus war besonders. Die Familie Marx hat dieses Haus geführt genau wie eine Familie. Kein Kind hat gespürt, daß sie nicht ihre Eltern sind. Sie hatten eine Wohnung im zweiten Stock, die immer offenstand – alle Türen. [...] Und wenn sich ein Kind nicht gut fühlte, ist es raufgelaufen und hat gerufen: „Onkel Marx!" oder „Tante Rosa!" Es hat erzählt, was los ist, wurde auf den Schoß genommen; und alles war in Ordnung.*

Hermann Lehrer (1928–2006), der mithilfe von Isidor und Rosa Marx in einer Gruppe aus der Waisenanstalt nach Frankreich fliehen konnte und sich später Zvi Lamdan nannte, erzählt:

Frankfurt — Clifton
Frankfurt — unbekannt
Frankfurt — unbekannt
Frankfurt — Israel

Isidor Marx
Rosa Marx geb. Schwab
Amalie Stutzmann
Markus Stutzmann

Der Waisenhausdirektor, Isidor Marx, war ein guter Mensch, der uns wie ein Vater liebte und den wir liebevoll Onkel Marx nannten. Er war um die Vierzig und ziemlich klein. Er hatte einen Bürstenhaarschnitt und um den Mund herum einen sorgfältig geschnittenen Schnurrbart. […] Seine Ehefrau Rosa war eine starke und energische Frau, die das Waisenhaus streng, aber freundlich-gerecht führte. Sie trug ihre Haare in einem Knoten, aus dem sich gelegentlich Strähnen lösten, wenn sie in den Nebengebäuden geschäftig hin und her sauste. […] Ich mochte die Atmosphäre im Waisenhaus sehr, besonders an den Feiertagen.

Amalie Stutzmann, die Mutter von Markus, wurde am 23. November 1890 in Keskastel, Elsass, geboren. Sie erlernte den Beruf der Krankenschwester und arbeitete in der Schweiz, bevor sie nach Frankfurt kam, wo sie ab ca. 1930 im ***Rothschild'schen Hospital*** tätig war und ab 1935 in einer Wohnung im Sandweg 11 lebte. Das Ehepaar Marx verfügte über Kontakte in die Schweiz, Holland, Belgien, England, Frankreich und Palästina. Auf diese Weise konnten sie ab 1934 jüdische Kinder mit den sog. Kindertransporten ins rettende Ausland bringen. Mit einem dieser Transporte gelangte auch der zehnjährige Markus Stutzmann am 19. April 1939 nach Palästina.

Seine Mutter Amalie blieb in Frankfurt zurück, sie wurde am 11. November 1941 nach Minsk deportiert und ermordet. Die ***Israelitische Waisenanstalt*** wurde zwangsaufgelöst, anschließend verkauften die NS-Behörden im November 1942 das Gebäude an die Stadt Frankfurt am Main, welche es im April 1943 dem städtischen Krankenhaus als Hilfskrankenhaus zur Verfügung stellte. Teilweise wurde das Haus durch Bomben zerstört, ab 1945 diente es als Notunterkunft, 1950 wurde es abgerissen.

(EB)

Quellen

- ISG FFM, STA 12, 856
- Josephthal, Alex H.: Die Israeltische Waisenanstalt, in: Jüdisches Gemeindeblatt für die Israelitische Gemeinde zu Frankfurt am Main, 16 / 2.10.1937
- Ankaoua, Frédéric: Là où m'attend la liberté, Wroclaw 2019
- Bar Ezer, Abraham: Die Feuersäule. Zum Andenken an meine Mutter Amalie Stutzmann, Gott habe sie selig. O. O. , o. J. (Eigenverlag)
- Kingreen, Monica (Hrsg.): „Nach der Kristallnacht". Jüdisches Leben und antijüdische Politik in Frankfurt am Main 1938–1945, Frankfurt am Main 1999
- Krohn, Helga: Vor den Nazis gerettet. Eine Hilfsaktion für Frankfurter Kinder 1939/40, Frankfurt am Main und Sigmaringen 1995
- Seemann, Birgit u. Bönisch, Edgar: Das Gumpertz'sche Siechenhaus. Ein ‚Jewish Place' in Frankfurt am Main. Geschichte und Geschichten einer jüdischen Wohlfahrtseinrichtung, Frankfurt am Main 2019
- www.alemannia-judaica.de/boedigheim_synagoge.htm (zuletzt aufgerufen am 24.10.2022)
- www.juedische-pflegegeschichte.de/amalya-stutzmann-und-ihr-sohn-markus/ (zuletzt aufgerufen am 23.08.2022)
- Bundesarchiv, Gedenkbuch. Opfer der Verfolgung der Juden unter der nationalsozialistischen Gewaltherrschaft in Deutschland 1933–1945, online abrufbar: www.bundesarchiv.de/gedenkbuch (zuletzt aufgerufen am 12.03.2023)

MATHILDE EINZIG
VERH. BRANDEIS

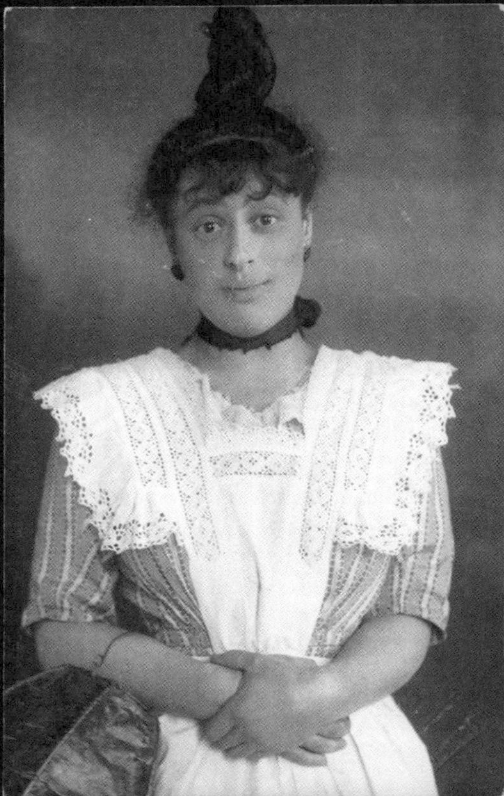

— * 13.02.1886 Frankfurt am Main
— ✡ 01.01.1963 Frankfurt am Main

— Emigration 1934 über die Schweiz ins britische Mandatsgebiet Palästina

Leben

Mathilde Einzig wurde 1886 in eine Frankfurter Musiker*innenfamilie hineingeboren. Der Vater Leopold Einzig (1856–1906) wirkte als erster Konzertmeister an der hiesigen Oper. Ihre Mutter Rosalie Einzig geb. Assor (1857–1944) entstammte einer alten jüdischen Familie aus der örtlichen Judengasse. Mathilde Einzig war Schülerin am ***Philanthropin*** und sprach mit 16 Jahren erstmals bei Emil Claar (1842–1930) vor, der seit 1879 als Intendant der Frankfurter Bühnen fungierte. Ab 1902 wirkte sie zunächst an der Frankfurter Oper und dann ab 1908 als Ensemblemitglied am Schauspiel, wo sie sich zu einer der bekanntesten und am meisten umjubelten Schauspielerinnen entwickeln sollte.

Der wachsende Druck im Zuge der sog. Säuberung der ***Städtischen Bühnen*** zwang sie jedoch im Sommer 1933, ihre Stelle vorzeitig niederzulegen, „um einer deutschen Schauspielerin Platz zu machen". Nach Jahrzehnten des Bühnenerfolgs nahm ihre Karriere damit vorerst ein abruptes Ende. Zuvor hatte sie in zahlreichen Stücken wie ***Turandot***, ***Der Kaufmann von Venedig***, ***Die Räuber*** oder ***Maria Stuart*** mitgewirkt, Regie geführt und war 1919 Mitbegründerin der ***Frankfurter Schauspielschule*** gewesen. Zu Beginn des 20. Jahrhunderts stand Mathilde Einzig damit exemplarisch für die Emanzipation und Integration der Frau im Bereich des Schauspiels. Mit ebenso bekannten Theater- und Operngrößen wie Magda Spiegel (1887–1944) →S. 300 oder Richard Breitenfeld (1869–1944) →S. 84, die die nationalsozialistische Verfolgung nicht überlebten, teilte sie eine Bühne.

1934 gelang Mathilde Einzig mit ihrem Ehemann Frank Brandeis (1884–1939), den beiden Söhnen sowie ihrer Schwester Serafine Oppenheimer geb. Einzig (1888–1977) über die Schweiz die Flucht nach Ramoth HaShavim im britischen Mandatsgebiet Palästina. Ihr Bruder Albert Einzig (1882–1950), der als Musiker bzw. Musikhändler seinen Lebensunterhalt bestritt, wanderte wenig später nach Shanghai aus, wo er sesshaft wurde. Im damaligen britischen Mandatsgebiet betrieb das Ehepaar ein Hotel mit Restaurant- und Cafébetrieb sowie Landwirtschaft.

> ***Wenn ich als Künstlerin angesprochen wurde, musste ich die Bezeichnung ablehnen, denn ich war nur noch Arbeiterin. Aber immer blieben die Träume [...] einmal möchte ich Theater spielen.***

Im Jahr 1947 kehrte Mathilde Einzig allein in die Schweiz zurück, wo sie bei Verwandten, die sie unterstützten, unterkam. Bei ihrem Schwager trat sie als Haushälterin eine Stelle an. In den 1950er Jahren folgte der Umzug zurück nach Frankfurt am Main, wo sie an ihre zurückliegende Karriere anknüpfen konnte und 1957 mit einer Ehrenmitgliedschaft der ***Städtischen Bühnen*** eine Würdigung ihres Schaffens erhielt. Bis zu ihrem Tod 1963 blieb Mathilde Einzig in Frankfurt wohnhaft. „Über den Tod hinaus gehörst du zu uns und zu Frankfurt!", so würdigte sie der damalige Generalintendant Harry Buckwitz (1904–1987) anlässlich ihrer Trauerfeier.

(IH)

Quellen

— ISG FFM, A.54.03, 725
— ISG FFM, S2, 963
— ISG FFM, S1-90, 8
— HStAM, 908, 1942
— Krämer, Kristina: Leopold Einzig, in: Online Nachschlagewerk Musik

und Musiker am Mittelrhein 2, URL: www.mmm2.mugemir.de/doku.php?id=einzig (zuletzt aufgerufen am 11.11.2022)
- Linnemann, Dorothee: Mathilde Einzig, verh. Brandeis, in: www.frankfurterfrauenzimmer.de/cp10-detail.html?bio=bn (zuletzt aufgerufen am 31.10.2022)
- Musik in Hessen: Die Eröffnung der Oper und ihr erster Intendant Emil Claar (1880–1900), Philipps-Universität-Marburg, Hessisches Musikarchiv: www.uni-marburg.de/de/fb09/musikwissen (zuletzt aufgerufen am 12.03.2023)
schaft/hessisches-musikarchiv/musik-in-hessen/themen/musik
stadt-frankfurt-am-main/frankfurter-oper/die-eroeffnung-der-oper-und-ihr-erster-intendant-emil-claar-1880-1900 (zuletzt aufgerufen am 31.10.2022)

ELIAS LUDWIG OPPENHEIMER

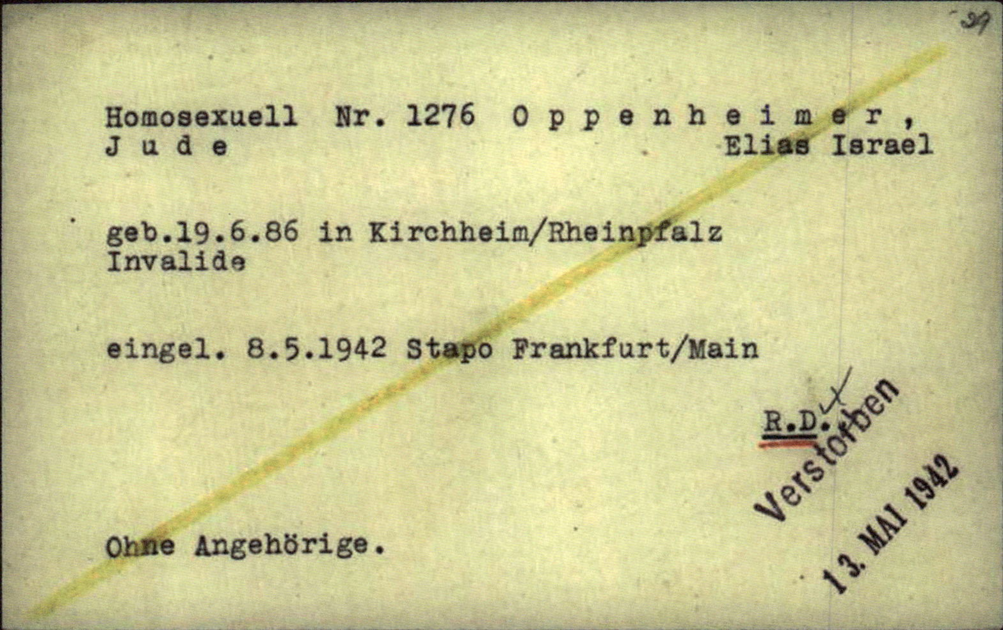

Homosexuell Nr. 1276 O p p e n h e i m e r ,
J u d e Elias Israel

geb.19.6.86 in Kirchheim/Rheinpfalz
Invalide

eingel. 8.5.1942 Stapo Frankfurt/Main

R.D.
Verstorben
13. MAI 1942

Ohne Angehörige.

— * 19.06.1886 Kirchheim an der Eck
— ✡ 13.05.1942 Buchenwald

— Deportation 08.05.1942 nach Buchenwald

Leben

Das Leben von Elias Ludwig Oppenheimer stand von Beginn an unter keinem guten Stern. Am 19. Juni 1886 im pfälzischen Kirchheim an der Eck geboren, wurde er schon als Kind von Schicksalsschlägen heimgesucht: Sein Vater Adolf Oppenheimer (unbekannt–1887) starb 28-jährig, als Elias gerade einmal acht Monate alt war; kurz darauf starb die einzige Schwester, die nur vier Jahre alt wurde. Auch Elias selbst war körperlich gebrechlich und verwachsen. Nach dem Besuch der Volksschule sah er sich nicht in der Lage, eine Lehre zu absolvieren. Stattdessen unterstützte er seine Mutter Amalia (um 1857–1912), die einen Hausierhandel betrieb. 1910 erlitt die Mutter dann einen Schlaganfall. Oppenheimer pflegte sie, doch sie erholte sich nicht mehr und starb 1912 im Alter von 55 Jahren. In den folgenden Jahren schlug sich Oppenheimer als Kleinhändler durch. 1918 fand er eine Stelle als Hilfspostbote in Kirchheim, die er 1933 wieder verlor. Fortan betätigte er sich wieder als Hausierer, hatte aber zunehmend mit gesundheitlichen Problemen zu kämpfen. Er erkrankte und wurde schließlich arbeitsunfähig. Auf Vermittlung der Jüdischen Gemeinde kam er 1937 in das Jüdische Altersheim in der Wöhlerstraße 6.

1941 geriet Oppenheimer ins Visier der Kriminalpolizei. Ein Wehrmachtsangehöriger beschuldigte ihn der sexuellen Belästigung. Als er am 18. September 1941 mit der Straßenbahn zur *AOK* gefahren war, um sich einen Krankenschein abstempeln zu lassen, begegnete er auf dem Rückweg dem 42-jährigen Reichsbahnbeamten und Reichsinspektor der NSDAP Bernhard Schwartz. Angeblich lächelte Oppenheimer Schwartz beim Einsteigen in die Straßenbahn an und versuchte ihn in ein Gespräch zu verwickeln. Während der Fahrt standen die beiden nebeneinander, wobei Oppenheimer Schwartz im Schritt berührte. Der Reichsbahnbeamte deutete dies als einen Versuch der sexuellen Annäherung und nahm Oppenheimer mit zur Bahnhofspolizei, wo er Anzeige erstattete, sowohl wegen eines homosexuellen Übergriffs nach § 175 des Strafgesetzbuches als auch wegen Beleidigung nach § 185. Der 1871 eingeführte § 175 bedrohte die „widernatürliche Unzucht" zwischen Männern mit Gefängnis. Nach dem hoch umstrittenen Paragrafen, der 1929 fast abgeschafft worden wäre, waren zunächst lediglich sog. beischlafähnliche Handlungen verfolgt worden, andere Sexualpraktiken wie die wechselseitige Onanie blieben straffrei. Die nationalsozialistische Politik jedoch, die in der männlichen Homosexualität eine „Staatsgefahr" sah, hatte die Strafbestimmungen 1935 erheblich verschärft. Zu groß schien das Potenzial, Homosexualität könne den nationalsozialistischen „Männerstaat" zerstören. Seitdem konnte jede Handlung, die in „wollüstiger Absicht" geschah, zur Anklage gebracht werden, also auch Küsse, Berührungen über der Kleidung, ja sogar begehrliche Blicke. Insoweit war die Berührung, die Oppenheimer vorgeworfen wurde, tatsächlich strafbar – wenn sie denn in sexueller Absicht erfolgt war.

Darüber, was sich in der Straßenbahn tatsächlich zugetragen hatte, gingen die Angaben allerdings weit auseinander. Schwartz behauptete, Oppenheimer habe ihn zwei Mal berührt. Beim ersten Mal habe er noch gedacht, die Berührung sei durch die Erschütterung der Straßenbahn ausgelöst worden, weshalb er auf Abstand gegangen sei. Kurz darauf habe sich der Vorgang jedoch wiederholt, so dass er „nicht zufällig, sondern absichtlich herbeigeführt" worden sein müsse. Oppenheimer hingegen stellte die Sache anders dar. So sei es nur einmal zu einer unbeabsichtigten Berührung gekommen: „Unterwegs kam der Wagen ins Schwanken. Dadurch war ich gezwungen, mir einen Halt zu suchen und hielt mich an dem Manne fest. Ich hatte nicht die Absicht, den Geschlechtsteil des Mannes zu erfassen."

Schwartz bestritt gegenüber der Kripo, „aus dem Aussehen des Beschuldigten geschlossen“ zu haben, „einen Juden vor sich zu haben“. Im weiteren Verfahren scheinen antisemitische Vorbehalte aber durchaus eine Rolle gespielt zu haben. So wurde Oppenheimer, der nicht vorbestraft und auch als Homosexueller „hier nicht in Erscheinung getreten“ war, von der Kripo dennoch für unredlich gehalten. Das lag wohl auch daran, dass es sich bei dem Belastungszeugen um einen NS-Funktionär handelte. Jedenfalls sah man Oppenheimer „durch die glaubhaften Aussagen des Zeugen Schwartz belastet und überführt“. Dieser Sichtweise schloss sich auch die Staatsanwaltschaft an und beantragte einen „Termin im beschleunigten Verfahren“. Auch das Amtsgericht hatte keinen Zweifel an der „glaubwürdigen Aussage des Zeugen“ und verurteilte Oppenheimer bereits elf Tage nach dem Vorfall zu fünf Monaten Gefängnis. Eine Strafe, die „als Sühne für das schamlose Treiben des Angeklagten und zu seiner Zurechtweisung erforderlich“ sei. Das Prinzip „Im Zweifel für den Angeklagten“ hatte in den Kriegsjahren kaum noch Bedeutung. Während es in den dreißiger Jahren in Zweifelsfällen noch zu Freisprüchen auch jüdischer Angeklagter gekommen war, hatte sich die Verfolgungspolitik inzwischen radikalisiert.

Für Oppenheimer hatte die Verurteilung verheerende Konsequenzen. Nachdem er die Strafe im Gefängnis von Preungesheim verbüßt hatte, nahm ihn die Gestapo in „Schutzhaft“ und überstellte ihn am 8. Mai 1942 ins Konzentrationslager Buchenwald. Eine Maßnahme, die bei einer einmaligen Verurteilung nach § 175 unüblich und vor allem Oppenheimers jüdischer Herkunft geschuldet war. In Buchenwald wurde Oppenheimer sowohl als Jude wie auch als Homosexueller registriert. Bereits am 13. Mai 1942, nach nur fünf Tagen KZ-Haft, kam er dort ums Leben. Angeblich starb Oppenheimer an einem Herzschlag.

(AZ)

Quellen

- HHStAW, 409/4, 5438
- HHStAW, 496/6, 1031
- HHStAW, 474/3, 1208
- ITS Digital Archive, Arolsen Archives / 1.1.5.3 Individuelle Unterlagen Männer Buchenwald / Individuelle Häftlingsunterlagen - KL Buchenwald / Akten mit Namen ab A bis SYS und weiterer Untergliederung / Akten mit Namen ab ONOPRIJENKO / Sign. 01010503 001.371.189 / Doc. ID 6747861 u. 6747863

ROSY AUGUSTE GEIGER-KULLMANN GEB. KULLMANN

— * 20.06.1886 Frankfurt am Main
— ✡ 04.01.1964 Monterey, Kalifornien/USA

— Emigration 02.04.1939 in die USA

Leben

1886 wurde Rosy Geiger-Kullmann in der Frankfurter Mainzer Landstraße in eine alteingesessene Frankfurter Familie geboren, die sich bis in das 15. Jahrhundert zurückverfolgen lässt. Ihr Vater war Hermann Kullmann (1855–1899), die Mutter Anna geb. Dreyfuss (1864–1942). Als Großkaufleute, Ärzt*innen sowie Weinbergbesitzer*innen und Weingroßhändler*innen siedelten sich die Familien mütterlicher- und väterlicherseits in Frankfurt, Baden und England an. Im 19. Jahrhundert zog ein weiterer Zweig der Familie in die USA, wo eine große Tabakfabrik gegründet wurde. Die Eltern Rosy Geiger-Kullmanns gehörten zum aufgeklärten und liberalen Judentum und ließen ihrer Tochter eine großbürgerliche Erziehung zuteilwerden.

Rosy Geiger-Kullmann besuchte zunächst die Frankfurter *Elisabethenschule*. Aufgrund ihrer musikalischen Begabung begann sie eine Ausbildung in Klavier bei Prof. Carl Friedberg (1872–1955) und in Kompositionslehre, Harmonie und Kontrapunkt bei Prof. Iwan Knorr (1853–1916), dem Direktor des *Dr. Hoch'schen Konservatoriums*. Mit Kompositionen wie *Die chinesische Flöte* oder dem Märchenstück *Tischlein deck' dich* wurde sie bekannt, und ihre Werke erfreuten sich größter Beliebtheit. Bereits 1910 wurde sie Vorstandsmitglied des *Frankfurter jüdischen Tonkünstler-Vereins*. Seit 1916 war sie außerdem als erfolgreiche Klavierlehrerin tätig.

Ab 1933 konnte Geiger-Kullmann ihre Werke nur noch auf Veranstaltungen jüdischer Organisationen aufführen. Auch ihr Ehemann, der Rechtsanwalt

Dr. Rudolf Geiger (1873–1956), der Vorsitzender der Frankfurter Anwaltskammer und der liberalen Fraktion der ***Israelitischen Gemeinde*** war, erhielt 1933 Berufsverbot. Nach seiner Verhaftung im Zuge der Novemberpogrome 1938 und anschließenden Freilassung folgte 1939 der Entschluss zur Flucht in die USA.

Mit der gemeinsamen Tochter Ruth Geiger (1914–2004) reisten die Eheleute über die Niederlande und Großbritannien nach Havanna/Kuba, bis sie einige Zeit später in die USA einreisen konnten. Rosy Geiger-Kullmanns Mutter Anna wurde 1942 die Ausreise verweigert, worauf sie sich kurz vor ihrer Deportation das Leben nahm. Ihr Schwager Hermann Geiger (1907–1976) war bereits 1934 nach Südamerika geflohen und wurde später in Toronto ansässig, wo er mit der ***University of Toronto Opera Division*** zusammenarbeitete und als Generaldirektor der ***Canadian Opera Company*** tätig wurde.

Rosy Geiger-Kullmann konnte in den USA wieder in ihrem Beruf tätig werden und komponierte zahlreiche weitere Stücke, wobei ihre Aufführungen meist nur in den Kreisen der dortigen jüdischen Gemeinden erfolgte. Die letzten Lebensjahre verbrachte sie bei ihrer Tochter Ruth, inzwischen verh. Engel in Kalifornien, wo sie schließlich 1964 verstarb.

(IH)

Quellen

— HHStAW, 518, 9869
— ISG FFM, A.40.01, 3916
— Arndt, Peri: Rosy Geiger-Kullmann, in: Maurer Zenck, Claudia u. Petersen, Peter (Hrsg.): Lexikon verfolgter Musiker und Musikerinnen der NS-Zeit, Universität Hamburg 2006: www.lexm.uni-hamburg.de/object/lexm_lexmperson_00001241 (zuletzt aufgerufen am 11.11.2022)

— Massar, Kathrin: Die Komponistin Rosy Geiger-Kullmann, in: Frankfurt am Main 1933–1945, www.frankfurt1933-1945.de/beitraege/personen/beitrag/die-komponistin-rosy-geiger-kullmann (zuletzt aufgerufen am 11.11.2022)

LY
R

Schuh-Haus
Louis Spier
Gegründet 1883
Frankfurt a. M., Fahrgasse 144, 109, 85
Größtes und leistungsfähigstes
Haus für Fuß-Bekleidung
aller Sport-Arten
Von Fachleuten begutachtet und hervorragenden Sportsleuten erprobt, gewährleisten Ihnen die von mir geführten Fabrikate unbedingte Zuverlässigkeit sowohl in Passform als auch in Qualität
KACHELMANN
Sportgerechte
Fussbekleidung
für jeden Sport

— * 20.07.1886 Frankfurt am Main
— ✡ unbekannt

— Emigration nach Frankreich, Inhaftierung im Camp de Gurs/Frankreich, am 26.02.1943 ins Sammellager Drancy/Frankreich, am 04.03.1943 weiter ins Konzentrationslager Majdanek-Lublin/Polen

Ernst Spier wurde als Gönner des Vereins 1929 mit der Ehrennadel ausgezeichnet.

— * 08.06.1890 Frankfurt am Main
— ✡ wohl 10.08.1942 Auschwitz (Oświęcim/Polen)

— Emigration über England nach Belgien, Inhaftierung im Internierungslager in Saint-Cyprien/Frankreich, weiter ins Camp de Gurs, von dort am 10.08.1942 nach Auschwitz (Oświęcim/Polen)

Leben

In den 1920er Jahren gehörte das *Schuhhaus Louis Spier* zu den Sponsoren der Frankfurter Eintracht. Im vereinseigenen Stadion am Riederwald warb das Schuhhaus auf einer großen Werbebande. Regelmäßig wurden vom „größten und leistungsfähigsten Haus für Fußballbekleidung" in den *Vereins-Nachrichten* der Eintracht Anzeigen geschaltet. Als sich die Wege der Turn- und der Sportabteilung 1927 vorübergehend trennten und aus der Turn- und Sportgemeinde Eintracht zwei Vereine wurden, inserierte das *Schuhhaus Spier* einfach doppelt. Fortan fanden sich die Anzeigen sowohl in den *Vereins-Nachrichten der Sportgemeinde Eintracht* als auch in den Monatlichen Mitteilungen der *Turngemeinde Eintracht*. Inhaber des 1924 eröffneten Schuhhauses waren Louis Spier und seine beiden 1886 und 1890 geborenen Söhne Sally und Ernst. Beide waren große Eintrachtler, die den Verein immer wieder unterstützten. Als die Sportgemeinde Eintracht 1929 ihren 30. Geburtstag feierte, wurde Ernst in der Festschrift als herausragender Förderer des Vereins erwähnt. Auch wurde er in diesem Zusammenhang mit der Ehrennadel ausgezeichnet und als einer von fünf Sponsoren des Sportclubs mit einer Fotografie gewürdigt.

Die mit dem Börsencrash im Oktober 1929 einsetzende Weltwirtschaftskrise traf auch das *Schuhhaus Louis Spier* und führte zu einem massiven Umsatzrückgang. Als Louis Spier Ende 1930 starb, führten die Söhne das Unternehmen zu zweit weiter. Die Eintracht kondolierte diesen in den *Vereins-Nachrichten*.

Die Umsätze der Firma wurden immer schlechter, so folgte am 1. August 1932 ein Konkursverfahren, das bereits am 20. August 1932 mangels Konkursmasse eingestellt wurde. Am 31. August 1932 erfolgte die gewerbesteuerliche Abmeldung des Betriebs. Fortan verdiente Sally Spier seinen Lebensunterhalt vermutlich als Fotograf. Er besaß wertvolle Fotoapparate und sogar eine Filmkamera, mit der er Aufnahmen für seine Kundschaft anfertigte. Sally Spier war viel in Frankfurt unterwegs und vernachlässigte dabei seine Familie, wie seine Ehefrau später angab. Seit 1920 war er mit der in Essen geborenen Anna Schartenberg verheiratet, die beiden hatten seit 1921 eine Tochter namens Gerda. Die Familie wohnte in der Schumannstraße 22, 1932 zog sie um in die Königstraße (heute Gräfstraße) in Bockenheim. Sally Spier besaß eine kostbare Sammlung von Schuhen aus der ganzen Welt und den unterschiedlichsten Materialien, darunter Silber und Porzellan. „Die Sammlung war enorm und nahm in unserer gemeinsamen Wohnung riesig Platz ein“, erklärte Anna im Entschädigungsverfahren nach dem Krieg. Über ihren Ehemann berichtete sie: „Er war immer besonders gut gekleidet, trieb einen größeren Aufwand und war überall da zu finden, wo etwas los war.“ Noch vor der Machtübernahme der Nationalsozialisten trennte sich das Paar, offiziell geschieden wurden die beiden 1934.

Während Sally Spier als Fotograf arbeitete, stieg sein Bruder Ernst bei den auf Fußpflegeartikel spezialisierten ***Scholl-Werken*** in Frankfurt als Anteilseigner und Geschäftsführer ein. Seine Position sicherte ihm ein gutes Einkommen. Ernst Spier, der 1929 seine Freundin, die Münchnerin Mathilde Michl (1896–unbekannt) geheiratet hatte, lebte mit ihr in der Rückerallee 10. Die beiden hatten keine Kinder.

Die Brüder Spier waren jüdischen Glaubens und erkannten schnell, dass sie in Deutschland keine Zukunft mehr hatten. Sally Spier wanderte 1933 nach Frankreich aus. Fortan lebte er in Marseille, 51 Rue Lambert. Ernst Spier blieb mit seiner Frau zunächst in Deutschland. Doch 1937 musste er seinen Posten bei den ***Scholl-Werken*** in Frankfurt aufgeben. Nach dem Krieg bestätigte die Firma, dass „Herr Direktor Ernst Spier, in unserem Unternehmen als Geschäftsführer und Anteilseigner von

5% des Stammkapitals tätig war. Herr Spier war Jude und wurde infolgedessen von den damaligen Parteistellen, insbesondere von der ***Deutschen Arbeitsfront*** dazu veranlasst, seinen Posten als Geschäftsführer Ende 1937 niederzulegen." Ernst Spier ging 1937 zunächst nach England und von da nach Belgien. Hier übernahm er den Direktorenposten der Belgischen *Scholl-Company*. Als die Wehrmacht am 10. Mai 1940 die Niederlande, Belgien und Luxemburg überfiel, wurde Spier von den belgischen Behörden verhaftet, mit zahlreichen weiteren „unerwünschten Ausländern" nach Frankreich ausgewiesen und im Lager Saint-Cyprien interniert. Von dort schrieb er seiner Frau Mathilde noch zahlreiche Briefe, so etwa am 19. September 1940:

> ***Needless to say how much I regret not to be with you this day. We had to have lots of courage but no doubt we will have a better live after war is over.***

Von Saint-Cyprien wurde Ernst Spier ins Camp de Gurs verbracht und von dort am 10. August 1942 nach Auschwitz deportiert. Am 9. März 1948 legte das Amtsgericht das Todesdatum für Ernst Spier auf den 10. August 1942 fest.

Auch Sally Spier überlebte den Krieg nicht. Er wurde in Marseille verhaftet und wie sein Bruder im Camp de Gurs interniert. Am 26. Februar 1943 wurde er zum Sammellager Drancy und von dort am 4. März 1943 ins Konzentrationslager Majdanek deportiert. Hier verliert sich seine Spur. Sein Todesdatum wurde auf den 8. Mai 1945 festgelegt. Ob sich die Brüder im Camp de Gurs wiedergesehen haben, ist nicht bekannt.

Sally Spiers geschiedene Frau Anna und die Tochter Gerda konnten sich über Großbritannien in das US-amerikanische Exil retten. Auch Mathilde, die Frau von Ernst Spier, überlebte den Krieg im Exil.

(MT)

Quellen

— HHStAW, 518, 28017
— HHStAW, 518, 42198
— Vereinsarchiv Eintracht Frankfurt, Mitteilungen der Frankfurter Turn- und Sportgemeinde Eintracht, Mai 1924 bis März 1927
— Vereinsarchiv Eintracht Frankfurt, Vereins-Nachrichten der Frankfurter Sportgemeinde Eintracht (F.F.V.) e.V., Juni 1927 bis Januar 1933
— Festschrift Winterfest 1928, Tennis-und Hockeyabteilung Eintracht Frankfurt
— Thoma, Matthias: Wir waren die Juddebube, Göttingen 2007

K A U F F M A N N , Arthur geb.29.5.87 in Frankfurt/M

letzter Wohnort Ffm - Eschersheimerlandstr. 3 ?

deportiert am 15.9.1942 nach Theresienstadt

— * 29.05.1887 Frankfurt am Main
— ✡ unbekannt

— Deportation 15.09.1942 nach Theresienstadt (Terezin/Tschechien), von dort am 23.01.1943 nach Auschwitz (Oświęcim/Polen)

Leben

Arthur Kauffmann wurde am 29. Mai 1887 in Frankfurt am Main als Sohn des aus Gernsbach in Baden stammenden jüdischen Kaufmanns Friedrich Kauffmann (1853–1920) und der in Erbes-Büdesheim in Rheinhessen geborenen Jüdin Rosa Mayer (1863–1942) geboren. Die Großeltern väterlicherseits waren der Kaufmann Seligmann Kauffmann aus Gernsbach (Baden) und Judita Weissenburger aus Bretten (Baden). Rosa Mayers Eltern waren der Weinhändler Simon Mayer aus Aspisheim (Rheinhessen) und Adelheide Wolf aus Idstein im Taunus.

Auf seine jüdischen Vorfahren war Arthur Kauffmann stolz: Noch im November 1938 betonte er in einem im Hessischen Staatsarchiv Wiesbaden überlieferten Lebenslauf: „Mein Vater entstammt einer nachweislich bereits seit etwa 300 Jahren in Baden ansässigen Familie; auch die Vorfahren meiner Mutter waren, wie sich aus dem Familienstammbaum ergibt, schon vor dem Jahre 1700 in Deutschland ansässig." Der Vater Friedrich Kauffmann betrieb um die Jahrhundertwende ein Exportgeschäft in der Neuen Zeil 25, wohnte aber mit seiner Familie im Gärtnerweg 20. Bereits vor dem Ersten Weltkrieg lebte er als Rentier.

Arthur Kauffmann besuchte von 1893 bis zum Abitur 1905 das *Kaiser-Friedrich-Gymnasium* (das heutige *Heinrich-von-Gagern-Gymnasium*) in Frankfurt am Main. Anschließend studierte er Jura in Heidelberg, München, Straßburg, Berlin und Marburg. Im Juni 1908 bestand er das Referendarsexamen und wurde zum Referendar im Oberlandesgerichtsbezirk

Frankfurt am Main ernannt. Im Januar 1914 folgte in Berlin die große juristische Staatsprüfung, nach der er als Gerichtsassessor zuerst an das Amtsgericht Rüdesheim am Rhein und anschließend an das Amtsgericht Frankfurt am Main kam, allerdings unbezahlt. Als Freiwilliger nahm er von 1915 bis 1918 am Ersten Weltkrieg an der Westfront in Frankreich teil, u. a. an der Schlacht um Verdun im Frühjahr 1916. Dort erlitt Arthur Kauffmann im April eine schwere Phosgen-Gasvergiftung. In Frankreich brachte er es schließlich, ausgezeichnet mit dem Eisernen Kreuz II. Klasse, dem Verwundetenabzeichen und dem Frontkämpfer-Ehrenkreuz, vom Kanonier zum Leutnant der Reserve (Ernennung im August 1917). Ein höherer Dienstrang war damals für Juden in der Preußischen Armee nicht erreichbar.

Im September 1919 wurde er als Rechtsanwalt am Oberlandesgericht Frankfurt am Main zugelassen. Er befasste sich überwiegend mit Fragen zum Kriegsschädengesetz. Ein Jahr später wechselte er als Referent in die Rechtsabteilung der Frankfurter Zweigstelle des Reichsausgleichsamtes, das damals unter der Leitung des Frankfurter Juristen Dr. Georg Benkard stand. Diese Tätigkeit übte Kauffmann von Juli 1920 bis September 1921 aus. Danach widmete er sich ausschließlich seiner Anwaltspraxis. Seine Ernennung zum Notar erfolgte im Oktober 1925. Nach dem Ersten Weltkrieg wohnte Arthur Kauffmann bei seinen Eltern im Gärtnerweg 20 in Frankfurt, hatte seine Rechtsanwaltskanzlei aber in der Kirchner-Straße 4. Er blieb zeit seines Lebens unverheiratet. Arthur Kauffmann nahm am Vereinsleben der Stadt Frankfurt aktiv teil. Wie zahlreiche andere jüdische Anwälte auch war er Mitglied der Frankfurter Sektion des ***Deutschen und Österreichischen Alpenvereins***, und zwar seit 1921. Nach dem Tod des Vaters 1920 lebte er weiterhin mit seiner Mutter in der elterlichen Wohnung. Doch im Zuge der Weltwirtschaftskrise gaben Arthur und Rosa Kauffmann die Wohnung im Gärtnerweg auf. Während Arthur Kauffmann im Frankfurter Adressbuch 1931 noch mit dieser Wohnung verzeichnet wurde, gab es im Adressbuch von 1932 im Gärtnerweg 20 keinen Eintrag mehr für Rosa oder Arthur Kauffmann.

Nach Beginn der NS-Diktatur konnte Arthur Kauffmann als sog. jüdischer Frontkämpfer vorerst als Rechtsanwalt und Notar tätig bleiben. Allerdings wurde ihm im November 1935 das Notariat entzogen. Dies brachte erhebliche materielle Einbußen mit sich. In einem später verfassten Lebenslauf beschrieb er dies so: „Infolgedessen traf mich die Entziehung des Notariats im Jahre 1935 besonders hart, zumal auch meine Anwaltspraxis seit 1933 naturgemäß empfindlich zurückgegangen war." 1936 ging er eine Bürogemeinschaft mit den ebenfalls jüdischen Rechtsanwälten Dr. Adolf Fuld (1868–1939) und Dr. Rudolf Geiger (1873–1956) →S. 274 ein. Nach eigenen Angaben beschäftigte sich Kauffmann hier ausschließlich mit Devisen- und Auswanderungsberatungen sowie mit vermögensrechtlichen Angelegenheiten von bereits Ausgewanderten. Ab dem 1. Dezember 1938 galt für ihn – wie für alle bis dahin noch tätigen jüdischen Rechtsanwälte – ein Berufsverbot. Arthur Kauffmann konnte danach nur noch als sog. Konsulent, angestellt bei der Jüdischen Gemeinde Frankfurt, arbeiten. In einem an das Oberlandesgericht Frankfurt am Main gerichteten „Gesuch um Zulassung als jüdischer Konsulent" vom 3. November 1938 beschrieb er kurz seine Familien- und Vermögensverhältnisse:

> *Mein Vater ist im Jahre 1920 verstorben. Das von ihm hinterlassene Vermögen fiel der Inflation zum Opfer. Ich hatte infolgedessen für den Unterhalt meiner Mutter mitzusorgen und konnte keine Ersparnisse machen. Daher besitze ich kein Vermögen und bin dringend auf mein Berufseinkommen angewiesen. Ich bin unverheiratet. Meine 75 Jahre alte Mutter, die ich nicht im Stich lassen kann, lebt hier in Frankfurt a. M.*

Im Frankfurter Adressbuch 1937 war Arthur Kauffmann erstmals nicht mehr in der Kirchner-Straße 4, sondern in der Hochstraße 17 als Haushaltsvorstand geführt. Im selben Haus wohnten auch seine Anwaltskollegen Dr. Fuld und Dr. Geiger. Aus Unterlagen im Hessischen Hauptstaatsarchiv Wiesbaden geht hervor, dass Arthur Kauffmann spätestens ab November 1938 in der Wolfsgangstraße 2 wohnte. Doch mussten Rosa und Arthur Kauffmann ihre Wohnung noch mehrfach wechseln. Im Februar 1941 lebten sie in der Feldbergstraße 45 und zogen nur sechs Monate später, im August, in die Leerbachstraße 105 (bei Wolff). Aber auch dort konnten sie nicht lange bleiben. Während Arthur Kauffmann im Februar 1942 noch unter dieser Adresse Schriftverkehr führte, muss er vor Juni 1942 in die Eschersheimer Landstraße 39 (Pension Hoffmann) umgezogen sein. Laut Deportationskarteikarte lebten Rosa und Arthur Kauffmann zuletzt in der Eschersheimer Landstraße 3, die laut Frankfurter Adressbuch von 1940 jedoch nicht existiert. Daher ist davon auszugehen, dass ihr letzter Wohnsitz die oben genannte Nummer 39 war.

Rosa und Arthur Kauffmann wurden am 15. September 1942 in das als „Ghetto" umschriebene Konzentrationslager Theresienstadt deportiert. Dort verstarb Rosa Kauffmann aufgrund der extrem schlechten Lebensbedingungen bereits am 11. Oktober 1942. Arthur Kauffmann wurde am 23. Januar 1943 aus Theresienstadt nach Auschwitz deportiert. Er gilt als verschollen, doch ist davon auszugehen, dass er im Vernichtungslager Auschwitz ermordet wurde.

(JH)

Quellen

— HHStAW, 458, 797
— Bundesarchiv, Gedenkbuch. Opfer der Verfolgung der Juden unter der nationalsozialistischen Gewaltherrschaft in Deutschland 1933–1945, online abrufbar: www.bundesarchiv.de/gedenkbuch
— Adressbuch Frankfurt am Main 1900–1938
— Kurzbiografien der Anwälte jüdischer Herkunft im Oberlandesgerichtsbezirk Frankfurt, Recherchen im Zusammenhang mit der Wanderausstellung „Anwalt ohne Recht – Schicksale jüdischer Rechtsanwälte in Deutschland", 2004

NATHAN SARETZKI

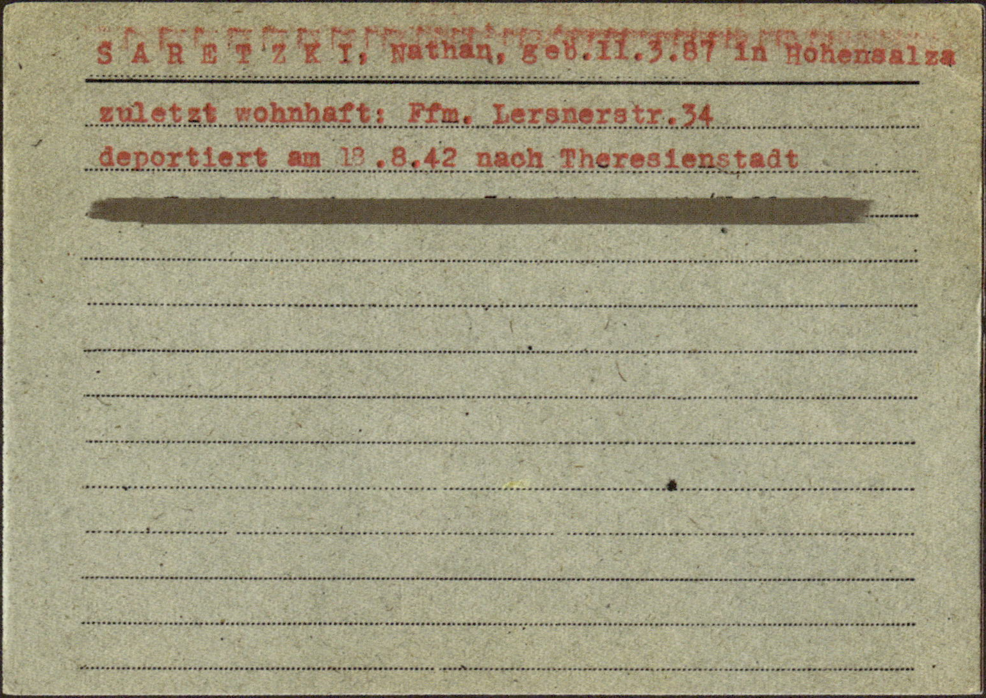

S A R E T Z K I, Nathan, geb.11.3.87 in Hohensalza

zuletzt wohnhaft: Ffm. Lersnerstr.34

deportiert am 18 .8.42 nach Theresienstadt

[redacted]

- * 11.03.1887 Hohensalza (Inowroclaw/Polen)
- ✡ 12.10.1944 Auschwitz (Oświęcim/Polen)

- Deportation 18.08.1942 nach Theresienstadt (Terezin/Tschechien), von dort am 09.10.1944 nach Auschwitz (Oświęcim/Polen)

EMMI ROSA SARETZKI
GEB. ULLMANN

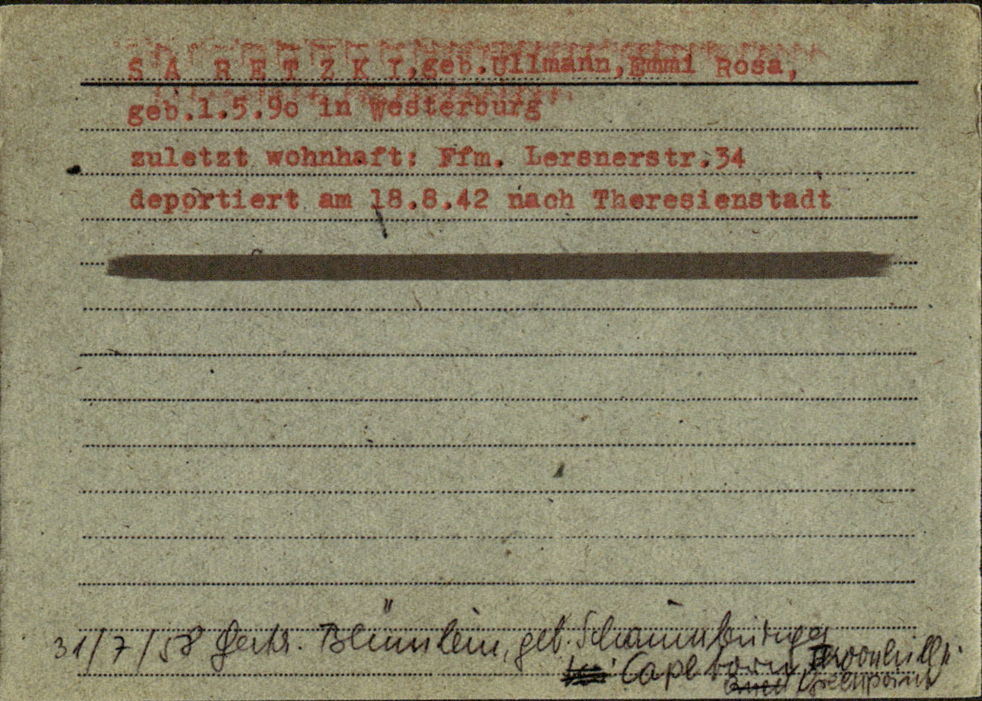

S A R E T Z K I, geb. Ullmann, Emmi Rosa,
geb. 1.5.9o in Westerburg
zuletzt wohnhaft: Ffm. Lersnerstr. 34
deportiert am 18.8.42 nach Theresienstadt

[redacted]

31/7/58 Gerh. Blümlein, geb. Schaumberger
Capetown, Woodville
Greenpoint

— * 01.05.1890 Westerburg
— ✡ 12.10.1944 Auschwitz (Oświęcim/Polen)

— Deportation 18.08.1942 nach Theresienstadt (Terezin/Tschechien), von dort am 09.10.1944 nach Auschwitz (Oświęcim/Polen)

Leben

Nathan Saretzki wurde als ältestes von neun Kindern 1887 in Hohensalza geboren. Sein Vater war der Kantor Elias Saretzki (unbekannt–1915), seine Mutter Ernestine geb. Helischkowski (1862–1927). Wenig ist bekannt über seine Kindheit und Jugend. Es ist aber wahrscheinlich, dass sein Vater ihm schon früh Gesangsunterricht erteilte. Zwar begann Nathan Saretzki ein Pädagogikstudium in Berlin, sein Wunsch war es jedoch, Heldentenor zu werden – wofür er weiteren Gesangsunterricht nahm.

Emmi Ullmann wurde 1890 im rheinland-pfälzischen Westerburg geboren. Ihre Eltern waren der Kaufmann Siegmund Ullmann und Rosa geb. Schaumburger (1859–1943). Über die Kindheit und das Aufwachsen von Emmi Ullmann ist gleichermaßen wenig bekannt. Es ist anzunehmen, dass sie ihren späteren Mann in ihrem Geburtsort Westerburg kennenlernte, wo Nathan Saretzki 1909 eine Stelle als Kantor und Religionslehrer angenommen hatte. Als der Erste Weltkrieg ausbrach, war Nathan Saretzki 27 Jahre und körperlich fit, daher wurde er zum Kriegsdienst einberufen. Schon bald wurde er in der Marneschlacht verwundet und mit einer Kopfverletzung in einem Lazarett behandelt. Diese sollte ihm seine Karriere als Tenor unmöglich machen. Erst nach Kriegsende wurde er repatriiert.

Das Paar heiratete 1920, im Jahr 1922 kam Sohn Edgar (1922–2017) in Limburg zur Welt. Im selben Jahr zog die junge Familie nach Frankfurt, wo Nathan Saretzki die Stelle als Oberkantor an der Börneplatzsynagoge

Frankfurt — Auschwitz

aufnahm, deren stellvertretender Vorsitzender er wurde. Auch war er als Kantor in der Synagoge Königsteiner Straße tätig, der heutigen Westend-Synagoge. In den Jahren 1930 bis 1935 unterrichtete er jüdische Religion an diversen Schulen, gab Gesangsunterricht und bereitete Jungen auf ihre Bar Mizwa vor. Er gründete und leitete mehrere Chöre, darunter auch weltliche. „Er wäre gerne Opernsänger geworden und hatte den weltmännischen Charme und eine gewisse Eleganz des Bühnenkünstlers", wie sich sein ehemaliger Schüler Peter Bloch erinnerte. Die Familie lebte zu dieser Zeit, zusammen mit der verwitweten Mutter Emmi Saretzkis, Rosa, in einer großzügigen Sechszimmerwohnung in der Klüberstraße im Westend. Zu ihr gehörte auch „ein ganzes Musikzimmer mit Flügel und Harmonium", wie es die Schwester Nathans, Martha Schliephack (1889–1957), später beschrieb. Das Ehepaar war in der Frankfurter jüdischen Gesellschaft angesehen, so war Emmi Saretzki Mitglied der Schwesternschaft der 1888 gegründeten *Bne Briss-Loge*, die sich für das Wohl der jüdischen Gemeinschaft einsetzte.

> ***Auch weiß ich, daß mein Bruder in Frankfurt ein sehr angesehener Mann und häufig Gast im Hause Rothschild war.***

Mit der nationalsozialistischen Machtübernahme musste die Familie allerlei Einschränkungen hinnehmen. Auftritte Nathan Saretzkis waren ab 1933 nur noch begrenzt möglich, beispielsweise im ***Jüdischen Kulturbund***, wo er Mitglied war. Er wirkte jedoch weiter an zahlreichen Konzerten mit. Unterrichten durfte er ab 1937 nur mehr am ***Philanthropin***. In den Pogromnächten 1938 rettete Nathan Saretzki 13 Notenbände aus der brennenden Frankfurter Hauptsynagoge, in denen u. a. das von ihm mitgestaltete Repertoire des liberalen Ritus festgehalten war. Diese erhaltenen Bände sind heute ein wertvolles Zeugnis, da viele der Komponist*innen vertrieben und ein Großteil der Aufzeichnungen zerstört wurden. Infolge der Pogrome wurde Nathan Saretzki am 13. November 1938 verhaftet – gleich nach seiner Ankunft im Polizeirevier Oberweg jedoch durch die Hintertür wieder freigelassen. Sohn Edgar gelang 1939 über die Niederlande die Flucht nach Großbritannien. Er konnte nach dortiger Internierung anschließend in Kanada Fuß fassen.

Seit September 1941 mussten Emmi und Nathan Saretzki einen „Judenstern“ tragen. Nathan Saretzki leitete das letzte Konzert der Gemeinde im ***Philanthropin***, in dem jüdische religiöse Musik zur Aufführung kam. Als Rabbinatsverweser hielt er die letzten G'ttesdienste der liberalen Gemeinde im ***Philanthropin*** ab, das nach der Zerstörung der Hauptsynagoge 1938 zur Notsynagoge geworden war.

Am 18. August 1942 wurden Emmi und Nathan Saretzki zusammen mit Emmis Mutter Rosa Ullmann und rund 1.000 weiteren Jüdinnen*Juden nach Theresienstadt deportiert. Dort kam Rosa Ullmann am 16. September 1943 ums Leben. Emmi und Nathan Saretzki wurden im Oktober 1944 weiter nach Auschwitz verschleppt, wo sie am 12. Oktober 1944 ermordet wurden.

An das Schicksal der Familie Saretzki erinnern Stolpersteine vor ihrem letzten frei gewählten Wohnsitz in der Lersnerstraße 34.

(SR)

Quellen

— HHStAW, 518, 4215
— Israelitisches Gemeindeblatt Nr. 10, 1934, S. 398
— Israelitisches Gemeindeblatt Nr. 9, 1937, S. 15
— Bloch, Peter: Meine Lehrer, Frankfurt am Main 2008
— Sarton-Saretzki, Edgar: „Auf Sie haben wir gewartet“, Hanau 1997
— Stellmacher, Martha: „Orgel ad libitum“. Einblicke in die Musik der Reformsynagogen am Beispiel der „Sammlung Oberkantor Nathan Saretzki“, Hannover 2015
— Massar, Kathrin: Nathan Saretzki, in: Claudia Maurer Zenck, Peter Petersen (Hrsg.): Lexikon verfolgter Musiker und Musikerinnen

Frankfurt — Auschwitz

der NS-Zeit, Hamburg: Universität Hamburg 2010: www.lexm.uni-hamburg.de/object/lexm_lexmperson_00004397 (zuletzt aufgerufen am 24.06.2022)
— www.yvng.yadvashem.org/nameDetails.html?language=de&itemId=11623306&ind=1 (zuletzt aufgerufen am 24.06.2021)
— www.frankfurt.de/frankfurt-entdecken-und-erleben/stadtportrait/stadtgeschichte/stolpersteine/stolpersteine-im-nordend/familien/saretzki-emmy-nathan-und-ullmann-rosa (zuletzt aufgerufen am 10.11.2022)

MAGDALENA GEN. MAGDA SPIEGEL

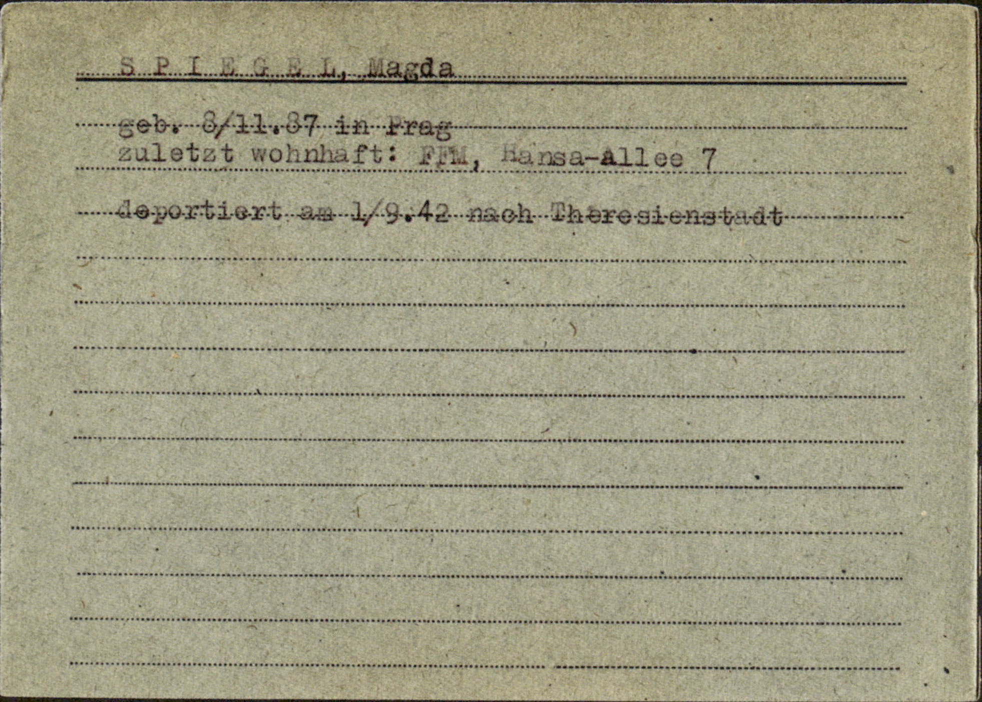
S P I E G E L, Magda

geb. 8/11.87 in Prag
zuletzt wohnhaft: FFM, Hansa-Allee 7

deportiert am 1/9.42 nach Theresienstadt

— * 03.11.1887 Prag
— ✡ unbekannt

— Deportation 01.09.1942 nach Theresienstadt (Terezin/Tschechien), von dort 19.10.1944 nach Auschwitz (Oświęcim/Polen)

Leben

Magdalena, genannt Magda, Spiegel, Tochter des Kaufmanns und Privatiers Johann Spiegel (1852–1928) und seiner Frau Franziska geb. Glaser (1862–1942) wuchs in einer wohlhabenden, angesehenen Prager Familie auf. Über ihre Kindheit und Jugend ist wenig bekannt. Ihre berufliche Laufbahn begann 1907 am ***Neuen Deutschen Theater*** in Prag. Vermutlich aufgrund von Ressentiments und Antisemitismus, die Magda Spiegel wiederholt schon in ihrer Heimatstadt erfahren hatte, soll sie im Alter von 16 Jahren zum Protestantismus übergetreten sein, wobei offizielle Dokumente dies nicht belegen.

Ihre Gesangsausbildung schloss sie bei der bekannten Dresdener Gesangspädagogin Prof. Aglaja Orgeni (1841–1926) ab. Für ein Gastspiel zog sie 1909 zunächst nach Düsseldorf und sang kleinere Partien in Opern wie ***Tosca***, ***Zauberflöte***, ***Rosenkavalier*** und ***Ariadne auf Naxos***. Bis 1916 war sie am dortigen Stadttheater engagiert. Am 19. Dezember 1916 stand sie zum ersten Mal in ***Troubadour*** auf der Frankfurter Opernbühne. Ihre Stimme sorgte über die Stadtgrenzen hinaus für Furore und Magda Spiegel war schon bald für Gastspiele in ganz Deutschland unterwegs. Als erste Altistin, Konzert- und Liedsängerin wurde sie schließlich 1917 Teil des Frankfurter Ensembles. Bekanntheit erlangte sie mit der Zeit vor allem aufgrund ihrer besonderen Wagner-Interpretationen und hohen Schauspielqualitäten, wodurch sie zum Star der Frankfurter Bühne avancierte, wie zeitgenössische Rezensionen bezeugen:

Eine gewisse Sensation bedeutete das Auftreten von Magda Spiegel. Die Stimme der Sängerin hat an Glanz und Schönheit, an Umfang und Tragfähigkeit nichts eingebüsst.

Mit der Ernennung Hitlers zum Reichskanzler im Januar 1933 änderten sich die Strukturen an den Frankfurter Bühnen zunächst nicht, wobei zunehmend die Herkunft der Ensemblemitglieder über ihren künstlerischen Leistungen stand. Unter dem neuen Frankfurter Oberbürgermeister Friedrich Krebs (1894–1961) wurden ab März 1933 die ersten Entlassungen jüdischer Angestellter veranlasst. Magda Spiegel betraf das Inkrafttreten des *Gesetzes zur Wiederherstellung des Berufsbeamtentums* erst einmal nicht.

1934 reiste sie mit dem Opernensemble in die Niederlande, wo sie zu Propagandazwecken als „Vorzeige-Jüdin" vorgeführt wurde. Ihr Vertrag wurde bis 1935 verlängert, wobei ihre Engagements weniger und die Rollen unbedeutender wurden, wenngleich die Öffentlichkeit sich regte und Stimmen aus der Presse mit Nachdruck eine größere Präsenz der Sängerin in den Spielzeiten forderten. Dennoch erfolgte noch im gleichen Jahr die Entlassung, gegen die sich Magda Spiegel vergebens mit einem Schreiben an den Präsidenten der Reichstheaterkammer, Otto Laubinger (1892–1935), zur Wehr zu setzen versuchte. Mit dem Weggang von der Frankfurter Spielstätte verschwand auch ihr Name aus dem Bewusstsein der Öffentlichkeit.

In der Hoffnung, der drohenden Deportation zu entkommen, konvertierten sie und ihr Lebensgefährte Max Loeb (1879–unbekannt) 1942 noch zum Katholizismus, nachdem sie sich zuvor um Ausreisevisa bemüht hatten. Für die nationalsozialistische Regierung blieb Magda Spiegel dennoch eine Jüdin: Sie wurde im Oktober 1942 vom Frankfurter Ostbahnhof aus nach Theresienstadt deportiert. Sie verblieb gut zwei Jahre in Theresienstadt, bevor sie am 19. Oktober 1944 weiter nach Auschwitz verschleppt wurde. Vermutlich wurde sie dort zu einem unbekannten Zeitpunkt ermordet.

Ein Stolperstein in der Holzhausenstraße 16 erinnert an das Schicksal von Magda Spiegel.

(IH)

Quellen

— ISG FFM, S2, 308
— Gemeindeblatt der Israelitischen Gemeinde Frankfurt am Main Jg. 14, Heft 9 (Juni 1936)
— Becker, Claudia: Magda Spiegel. Biographie einer Frankfurter Opernsängerin 1887–1944, Frankfurt am Main 2003
— Becker, Claudia: Magda Spiegel, in: Maurer Zenck, Claudia u. Petersen, Peter (Hrsg.): Lexikon verfolgter Musiker und Musikerinnen der NS-Zeit, Universität Hamburg 2007: www.lexm.uni-hamburg.de/object/lexm_lexmperson_00002664 (zuletzt aufgerufen am 16.01.2023)
— Frost, Reinhard: Spiegel, Magda. Artikel aus der Frankfurter Biographie (1994/96), in: Frankfurter Personenlexikon (Online-ausgabe), www.frankfurter-personenlexikon.de/node/1281 (zuletzt aufgerufen am 14.01.2023)
— Steen, Jürgen: Die Spuren enden in Auschwitz: Magda Spiegel, 01.01.2003, in: Frankfurt am Main 1933–1945, www.frankfurt 1933-1945.de/nc/beitraege/show/1/thematik/bildende-kunst-literatur-musik/artikel/die-spuren-enden-in-auschwitz-magda-spiegel/ (zuletzt aufgerufen am 14.01.2023)
— Online-Datenbank Frankfurter Stolpersteine, Magda Spiegel: www.frankfurt.de/frankfurt-entdecken-und-erleben/stadtportrait/stadtgeschichte/stolpersteine/stolpersteine-im-nordend/familien/spiegel-magda (zuletzt aufgerufen am 14.01.2023)

JULIUS HIRSCH

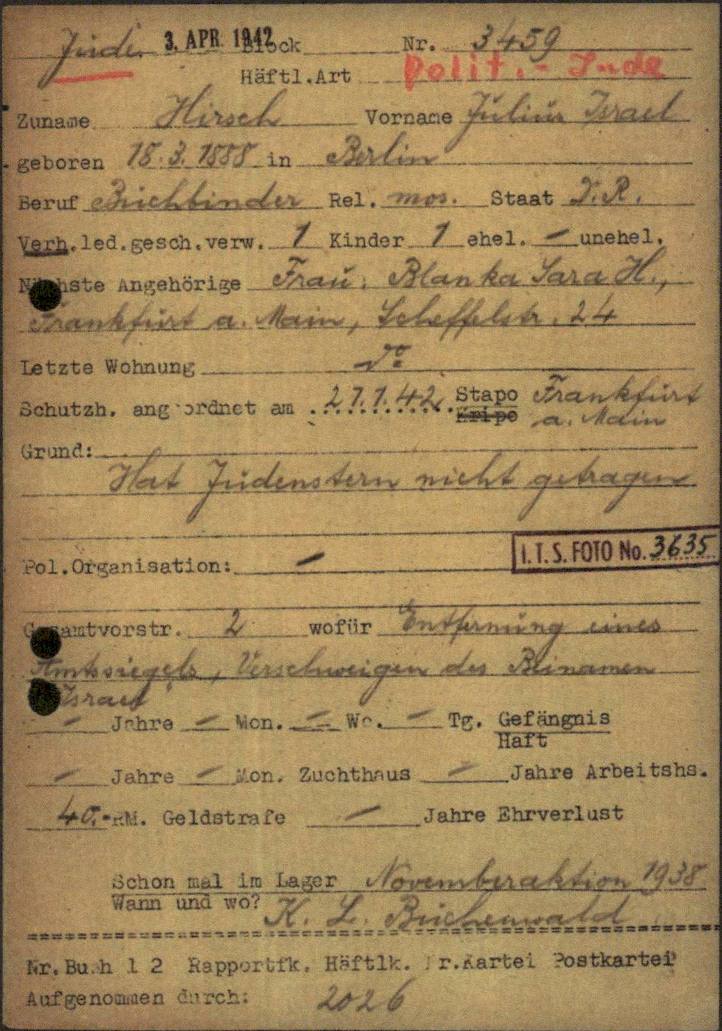

Jude 3. APR. 1942 Block Nr. 3459

Häftl. Art Polit. - Jude

Zuname Hirsch Vorname Julius Israel

geboren 18.3.1888 in Berlin

Beruf Buchbinder Rel. mos. Staat D.R.

Verh. led. gesch. verw. 1 Kinder 1 ehel. – unehel.

Nächste Angehörige Frau: Blanka Sara H., Frankfurt a. Main, Schefflstr. 24

Letzte Wohnung do.

Schutzh. angeordnet am 27.1.42. Stapo ~~Kripo~~ Frankfurt a. Main

Grund: Hat Judenstern nicht getragen

I.T.S. FOTO No. 3635

Pol. Organisation: –

Gesamtvorstr. 2 wofür Entfernung eines Amtssiegels, Verschweigen des Beinamen Israel

– Jahre – Mon. – Wo. – Tg. Gefängnis Haft

– Jahre – Mon. Zuchthaus – Jahre Arbeitshs.

40.- RM. Geldstrafe – Jahre Ehrverlust

Schon mal im Lager Wann und wo? Novemberaktion 1938 K. L. Buchenwald

Nr. Buch 1 2 Rapportfk. Häftlk. Nr. Kartei Postkartei

Aufgenommen durch: 2026

— * 18.03.1888 Berlin
— ✡ 07.10.1942 Tötungsanstalt Schloss Hartheim/Österreich

— Deportation 03.04.1942 nach Buchenwald, von dort am 06.07.1942 nach Dachau, von dort am 07.10.1942 in die Tötungsanstalt Schloss Hartheim/Österreich

BLANKA HIRSCH
GEB. BACHRACH

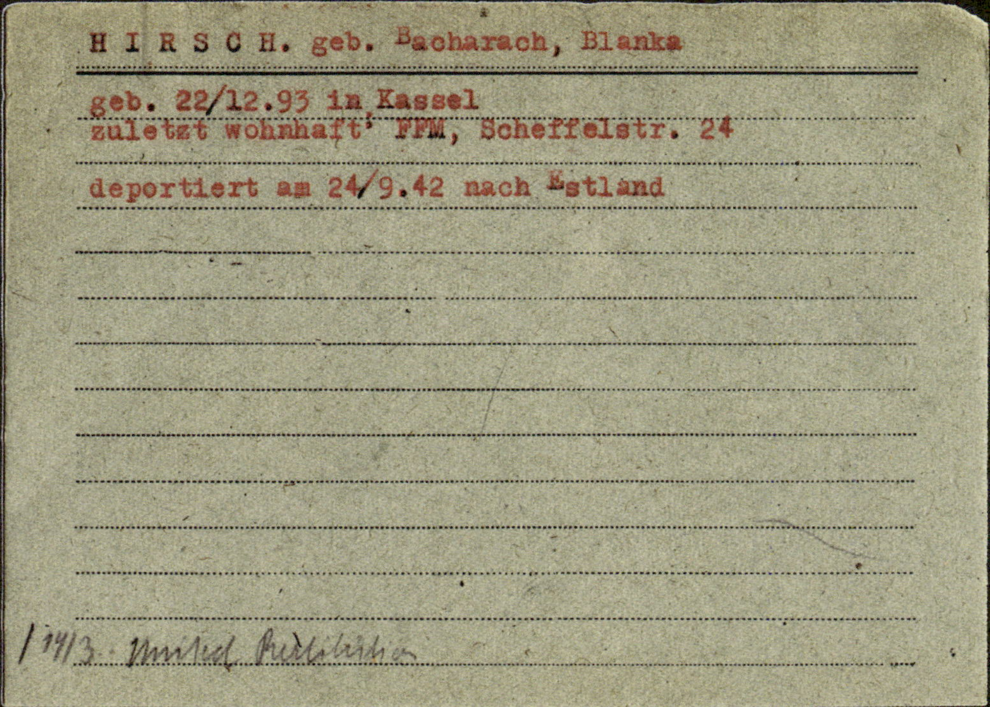
H I R S C H. geb. Bacharach, Blanka

geb. 22/12.93 in Kassel
zuletzt wohnhaft' FFM, Scheffelstr. 24

deportiert am 24/9.42 nach Estland

14/3. Mitteil. [illegible]

— * 22.12.1893 Kassel
— ✡ unbekannt

— Deportation 24.09.1942 nach Raasiku/Estland

Leben

Blanka (auch Blessa) Bachrach wurde 1983 als zweite Tochter von Wolf (1863–1926) und Clara Bachrach geb. Groedel (1871–1943) in Kassel geboren. Sie wuchs auf mit ihren vier Geschwistern Hedwig (Henriette) (1895–unbekannt), Friedericke (Friedel) (1898–unbekannt), Max (1900–1981) und Ruth (Lotte) (1901–unbekannt). 1905 zog die Familie von Kassel nach Frankfurt am Main. Blanka, die in Kassel die Höhere Mädchenschule besucht hatte, absolvierte hier das Lyzeum *Viktoriaschule* (heute *Bettinaschule*) und nach Erlangung der Hochschulreife die städtische höhere Handelsschule. Sie machte eine kaufmännische Ausbildung im *Jüdischen Buchverlag und Buchvertrieb J. Kauffmann* und arbeitete anschließend als Sekretärin des Inhabers, Dr. phil. Felix Kauffmann (1878–1953). 1920 heiratete sie Julius Hirsch und übersiedelte mit ihm nach Berlin.

Julius, Sohn von Moses (Moritz) (unbekannt–1928) und Alwine Hirsch geb. Jablonski (unbekannt–1938), hatte in Berlin das *Dorotheen-Realgymnasium* besucht. Nach einer Ausbildung zum Buchbinder und vier Jahren Kriegsdienst war er in das väterliche *Engros- und Detailgeschäft für Kontobücher und Büroartikel* in Berlin-Charlottenburg eingestiegen. Als Fachkraft für Buchhaltung und Kundenkorrespondenz arbeitete nach der Hochzeit auch seine Frau Blanka im Unternehmen. Durch den Tod des Vaters 1928 wurde Julius Hirsch zum Alleininhaber. Das Ehepaar löste das Ladengeschäft auf und konzentrierte sich fortan sehr erfolgreich auf den Großhandel. Doch bereits 1932 bekamen sie die

Auswirkungen der zunehmenden antijüdischen Repressionen zu spüren: Großunternehmen wie Regierungsstellen, bis dahin die Hauptkunden, entzogen der Firma Hirsch Aufträge, wodurch die Umsätze wesentlich zurückgingen. Um dem drohenden Konkurs zu entgehen, entschied sich das Ehepaar, die Firma zu liquidieren und nach Frankfurt überzusiedeln. Die am 7. April 1923 in Berlin geborene Tochter Judith (1923–unbekannt) war bereits 1932 zur Großmutter nach Frankfurt gezogen, Blanka folgte ihr, Julius nach Abschluss der Betriebsauflösung 1933.

In Frankfurt wohnte die Familie anfangs bei Blanka Hirschs Mutter und Bruder in der Ulmenstraße 27. Da beide Ehepartner in Frankfurt rasch beruflich Fuß fassen konnten, war es ihnen möglich, eine eigene Dreizimmerwohnung in der Eppsteiner Straße 5 zu beziehen. Judith, die in Berlin bereits drei Schuljahre absolviert hatte, besuchte in Frankfurt von 1932 bis 1933 die ***Varrentrappschule*** in Bockenheim und anschließend bis zur Obersekunda im Sommer 1938 das ***Philanthropin***. Blanka Hirsch konnte dank ihrer hohen Qualifikation eine gut dotierte Stelle in der jüdischen ***Wirtschafts- und Revisionsgesellschaft mbH. Leopold Merzbach***, Bleichstraße 55, antreten. Die Wirtschaftsprüfungsgesellschaft war auf die Finanzberatung bei Auswanderungsabsichten jüdischer Bürger*innen spezialisiert. Das Ende der Firma setzten die Novemberpogrome 1938: Leopold Merzbach (1870–1943) gehörte zu den rund 3.000 jüdischen Frankfurter Bürger*innen, die dabei in Konzentrationslager verschleppt wurden. Vor seiner Freilassung aus Buchenwald musste er der zwangsweisen Auflösung des Unternehmens zustimmen; Blanka Hirschs letzte Aufgabe in der Wirtschaftsprüfungsgesellschaft war Anfang 1939 die Durchführung eben dieser Liquidation.

Julius Hirsch war aktiv im jüdischen Sportverein ***Bar Kochba Frankfurt*** und der überregionalen Neuorganisation des Makkabi-Verbandes 1933. Beruflich etablierte er sich in Frankfurt mit einer „Provisions-Vertretung im Handel in Bürobedarfsartikel“, die er am 1. November 1933 anmeldete. Als reisender Vertreter vertrieb er Büroartikel und Papierwaren, die in Lohn-Fabrikationen hergestellt wurden. Auf diese Weise „gelang es ihm, sich wieder einigermaßen eine Existenz aufzubauen“. Doch durch die sich mehrenden antijüdischen Gesetze und Maßnahmen des NS-Staates gegen Unternehmen und Selbständige brachen Absatz und Einkommen mehr und mehr ein. Am 25. Januar 1937 musste Julius Hirsch dem Finanzamt den „absolute[n] Geschäftsstillstand“ melden.

Die Familie entschied, in die USA auszuwandern. Man hatte von dort ein Affidavit, eine für die Einwanderung benötigte Bürgschaftserklärung, und am 1. September 1938 beantragte Julius Hirsch die für die Emigration erforderliche „Unbedenklichkeitserklärung“ beim Finanzamt Frankfurt-Ost. Als Erste konnte vorab Tochter Judith mit der ***Jugend-Aliyah*** am 15. September 1938 ins britische Mandatsgebiet Palästina emigrieren. Sie sollte von dort aus zu den Eltern in die USA nachkommen. Doch die Verhaftung von Julius während der Novemberpogrome verhinderte die geplante Ausreise. Erst nachdem Julius Hirsch im KZ Buchenwald der zwangsweisen Betriebsauflösung zugestimmt hatte, wurde die „Unbedenklichkeitserklärung“ mit Datum 31. Dezember 1938 ausgestellt. Doch Julius Hirsch war nach dem Aufenthalt in Buchenwald gesundheitlich stark angeschlagen, so dass sich die Emigration abermals verzögerte. Finanziell unterstützt durch Elias Goldschmidt (1869–1949) unternahm das Ehepaar im Sommer 1940 einen zweiten Auswanderungsversuch. Dieser wiederum scheiterte am zwischenzeitlich verfügten Aufnahmestopp der USA.

Ohne eigenes Einkommen überlebten Blanka und Julius Hirsch seit 1939 allein dank der finanziellen Unterstützung durch Blanka Hirschs bereits emigrierte Onkel Max und Ludwig Groedel, die ehemaligen Inhaber der ***OHG Eduard Groedel – Großhandlung für tierische Rohstoffe***, an der sie selbst ursprünglich Anteile besaß. Ludwig Groedel war im Zuge der Novemberpogrome 1938 ins KZ Buchenwald verschleppt und gezwungen worden, das Firmengrundstück, auf das die *Adlerwerke* schon länger ein Auge geworfen hatten, zu veräußern. Das Ehepaar verlor seine Wohnung in der Eppsteiner Straße 5, musste in ein „Judenhaus“ ziehen, zuerst in der Wöhlerstraße 4, dann 1941 in die Scheffelstraße 24.

Am 21. Januar 1942 wurde Julius Hirsch „wegen Verstosses gegen Kennzeichnung der Juden" durch die Gestapo verhaftet und in „Schutzhaft" genommen, am 12. Februar 1942 vom Polizeigefängnis in die Strafanstalt als „politischer Jude" eingeliefert und von dort am 3. April 1942 in das KZ Buchenwald deportiert (Häftlingsnummer 3.459). Dort war er zuerst im „Arbeitskommando 41 – Lagerstraße", kam vom 9. Mai 1942 bis zum 16. Mai 1942 in den Quarantäneblock 59, anschließend in die Strafkompanie 36, bis er schließlich als Gefangener im Block 50 am 6. Juli 1942 mit dem sog. Invalidentransport weiter in das KZ Dachau deportiert wurde.

Angekommen am 9. Juli 1942 im KZ Dachau (Zugangs-Nr. 30.978) wurde er unmittelbar im Invalidenblock 24/1 inhaftiert, „zu dem jeglicher Zugang verwehrt war. Die Bewohner*innen dieses Blocks waren für die Vergasung auf Schloss Hartheim bei Linz vorgesehen." In die dortige Tötungsanstalt wurde Julius Hirsch drei Monate später, am 7. Oktober 1942, mit weiteren 89 Gefangenen im Rahmen des Euthanasieprogramms ***Aktion 14f13*** deportiert und dort noch am selben Tag ermordet. Um diese Morde zu vertuschen, wurde seine Sterbeurkunde in Dachau ausgestellt und mit dem Datum 16. Oktober 1942 versehen. Eine Grabstätte für Julius Hirsch befindet sich im Gräberfeld für NS-Opfer auf dem Frankfurter Jüdischen Friedhof.

Blanka Hirsch wurde am 24. September 1942 mit weiteren 236 Menschen aus Frankfurt deportiert. In Berlin wurden am 26. September 1942 die Wagen einem Zug angekoppelt, in dem 812 Berliner Jüdinnen*Juden gefangen waren. Das Ziel der Deportation war Raasiku in Estland. Nach Ankunft am 30. September 1942 wurden nur wenige der Deportierten in Lager verbracht, die meisten Häftlinge, unter ihnen vermutlich auch Blanka Hirsch, wurden unmittelbar nach ihrer Ankunft in dem nahegelegenen Waldgebiet Kalevi-Liva ermordet. Ihr Todesdatum wurde posthum auf den 8. Mai 1945 festgesetzt.

Die letzten Lebenszeichen der Eltern erhielt Judith Hirsch am 14. Oktober 1942 durch ein Telegramm ihres Onkels Harry Plonski (1891–unbekannt), das ihre Mutter vermutlich während des Aufenthalts im Deportationszug in Berlin verfasst hatte. Hierin teilte sie ihrer Tochter mit:

> *Vorläufig meine letzte Nachricht. Papie [sic] blieb in Dachau, ich abwanderte Jomkippur Friedels Gegend [gemeint ist Polen, hier lebte Blankas Schwester Friedel]. Alles Glück geliebte Kinder, liebe Euch lebenslang. Hoffentlich [...] Wiedersehen. Oma Theresienstadt. Küsse.*

Judith Hirsch hatte ihren Wunsch, Medizin zu studieren, aufgrund der erzwungenen Auswanderung nicht mehr realisieren können. Der geplante Nachzug zu den Eltern in den USA war durch deren Ermordung hinfällig geworden. Völlig mittellos blieb ihr zwei Jahre lang keine andere Möglichkeit, als im *Kibbuz Betsera* zu bleiben. Hier lernte sie Kinderpflege, jedoch ohne eine richtige Ausbildung absolvieren zu können. Auch eine Ausbildung zur Krankenschwester war aufgrund des fehlenden Abiturs nicht möglich. 1945 übersiedelte sie nach Jerusalem, arbeitete dort als nichtdiplomierte Kinderpflegerin. 1949 heiratete sie, 1949 und 1952 wurden ihre beiden Kinder geboren.

(HR)

Quellen

- HHStAW, 518, 36523
- HHStAW, 518, 51766
- HHStAW, 518, 14019
- HHStAW, 518, 30226
- HHStAW, 518, 54651
- HHStAW, 676, 7495
- HHStAW, 409/4, 26
- ISG FFM, A.67, 390

— ITS Digital Archive, Arolsen Archives / 1.1.5.3 Individuelle Unterlagen Männer Buchenwald / Individuelle Häftlingsunterlagen - KL Buchenwald / Akten mit Namen ab A bis SYS und weiterer Untergliederung / Akten mit Namen ab HIRSCH / Sign. 01010503 001.189.053 / Doc. ID 6100668-6100671
— ITS Digital Archive, Arolsen Archives / 1.1.5.1 Listenmaterial Buchenwald / Zugänge zum KL Buchenwald von verschiedenen Orten (Männer), 1942 / Doc. ID 5291143
— ITS Digital Archive, Arolsen Archives / 1.1.5.1 Listenmaterial Buchenwald / Transporte vom KL Buchenwald zu den KL Auschwitz, Bergen-Belsen, Dachau - Abgänge (Männer), 24.10.1940 - 20.03.1945 / Sign. 8015600 / Doc. ID 5287713
— ITS Digital Archive, Arolsen Archives / 1.1.6.7 Schreibstubenkarten Dachau / Schreibstubenkarten Dachau A-Z / Sign. 01010607 115 / Doc. ID 10661917
— ITS Digital Archive, Arolsen Archives / 1.1.6.2 Individuelle Unterlagen Dachau / Individuelle Häftlings Unterlagen - KL Dachau / Akten mit Namen ab HERSKOWICS / Sign. 01010602 073.493 / Doc. ID 10093403

— ITS Digital Archive, Arolsen Archives / 1.1.6.1 Listenmaterial Dachau / Sign. 8062800 / Doc. ID 9919925 u. 9919961
— ITS Digital Archive, Arolsen Archives / 1.2.1.1 Deportationen / Deportationen aus dem Gestapobereich Frankfurt am Main / Sign. 8229702 / Doc. ID 11200280
— ITS Digital Archive, Arolsen Archives / 2.1.1.1 HE 013 JÜD 0 Informationen verschiedener Art / Sign. DE IST 2.1.1.1 HE 013 JÜD ZM 87 / Doc. ID 7052356
— KZ-Gedenkstätte Dachau
— Dokumentationsstelle Hartheim
— Jah, Akim: Die Deportationen der Juden aus Berlin – Die nationalsozialistische Vernichtungspolitik und das Sammellager Große Hamburger Straße, Berlin 2013
— Kaiser, Ernst u. Knorn, Michael: Wir lebten und schliefen unter den Toten, Frankfurt am Main 1994
— Roos, Helga: Vom Gutleuthöferfeld zum Galluspark, in: Geschichts-

werkstatt Gallus (Hrsg.): Die Geschichtswerkstatt Gallus berichtet. Historisches und Aktuelles, Vol. 42, Frankfurt am Main 2016, online abrufbar: www.gallus-sportkreis-frankfurt.de/downloads/archiv/Geschichtswerkstatt-Gallus-berichtet-Nr-42.pdf (zuletzt aufgerufen am 01.02.2023)
— www.karl-leisner.de/vor-75-jahren-starb-pater-august-benninghaus-sj-im-kz-dachau/ (zuletzt aufgerufen 27.10.2022)
— www.rolfschwarz.com/SCI/Buchenwald/buchenwald-dt.htm (zuletzt aufgerufen am 27.10.2022)
— www.ns-euthanasie.de/index.php/aktion-14f13 (zuletzt aufgerufen am 09.11.2022)
— sempub.ub.uni-heidelberg.de/gsi/de/wisski/navigate/318/view (zuletzt aufgerufen am 03.02.2023)

Exkurs: Der Makkabi-Sport in Frankfurt 1933–1938 und seine Protagonisten Julius Hirsch und Jules Schick

Als Vorläufer des heutigen ***TuS Makkabi Frankfurt e. V.*** kann der 1913 gegründete ***Jüdische Turnverein Frankfurt*** (JTV) angesehen werden. Zum Gründungsvorstand gehörten Dr. Siegfried Seligmann, Karl Rosenheimer, Emil Wolpert, Jakob Schloß, Erhard Mayer, Lotte Bär, Fritz Freund sowie Georg Freudenstein. Der ***JTV Frankfurt*** vertrat eine nationaljüdische Haltung, grenzte sich aber vom Zionismus ab. Als nach dem Ersten Weltkrieg, wie in vielen Turnvereinen, auch im JTV die Ausweitung vom reinen Turnen auf Leichtathletik und Mannschaftssport nicht mehr aufzuhalten war, erfolgte im Dezember 1921 die Umbenennung in ***Jüdischer Turn- und Sportverein Bar Kochba Frankfurt*** (JTSV BK Frankfurt) und der Beitritt zum neugegründeten ***Deutschen Makkabi-Kreis***. Die Vereinsbezeichnung „Bar Kochba" erinnerte dabei an Simon bar Kochba, den Anführer des Bar-Kochba-Aufstands gegen das Römische Reich (132 bis 135 v. u. Z.). Bekannt wurde der ***JTSV BK Frankfurt*** in den 1920er Jahren vor allem durch seine erfolgreiche Leichtathletikabteilung. Eine eigene Fußballabteilung meldete ***BK Frankfurt*** erst 1928 an, ohne jedoch am Wettkampfbetrieb der Verbandsligen teilzunehmen; man beschränkte sich auf Freundschaftsspiele und Turniere innerhalb des ***Makkabi-Verbands***.

Im jüdischen Sport war nach der Machtübernahme 1933 zunächst die Auffassung verbreitet, dass sich die Nationalsozialisten nicht lange an der Regierung halten würden; dass dies ein Trugschluss war, realisierte der ***Makkabi-Verband*** schließlich im Mai 1933. Bis zu diesem Zeitpunkt waren schon in vielen Sportarten jüdische Mitglieder aus ihren bisherigen Vereinen und die jüdischen Vereine aus ihren Verbänden ausgeschlossen worden. ***BK Frankfurt*** hatte, wie auch die anderen jüdischen Turn- und Sportvereine, wie bspw. der ***Schulsportverein Philanthropin Frankfurt***, der ***TSV Schild Frankfurt***, der ***Jüdische Turner-Bund*** und der ***Jüdische Arbeiter-Sport-Klub Frankfurt*** (Jask), vor 1933 relativ wenige Mitglieder, es wird eine Zahl von 230 im Jahre 1929 geschätzt. Die sportliche Heimat des überwiegenden Teils der jüdischen Athlet*innen waren die paritätischen Vereine. Nun wurde der völlige Neuaufbau einer reichsweiten selbstorganisierten Sportstruktur erforderlich, eine große Herausforderung für den ***Deutschen Makkabi-Kreis***. Zur Organisierung und Durchführung eines eigenen geregelten Spielbetriebs wurden regionale Arbeitsgemeinschaften gegründet, so auch am 8. Oktober 1933 die ***Arbeitsgemeinschaft jüdischer Turn- und Sportvereine Südwestdeutschlands*** mit Sitz in Frankfurt. In den Ligen der ***AG Südwest*** spielten in den Ballsportarten u. a. die deutsch-jüdischen Vereine des ***Makkabi-Kreises*** und des dem Reichsbund jüdischer Frontsoldaten zugeordneten ***Schild-Verbands***.

BK Frankfurt hatte bereits im Mai 1933 damit begonnen, offensiv um vereinslose jüdische Sportler*innen zu werben. Um das behördliche Verbot, städtische Hallen zu nutzen, zu umgehen, wich man auf die Turnhallen in den jüdischen Schulen aus. Für den Neuanfang im Handball und Fußball war es förderlich, dass Ende August 1933 noch Spiele gegen die bis dahin noch nicht verbotenen Vereine des katholischen ***DJK-Verbandes*** ausgetragen werden konnten. Wichtigster Anziehungspunkt waren aber die Veranstaltungen zum 20-jährigen Vereinsjubiläum, das mit den Vereinsmeisterschaften am 30. Juli im Ostpark und einem BK-Jubiläumssportfest am 17. September auf dem Platz des ***TSV Schild*** „Am Buchrainweiher" in Offenbach würdig begangen werden konnte. Der ***TSV Schild Frankfurt*** konnte bis zum Verbot im November 1938 durchgehend den dortigen auf dem Gelände der Firma Fredenhagen gelegenen Platz nutzen; Firmeninhaber war die jüdische Familie Kupczyk. Bis zu dessen Verbot als Arbeitersportverein im Mai 1933 war das Sportgelände an den Arbeitersportverein ***Freie Turner Oberrad*** vermietet gewesen. Am 2. Dezember 1933 folgte eine große 20-Jahr-Feier in der Frankfurter Loge in der Eschersheimer Landstraße 25–27.

Bis Ende 1934 hatte ***BK Frankfurt*** folgende Abteilungen aus- bzw. vor allem neu aufgebaut: Fußball, Handball, Turnen, Leichtathletik, Gymnastik, Boxen, Tischtennis, Schwimmen, später auch Hockey, Faustball, Schach und Wintersport. Bis Ende 1934 war der Verein auf

ca. 1.000, 1935 auf 1.500 Mitglieder angewachsen und hatte trotz der verstärkten Auswanderungen auch 1937 noch 1.000 Mitglieder. Die Athlet*innen maßen sich bei vielen nationalen und internationalen Sportbegegnungen und Turnieren, Höhepunkt war die Teilnahme an der 2. Makkabiade im Frühjahr 1935 in Tel Aviv. In der deutsch-jüdischen Delegation von 118 Sportler*innen befanden sich viele erfolgreiche Mitglieder des ***BK Frankfurt***.
Im Unterschied zu der Zeit vor dem Nationalsozialismus wurde die zionistische Jugendbildungsarbeit zentraler Bestandteil im ***BK Frankfurt***. Es ging darum, die jugendlichen Sporttreibenden ideologisch zu stärken und sie auf die Auswanderung nach Palästina vorzubereiten. Die schärfsten Auseinandersetzungen vor Ort und mit der Stadt Frankfurt betrafen die Ballsportarten, unter denen vor allem die Fußballabteilung rasant gewachsen war. Die öffentliche Präsenz der Sportler*innen mit mehr und mehr Zuschauer*innen rief nicht nur Proteste der NS-Stadtteilorganisationen hervor, sie widersprach grundsätzlich dem Anspruch der Stadt Frankfurt und des NSDAP-Oberbürgermeisters Friedrich Krebs, Vorreiter in der antijüdischen Politik zu sein.

Der Ausschluss Bar Kochbas von Platzzuteilungen 1934 musste nach monatelangen Verhandlungen rückgängig gemacht werden. Dem Vereinsvorsitzenden Julius Schick war es schließlich gelungen, die Verantwortlichen der Stadt davon zu überzeugen, dass sie mit dem Platzverbot – mit dem Frankfurt allein unter den deutschen Großstädten dastand – gegen die Empfehlungen des ***DFB*** und die Richtlinien des NS-Reichssportführers verstießen.

Die neue Stärke der Fußball- und Handballabteilungen zeigte sich in den Pokalfinalspielen des ***Deutschen Makkabi-Kreises***, die am 11. November 1934 im Waldstadion vor mehr als 2.000 Zuschauer*innen ausgetragen wurden (erlaubt war nur die Nutzung der dortigen Übungsplätze). Obwohl erst seit zwei Monaten im Ligabetrieb, wurden beide Teams Pokalsieger – und verteidigten diese Titel auch in den Folgejahren.

Im Vorfeld der Olympischen Spiele 1936 setzte 1935 die Anordnung, alle „außenpolitischen Folgerungen" zu vermeiden, den antijüdischen Übergriffen gerade auch im Sport eine Grenze. Im März musste in Frankfurt ein Probespiel der Fußballteams, die den ***Deutschen Makkabi-Kreis*** bei der 2. Makkabiade vertreten sollten, genehmigt werden. Und schließlich wurde BK im Dezember 1935 der hintere Platz der Sportanlage Sondershausenstraße/Kleyerstraße zugeteilt. Er blieb bis zum Verbot aller deutsch-jüdischen Vereine nach den Novemberpogromen 1938 der Vereinsplatz. Die letzte Veranstaltung dort war ein Schulturnier am 6. November 1938.

Unter den vielen Personen, die mit dem Sport die größte deutsch-jüdische Selbstorganisation schufen, einem großen Teil der Frankfurter jüdischen Bevölkerung Zuflucht und Stärkung angesichts von Ausschluss und Repression boten, Strukturen der Begegnung und Solidarität schafften, Menschen nicht nur körperlich, sondern auch mental und spirituell stärkten und auf die Emigration vorbereiteten, sind für den Verein ***Bar Kochba Frankfurt*** zwei Menschen besonders hervorzuheben: Julius Hirsch und Jules Schick.

Die Neuaufstellung der reichsweiten selbstorganisierten Sportstruktur im ***Makkabi-Kreis*** im Frühjahr 1933 oblag den Funktionären des ***TSV Bar Kochba Berlin*** als größtem und erfahrenstem Verein im deutschen Makkabi-Sport. Einer dieser Organisatoren war Julius Hirsch, für den die sportliche Aufgabe zusammenfiel mit dem Neuaufbau seiner beruflichen Existenz in Frankfurt am Main. Julius Hirsch war schon früh Mitglied im ***JTV BK Berlin*** gewesen, 1910–1911 war er leitender Turnlehrer im ***JT Konstantinopel***, 1914 sportlicher Leiter des ***JTV BK Berlin***, 1926 wurde er Mitglied des Vereinsvorstands. In der im Oktober 1933 gegründeten ***Arbeitsgemeinschaft jüdischer Turn- und Sportvereine Südwestdeutschlands*** wurde Julius Hirsch für die Gründungszeit deren 2. Vorsitzender. Den Makkabi-Bezirk Südwestdeutschland leitete er bis November 1934. Mit Abschluss des Übergangs zog er sich im November 1934 aus dieser Position zurück.

In den Verhandlungen mit der Stadt Frankfurt trat insbesondere Jules Schick (1896–1968), verschiedentlich auch Julius oder Jule genannt, als Vereinsvorsitzender des BK hervor. Schick, geboren im Elsass, im Ersten Weltkrieg u. a. Techniker in der Deutschen Rüstungsindustrie, nahm nach dem Friedensvertrag 1920 wieder seine französische Staatsbürgerschaft an. Er erwarb 1921/22 eine Villa in der Hermannstraße 36 und gründete 1924 mit Moritz Bloch in der Kelsterbacher Straße 4–6 die ***Mitteldeutsche Kettenfabrik J. Schick & Co.***, die Ketten für die Vieh- und Landwirtschaft und als erste deutsche Firma Schneeketten herstellte. Peiffer/Wahlig bezeichnen J. Schick als „eine[n] der wichtigsten Persönlichkeiten im deutsch-jüdischen Fußball während der NS-Zeit überhaupt". Neben seiner Tätigkeit als Vorsitzender des ***BK Frankfurt*** war Schick ab 1934 „als Reichsobmann für die Organisation des gesamten Fußball-Spielbetriebs im Deutschen Makkabikreis verantwortlich, daneben war er Geschäftsführer der AG Südwest" und als Nachfolger von Julius Hirsch von November 1934 bis März 1938 Leiter des Makkabi-Bezirks Südwestdeutschland.

Jules Schick emigrierte im Dezember 1937 nach Frankreich und wurde dort 1938 Teilhaber an einer Rahmenverbinder produzierenden Firma in Paris. Unterdessen war in Frankfurt die ***Mitteldeutsche Kettenfabrik*** durch Fritz Emmerich „arisiert" worden. Jetzt wurden in der Firma Schneeketten für die Wehrmacht produziert. Im Zweiten Weltkrieg rettete sich Jules Schick nach Nordafrika. 1946 nahm er die Tätigkeit in seiner französischen Firma wieder auf, im Dezember 1949 heiratete er seine zweite Ehefrau Gertrude, mit der er nach Frankreich geflohen war. Jules Schicks Sohn Henri kehrte 1945 als Soldat der französischen Armee nach Frankfurt zurück, wie die Nachbarin in der Kelsterbacher Straße, Margarete Druschel, zu berichten wusste, da sie auch nach 1945 mit der Familie Schick weiter befreundet war.

Die Geschichtsschreibung des deutschen Makkabi-Sports hebt Jules Schick und Julius Hirsch zudem hervor, weil es dank ihres Verhandlungs- und Organisationsgeschicks und mithilfe vieler Vereinsmitglieder gelang, drei große Hallensportfeste im Frankfurter Hippodrom auszurichten –

eine große Ausnahme im damaligen Deutschland. Robert Atlasz, Chronist des Makkabi-Sports, schreibt von „drei wahrhaft großartige[n] jüdische[n] Hallensportfeste[n ...], die in jeder Beziehung – sowohl äußerer Rahmen der Feste selbst, wie Unterbringung der zahlreichen Sportler vom In- und Ausland – vorbildlich waren. Ein eindrucksvoller Aufmarsch mit Fahnen, entsprechende Reden und eine überfüllte Halle sorgten für eine unvergessliche Atmosphäre, die typisch für ein Hallenfest war, aber unter den obwaltenden Umständen 1934/1936 und angesichts des spezifischen reinen Makkabi-Rahmens ein einmaliges Erlebnis wurde. Turnerische Vorführungen und ein Hallenhandball-Kurzturnier sorgten schon für die notwendige Wettkampfstimmung."

(HR)

Quellen

— HHStAW, 474/3, 1766
— HHStAW, 474/3, 1866
— HHStAW, 474/4, 38
— HHStAW, 507, 279
— HHStAW, 518, 14019
— HHStAW, 518, 73532
— HHStAW, 519/3, 23795
— Jüdische Rundschau, 11.8.1933 u. 27.10.1933
— Gemeindeblatt der Israelischen Gemeinde Frankfurts, 12. Jg., Nr. 4 (Dezember 1933); 13. Jg., Nr. 9 (Mai 1935); 13. Jg., Nr. 11 (Juli 1935)
— Atlasz, Robert: BAR KOCHBA. Makkabi-Deutschland 1898–1938. Im Auftrag der Vereinigung ehemaliger Barkochbaner-Hakohaner, Tel Aviv 1977
— Kommission zur Erforschung der Geschichte der Frankfurter Juden (Hrsg.): Dokumente zur Geschichte der Frankfurter Juden 1933–1945, Frankfurt am Main 1963

- Peiffer, Lorenz: Die Rolle des jüdischen Sports in der Mainmetropole Frankfurt vor und nach dem 30. Januar 1933, Wien 2016 (Vortrag)
- Peiffer, Lorenz u. Wahlig, Henry: Jüdische Fußballvereine im nationalsozialistischen Deutschland. Eine Spurensuche, Göttingen 2015
- Nietzel, Benno: Handeln und Überleben. Jüdische Unternehmer aus Frankfurt am Main 1924–1964, Göttingen 2012
- Roos, Helga: Sport als Widerstand. Jüdische Sportvereine in Frankfurt 1933 bis 1938, in: Hessische Lehrerzeitung (HLZ) 4/2017
- Wahlig, Henry: Sport im Abseits. Die Geschichte der jüdischen Sportbewegung im nationalsozialistischen Deutschland, Göttingen 2015
- Roth, Wolfgang: Die Geschichte der Makkabi-Bewegung, Frankfurt am Main 2019
- www.makkabi-frankfurt.de/makkabi/historie/ (zuletzt aufgerufen am 12.03.2023)
- Interview Robert Gilcher mit Margarete Druschel, Frankfurt am Main 2016

ALBERT
FRIEDRICH HIRSCH

— * 09.08.1888 Frankfurt am Main
— ✡ 28.04.1975 Storm Lake, Iowa/USA

— Emigration 16.08.1939 nach Großbritannien

Leben

Albert Hirsch wuchs als Sohn des Metzgers Isaak Hirsch (1849–unbekannt) und dessen Frau Rebekka geb. Stern (1857–unbekannt) in einem traditionellen jüdischen Umfeld in Frankfurt-Bockenheim auf. Er hatte einen drei Jahre älteren Bruder, Theodor (1885–1915). 1908 bestand Albert Hirsch das Abitur und besuchte die ***Universität München***, wo er 1912 in Literaturwissenschaften promoviert wurde. Nach dem Ersten Weltkrieg legte er sein Lehrerexamen für die Fächer Französisch, Deutsch und Latein ab.

Am 6. Mai 1925 heiratete er in Frankfurt die Krankenschwester Lilly Hirsch geb. Hock (1896–1975). 1926 kam Tochter Hanna (1926–unbekannt) zur Welt, ihr Bruder Rudolph (1928–unbekannt) zwei Jahre später.

Von 1919 bis 1934 war Albert Hirsch als Lehrer für Fremdsprachen an der ***Wöhlerschule*** im Dornbusch angestellt, bevor er dort auf Grundlage des ***Gesetzes zur Wiederherstellung des Berufsbeamtentums*** entlassen wurde. Nach seiner Entlassung fand er am ***Philanthropin*** eine neue Stelle und wurde dort zunächst Oberstudienrat, nach der Flucht des Direktors Otto Driesen → S. 140 zum Oberstudiendirektor. Über diese Zeit schreibt Albert Hirsch:

> *Es war für mich eine reiche Zeit. Man konnte Erfahrungen verwerten und Neues hinzulernen. […] Die Schülerzahl war in den ersten Jahren nahezu auf das Doppelte angewachsen. Bei allem tragischen*

> *Geschehen, die Schule gewann wertvolle junge Menschen, und ihre Erziehungsaufgabe wurde verantwortlicher und notwendiger denn je.*

Zusammen mit seiner Frau Lilly wohnte er in einer Wohnung im Schulgebäude. Albert Hirsch reformierte den Englischunterricht an der Schule, um den Schüler*innen durch den Erwerb des ***Cambridge School Certificate*** die Aufnahme an britischen Universitäten zu ermöglichen.

Im Zuge der Novemberpogrome 1938 wurde Albert Hirsch verhaftet – zusammen mit zahlreichen weiteren Kollegen: „27 männliche Lehrpersonen können seit einer Woche ihren Dienst nicht antreten. Damit sind 800 Kinder [...] ohne Schulunterricht. [...] In der gleichen Lage befinden sich die übrigen jüdischen Schulen in Frankfurt a/M.", wie Lilly Hirsch in einem Schreiben an den Frankfurter Polizeipräsidenten Adolf Beckerle (1902–1976) vom 18. November erklärte. Im KZ Buchenwald, wo Albert Hirsch inhaftiert war, erlitt er einen Knochenbruch und

musste medizinisch behandelt werden. Seine Frau Lilly setzte sich für die Freilassung und den Rücktransport ihres in der Haft verletzten Mannes ein – auch leitete sie alle Vorbereitungen für die Emigration nach Panama ein. Um die hierfür erforderlichen Abgaben leisten zu können, war das Ehepaar Hirsch zum Verkauf von zwei Grundstücken gezwungen.

> ***Ich bitte um Haftentlassung meines Mannes Albert Hirsch, [...] da es mir inzwischen gelungen ist, seine Auswanderung so weit vorzubereiten, dass er sofort nach Erhalt des Reisepasses auswandern kann. Einreisevisum nach Panama liegt bei.***

Anfang Dezember wurde seiner Entlassung schließlich zugestimmt. Am 16. August 1939 verließ die Familie Hirsch Frankfurt in Richtung Birmingham, Großbritannien, wo Albert Hirsch die Leitung des ***Birmingham Hostel for Refugee Boys***, eine Einrichtung für geflüchtete jüdische Kinder, bis zum Umzug der Familie in die USA 1946 übernahm. Am 21. Juni 1946 bestieg die Familie in Liverpool die ***SS Gripsholm*** in Richtung New York, wo sie am 1. Juli eintraf. In Storm Lake (Iowa) fand Albert Hirsch eine Anstellung als Professor für Fremdsprachen am *Buena Vista College*. Albert Hirsch starb am 28. April 1975.

(SR)

Quellen

— ISG FFM, STA 11, 729
— ISG FFM, S1, 34
— NARA, Washington/USA, Passenger and Crew Lists of Vessels Arriving at New York, New York, 1897–1957, Microfilm Publication T715, 01.07.1946 via www.ancestry.org (zuletzt aufgerufen am 12.03.2023)
— The National Archives, London/UK, BT27 Board of Trade: Commercial and Statistical Department and Successors: Outwards Passenger Lists, 21.06.1946 via www.ancestry.org
— Arnsberg, Paul: Die Geschichte der Frankfurter Juden, Bd. 3, Darmstadt 1983
— Hirsch, Albert: Neue Aufgaben. Die Schule in den dreissiger Jahren, in: Hirsch, Albert u. Andernacht, Dietrich: Das Philanthropin zu Frankfurt am Main. Dokumente und Erinnerungen, Frankfurt am Main 1964
— Center for Jewish History, Albert F. Hirsch Collection, online abrufbar: www.archives.cjh.org/repositories/5/resources/3885 (zuletzt aufgerufen am 15.12.2021)

ERNA PINNER

— * 27.01.1890 Frankfurt am Main
— ✡ 05.05.1987 London/Großbritannien

— Emigration 1936 nach London/Großbritannien

Leben

Erna Pinner wurde 1890 in eine großbürgerlich-jüdische Familie geboren. Ihr Vater Dr. med. Oscar Pinner (um 1850/51–1928) war ein angesehener Chirurg und Sammler zeitgenössischer Kunst. Ihre Mutter war Anna Elise geb. Roos (1863–1944). Ihre Ausbildung begann Erna Pinner 1907 an der ***Städelschule***, wo sie auch Bekanntschaft mit der Malerin Ottilie W. Roederstein (1859–1937) machte. Frankfurt kam abseits der großen Kunstmetropolen jener Zeit ein besonderer Platz zu, da hier vergleichsweise früh auch Frauen zum Kunstunterricht zugelassen wurden. 1908 zog Erna Pinner nach Berlin, um in der Malklasse des deutschen Impressionisten Lovis Corinth zu lernen. Es folgte von 1913 an ein Aufenthalt in Paris an der ***Académie Ranson***, wo sie bei den bekannten Nabis-Künstlern Maurice Denise und Paul Sérusier Unterricht erhielt, bevor sie kurz vor Kriegsausbruch 1914 nach Frankfurt zurückkehrte. Für den Frankfurter Zoo malte sie Tierskizzen, fertigte lebensgroße Stoffpuppen an, mit denen sie in der Stadt Bekanntheit erlangte und erstellte außerdem Bühnenbilder für diverse Theater.

1916 lernte sie den Darmstädter Schriftsteller und Expressionisten Kasimir Edschmid (1890–1966) kennen. Ihr wachsendes Interesse für die Tierwelt resultierte in einer gemeinsamen Reise mit Edschmid ab 1925 um die Welt mit Aufenthalten in Italien, Frankreich, Südamerika, Afrika und dem Nahen Osten. Ihre Eindrücke im Ausland hielt sie in zahlreichen Werken fest, die als Grundlage für eigene Publikationen dienten. Neben Zeichnungen von Kindern und Müttern oder von Personen beim

Tanz und der Zubereitung von Speisen entstanden auch Porträts der jeweils einheimischen Bevölkerung in farbenfrohen Kleidern.

Ihre Kreidezeichnungen geben in einfachen Linien und mit kurzen Strichen die kulturellen Besonderheiten jener Menschen, ihre Kleider- und Lebenssitten eindrücklich wider. Trotz der genauen Beobachtung zeigen ihre Zeichnungen von Afrikaner*innen und Südamerikaner*innen aber keine Individuen, sondern Stereotype und spiegeln somit einen kategorisierenden kolonialen Blick wider. Die Bilder tragen nicht die Namen der Porträtierten, vielmehr betitelte Pinner sie rein deskriptiv, etwa als „Suaheli-Mädchen".

Meldungen von Ausgrabungen, seien es Tier- oder Menschenfunde vergangener Zeiten, verfolgte Pinner stets. Zeitungsmeldungen schnitt sie sorgfältig aus und klebte sie in ihre Notizbücher.

Im Zuge der Gleichschaltung durch die Nationalsozialisten wurde Erna Pinner, wie viele jüdische Künstler*innen, im Jahr 1935 aus der ***Reichskammer der Bildenden Künste*** ausgeschlossen und erhielt somit Berufsverbot. Um der Gefahr und den weiteren Repressalien durch die Nationalsozialisten zu entkommen, entschloss Pinner sich im gleichen Jahr zur Emigration nach England. Die Beziehung mit dem nichtjüdischen Edschmid, der keine Absichten hatte, Deutschland zu verlassen, zerbrach, wobei es nach Kriegsende erneut zu einem ausgeprägten Briefkontakt kommen sollte. Die beiden trafen sich jedoch nie wieder persönlich.

In London engagierte Erna Pinner sich Ende der 1930er Jahre in Hilfsorganisationen für jüdische Flüchtlinge aus Deutschland und Österreich. Hier vertiefte sie ihre zoologischen Kenntnisse und es entstanden verschiedene Tierpublikationen.

Aufgrund der nationalsozialistischen Verfolgung konnte Erna Pinner nach Kriegsende einen Wiedergutmachungsantrag stellen. Von der hessischen Entschädigungsbehörde erhielt sie auf Lebenszeit eine monatliche Berufsschadensrente von zunächst 429 DM mit stetigen Erhöhungen sowie Auszahlungen von Rentenrückständen.

(IH)

Quellen

— HHStAW, 518, 25329
— HHStAW, 518, 25330, Bd. 1 u. Bd. 2
— ISG FFM, S2, 1534
— Höllerer, Eva-Maria: So darf ich hoffen, auch auf Gleichberechtigung zu stoßen. Zur besonderen Ausbildungssituation von Künstlerinnen in Frankfurt am Main vor 1919, in: Ausst.Kat.: Zurück ins Licht. Vier Künstlerinnen – Ihre Werke. Ihre Wege (Jüdisches Museum Frankfurt), Bielefeld/Berlin 2022
— Schröder, Julia: Wir wollen nicht mehr darüber reden. Erna Pinner und Kasimir Edschmid – Eine Geschichte in Briefen, Deutschlandfunk, 11.04.1999: www.deutschlandfunk.de/wir-wollen-nicht-mehr-darueber-reden.700.de.html?dram:article_id=80446 (zuletzt aufgerufen am 16.09.2021)
— Online-Beitrag, Deutschlandfunk, URL: www.deutschlandfunk.de/wir-wollen-nicht-mehr-darueber-reden.700.de.html?dram:article_id=80446 (zuletzt aufgerufen am 16.09.2021)

LUIS KAHN

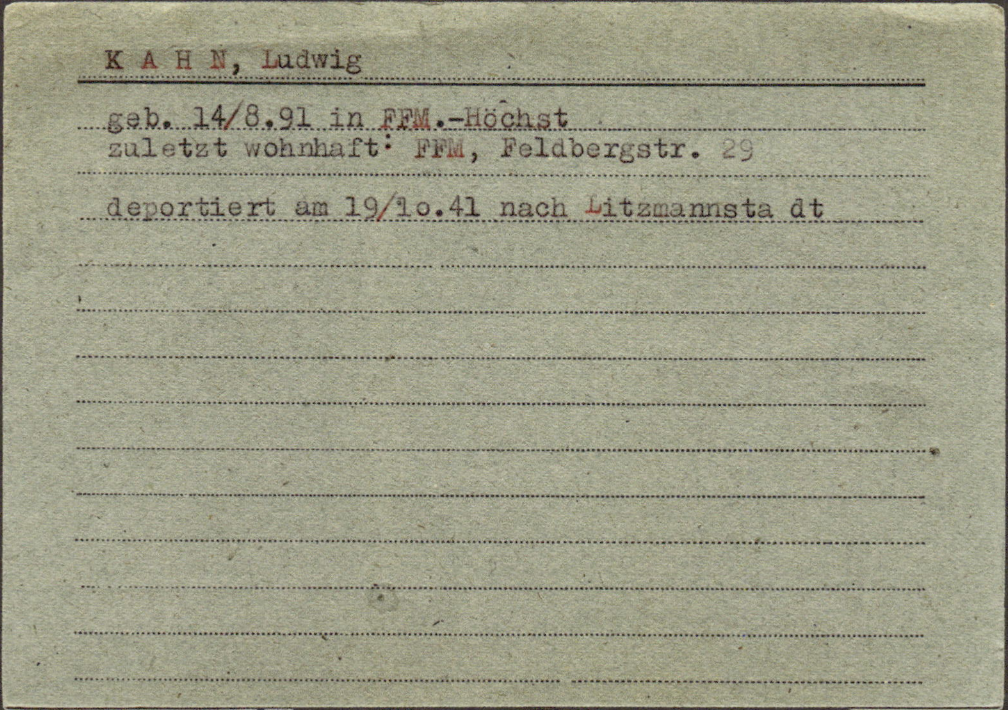

K A H N, Ludwig

geb. 14/8.91 in FFM.-Höchst
zuletzt wohnhaft: FFM, Feldbergstr. 29

deportiert am 19/1o.41 nach Litzmannsta dt

— * 14.08.1891 Höchst am Main
— ✡ unbekannt

— Deportation 19.10.1941 nach Litzmannstadt (Lodz/Polen)

K A H N, geb. Linz, Nanette

geb. 5/1o.96 in Rüsselsheim
zuletzt wohnhaft: FFM, Feldbergstr. 29

~~deportiert am 19/1o.41 nach Litzmannstadt~~

18.4.62: [redacted]

— * 05.10.1896 Rüsselsheim
— ✡ unbekannt

— Deportation 19.10.1941 nach Litzmannstadt (Lodz/Polen)

Leben

Luis (auch Louis oder Ludwig) Kahn wurde am 14. August 1891 in dem 1928 nach Frankfurt eingemeindeten Höchst am Main geboren. Seine Eltern Hermann Kahn (1851–1919) und Sabine geb. Levison (1854–1936) hatten sich, aus Langenselbold kommend, im Jahre 1880 zunächst in der Wallstraße 16 (heute Melchiorstraße) und im Juli 1914 in der Bolongarostraße 128 niedergelassen. Luis' Vater Hermann starb im Jahre 1919 und wurde auf dem Jüdischen Friedhof in Soden beerdigt. Nach seiner kaufmännischen Ausbildung betrieb Luis Kahn ein „Lebensmittel en gros"-Geschäft in der Königsteinerstraße 2. Am 19. August 1926, fünf Tage nach seinem 35. Geburtstag heiratete Luis Kahn die aus Rüsselsheim stammende Klara Nanette Linz (1896–unbekannt). Ihre Eltern waren der Kaufmann Moses Linz (unbekannt–1935) und Mathilde geb. Wimpfheimer. Klara Nanette hatte mindestens drei Geschwister, Ludwig Linz, der als Soldat 1923 im Alter von nur 17 Jahren von französischen Zoll-Grenzposten erschossen wurde sowie Karl Linz (1898–unbekannt) und Melanie Linz (1904–unbekannt), welche beide im März 1942 in das Ghetto Piaski verschleppt wurden.

Luis Kahn galt als geselliger Mensch, der gerne mit seinem Kegelclub ausging. Seine Mitgliedschaft dürfte mit der Machtübernahme der Nationalsozialisten 1933 geendet haben. Für 1934 ist die ***Kahn'sche Lebensmittelgroßhandlung*** in einem sog. Boykottbuch verzeichnet; wie lange das Geschäft danach noch existierte, ist nicht bekannt. Am 2. Juli 1936 zog das Ehepaar Kahn von Höchst nach Frankfurt in

Frankfurt — unbekannt

die Feldbergstraße 29 im Frankfurter Westend. Zwei Wochen später folgte ihnen dorthin auch Ludwigs verwitwete Mutter, Sabine Kahn, die noch im selben Jahr starb.

Als Folge der Novemberpogrome wurde Luis Kahn verhaftet und am 14. November 1938 im Konzentrationslager Dachau interniert. Registriert unter der Häftlingsnummer 24.295 hielten ihn die Nationalsozialisten bis zum 10. Januar 1939 dort fest.

Luis und seine Ehefrau Nanette wurden mit der ersten großen Deportation ab Frankfurt, am 19. Oktober 1941, nach Litzmannstadt verschleppt. Wann sie zu Tode kamen, ist unbekannt.

(CKH)

Quellen

- HStAMR, 914, 34
- HHStAD, H 14 Groß-Gerau F 226
- HHStAW, 676, 8343
- HHStAW, 519/3, 3336
- ISG FFM, STA 12, 801
- ISG FFM, STA 12, 807
- ITS Digital Archive, Arolsen Archives / 1.1.6.1 Listenmaterial Dachau / Zugangsbücher des Konzentrationslagers Dachau / Sign. 805460003 / Doc. ID 130429551
- ITS Digital Archive, Arolsen Archives / 1.1.6.7 Schreibstubenkarten Dachau / Schreibstubenkarten Dachau A-Z / Sign. 01010607 136 / Doc. ID 10672261
- www.stolpersteine-ruesselsheim.de (zuletzt aufgerufen am 12.03.2023)
- www.shoah-memorial-frankfurt.de (zuletzt aufgerufen am 12.03.2023)

HANNS LUDWIG KATZ

— * 24.07.1892 Karlsruhe
— ✡ 17.11.1940 Johannesburg/Südafrika

— Migration 08.10.1936 nach Kapstadt/Südafrika

Leben

Hanns Ludwig Katz wurde als jüngerer von zwei Söhnen des Journalisten Julius Katz (1856–1912) und dessen Frau Martha Isidora geb. Culié (auch: Kulisch) (1854–1935) in Karlsruhe geboren. 1912 begann er das Studium der Architektur und Kunstgeschichte an der Technischen Hochschule in Karlsruhe und schrieb sich außerdem an der *Großherzoglich-Badischen Akademie der Bildenden Künste* ein. Bis 1918 folgten weitere Studienaufenthalte in Heidelberg, Würzburg, München und Berlin, zusätzlich mit den Studienfächern Philosophie und Archäologie. Vom Kriegsdienst im Ersten Weltkrieg war er aufgrund einer Lungenkrankheit freigestellt. Seit jungen Jahren war Katz zudem passionierter Geigenspieler.

Mit der Ausstellung von zehn seiner Ölgemälde im Jahr 1919 in der Galerie des renommierten Berliner Kunsthändler Paul Cassirer (1871–1926) erlangte Katz erstmals öffentliche Bekanntheit. Malerisch und stilistisch stand Katz sowohl der Kunst des Expressionismus als auch derjenigen der Neuen Sachlichkeit nahe. Dabei experimentierte er mit pastosem und glattem Farbauftrag und grellen Farben. Die Motive seines Frühwerks zeichnen sich durch kantige Formen aus, die auf Holzschnittarbeiten aus dem Kreis der im Jahr 1905 in Dresden gegründeten Künstlergruppe *Brücke* zurückgehen. Von seinem Œuvre sind heute noch 76 erhaltene Werke bekannt. Das Gesamtwerk besteht dabei fast ausschließlich aus Porträts, Blumenstillleben und Stadtlandschaften. Seine Werke wurden im Lauf der 1930er Jahre von den Nationalsozialisten als

„entartet" beschlagnahmt und teilweise auch zerstört, wie ein Werk aus der Sammlung des ***Städel***, welches das Museum 1925 angekauft hatte. Auch auf der von den Nationalsozialisten im Jahr 1937 in München veranstalteten Ausstellung ***Entartete Kunst*** war Katz mit einem Werk, dem ***Männlichen Bildnis*** (um 1920), vertreten.

Im Februar 1920 zogen er und seine Ehefrau, die Pianistin Franziska Katz geb. Ehrenreich (1892–1934), nach Frankfurt. Zunächst in die Friedberger Straße 27, 1928 dann in ein Haus in Eschersheim, das auf ihren Wunsch im Bauhausstil errichtet wurde. Hier veranstalteten sie jeden Sonntag Vorträge und Konzerte. Max Beckmann war als Stammgast regelmäßig zu Besuch. Nicht nur aufgrund der neuen Architektur stach ihr Haus in der umliegenden Nachbarschaft hervor, sondern auch, weil sie mindestens einen Affen auf der eigenen Dachterrasse gehalten haben sollen. Exzentrisch war das junge Paar daher sicher.

Katz engagierte sich im Frankfurter ***Kulturbund Deutscher Juden***. Zur finanziellen Absicherung gründete er außerdem 1923 ein Weißbindergeschäft, wo er als Malermeister tätig wurde und jüdischen Menschen eine Ausbildungsmöglichkeit bot. Als „Halbjude" und in „Mischehe" lebend wurde Katz von den Nationalsozialisten mit Berufsverbot als Künstler belegt und stand aufgrund seiner linken politischen Einstellung als bekennender Sozialist außerdem unter Beobachtung. Bereits 1933 hatten Katz und seine Ehefrau daher die Absicht, nach Paris auszuwandern, wozu es aufgrund des frühen Todes von Franziska 1934 jedoch nicht mehr kam. Trotz der Boykottaufrufe gegen jüdische Geschäfte arbeitete Katz, wenngleich enorm eingeschränkt, weiter. 1935 wurde in ihm der Wunsch wach, eine jüdische Künstlersiedlung in Jugoslawien zu gründen, die sich durch handwerkliche, landwirtschaftliche und künstlerische Arbeiten selbst finanzieren sollte. Zur Realisierung des Projekts kam es aufgrund der wachsenden Dringlichkeit, aus Deutschland zu fliehen, jedoch nicht.

Mithilfe des ***Hilfsvereins der Juden in Deutschland*** emigrierte Katz im Oktober 1936 gemeinsam mit seiner zweiten Ehefrau Ruth Wolf

(1911–unbekannt), einer Bildhauerin und ehemaligen Schülerin von ihm, die er kurz zuvor geheiratet hatte, mit dem Passagierschiff ***Stuttgart*** nach Johannesburg, wo bereits Freunde und Familie Zuflucht gefunden hatten. Angekommen in Johannesburg, sah sich das Ehepaar direkt mit diskriminierenden und judenfeindlichen Anfeindungen konfrontiert. Demonstranten der ***Greyshirts***, einer Nazi-Gruppierung am äußersten nationalistisch-rassistischen Rand der Buren-Bewegung, erwarteten das Schiff, um ihren Unmut über die Aufnahme der Geflüchteten kundzutun.

An den künstlerischen Erfolg in Deutschland konnte Katz in seiner neuen Heimat nicht mehr anknüpfen. Auch veränderte sich seine Sujet- und Genrewahl, angepasst an den südafrikanischen Geschmack der Zeit. 1940 starb Hanns Ludwig Katz nach Krebskrankheit in Johannesburg. Nach seinem Tod versuchte seine Ehefrau Ruth die Kunst ihres Mannes in das Bewusstsein der Johannesburger Öffentlichkeit zu rücken, was ihr mithilfe von Freund*innen schlussendlich auch gelang.

(IH)

Quellen

— ISG FFM, STA 11, 154
— ISG FFM, STA 12, 792
— Online-Lexikon der Stadt Karlsruhe, Stadtarchiv, Personen: Julius Katz, URL: www.stadtlexikon.karlsruhe.de/index.php/De:Lexikon:bio-0721 (zuletzt aufgerufen am 07.01.23)
— Online-Lexikon der Stadt Karlsruhe, Stadtarchiv, Institutionen: Staatliche Akademie der bildenden Künste, URL: www.stadtlexikon.karlsruhe.de/index.php/De:Lexikon*ins-0906, (zuletzt aufgerufen am 07.01.23)
— Online-Lexikon der Stadt Karlsruhe, Stadtarchiv, Personen: Hanns Ludwig Katz, URL: www.stadtlexikon.karlsruhe.de/index.php/De:Lexikon:bio-1092 (zuletzt aufgerufen am 07.01.23)

— Online-Datenbank Frankfurter Stolpersteine, Hanns Ludwig Katz, URL: www.frankfurt.de/frankfurt-entdecken-und-erleben/stadtportrait/stadtgeschichte/stolpersteine/stolpersteine-in-eschersheim/familien/katz-hanns-ludwig (zuletzt aufgerufen am 07.01.23)
— Arbeitskreis selbstständiger Kulturinstitute e.V., Tsurikrufn! Erinnerungen an jüdische Persönlichkeiten in Deutschland, Online-Beitrag: Hanns Ludwig Katz 1892–1940, URL: www.tsurikrufn.de/portraits/katz/ (zuletzt aufgerufen am 07.01.23)
— Zeit Magazin, Heft Nr. 31, 24.07.1992

BERTHA JOSEFINE ADLER

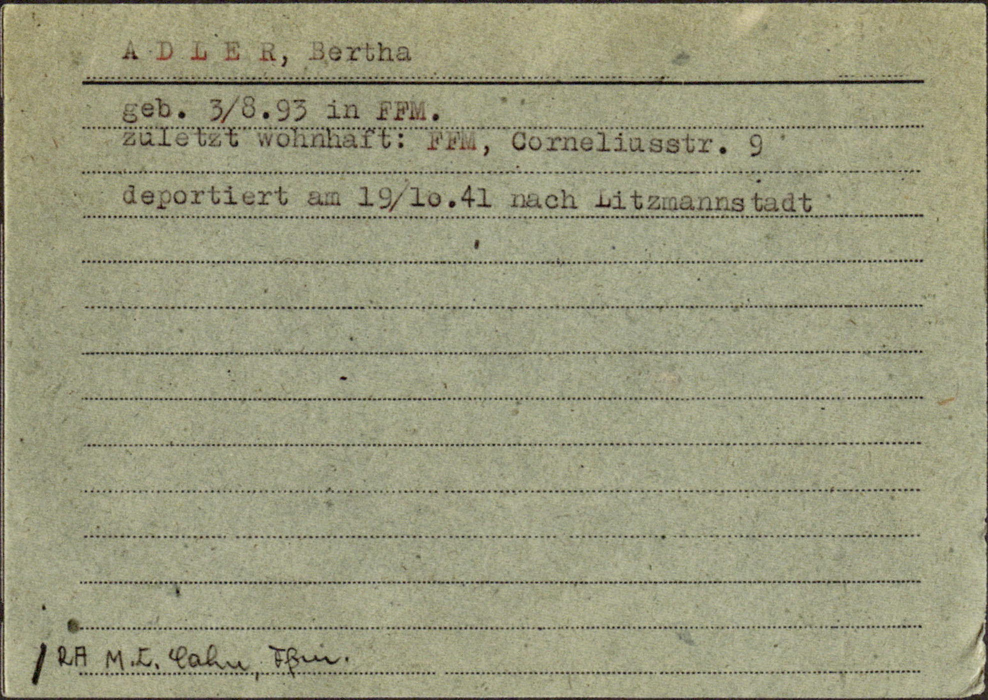
A D L E R, Bertha

geb. 3/8.93 in FFM.
zuletzt wohnhaft: FFM, Corneliusstr. 9

deportiert am 19/1o.41 nach Litzmannstadt

/ RA M.L. Cahn, Ffm.

— * 03.08.1893 Frankfurt am Main
— ✡ unbekannt

— Deportation 19.10.1941 nach Litzmannstadt (Lodz/Polen)

Leben

Bertha Josefine Adler wurde am 3. August 1893 in Frankfurt am Main geboren. Ihre Eltern waren der Buchhändler Koppel, genannt Carl, Adler (1859–1913) und Mathilde Adler geb. Schwelm (1868–1940), beide zu diesem Zeitpunkt wohnhaft Wilhelmstraße 3. Zwei Jahre später kam ihr Bruder Joseph Theo Adler (1895–1996) zur Welt.

Bertha Josefine Adler besuchte die *Israelitische höhere Mädchenschule*, das *Pensionat Heinemann*, von 1899 bis 1911 in der Theobaldstraße 6–8 (heute: Theobald-Christ-Straße) unweit des Zoos, welches von der namensgebenden Frau Dr. Ida Heinemann geb. Mayer (1855–1942) geleitet wurde. Im selben Haus waren auch der *Talmud-Thora-Verein* sowie die Rabbinische Lehranstalt *Jeschiwah* beheimatet. Bertha Adler beendete ihre Schullaufbahn mit dem Reifezeugnis. Von 1911 bis 1913 studierte sie Literatur- und Kunstgeschichte an der *Akademie für Sozial- und Handelswissenschaften* in Frankfurt und besuchte eine Fachschule für Buchhandel in Leipzig. Anschließend trat sie als Einkäuferin der Sortimentsabteilung in die elterliche *Josef Strauss'sche Buchhandlung* ein, die zu diesem Zeitpunkt von ihrem Bruder Joseph Theo geführt wurde. Dort war sie die nächsten 15 Jahre tätig. Als ihr Bruder die Buchhandlung an einen Herrn Lichtenstein veräußerte, übernahm dieser auch Bertha Adler, sie wurde ab 1929 die Geschäftsführerin.

Anfang der 1930er Jahre wechselte Bertha Adler in die Buchabteilung des Warenhauses *Wronker*, wo sie als Einkäuferin und Abteilungsleiterin

fungierte. Wie Bertha Adler waren auch der Kaufhausbesitzer Hermann Wronker (1867–unbekannt) und seine Frau Ida geb. Friedeberg (1871–unbekannt) jüdisch, daher wurde sein Geschäft am 20. Juni 1934 „arisiert" und Bertha Adler verlor infolgedessen ihre Position. In diesem Jahr wohnte sie eine Zeitlang bei Freund*innen in Rödelheim, Radilostraße 31, anschließend wechselte sie mehrmals den Wohnort, u. a. wohnte sie im Reuterweg, in der Wolfsgangstraße, im Grüneburgweg und im Kettenhofweg. Spätestens seit ihrer Entlassung im Sommer 1934 wird sich Bertha Adler mit dem Gedanken der Emigration befasst haben. Um sich auf ein neues Leben in einem nichtdeutschsprachigen Land vorzubereiten, besuchte sie in Hannover eine Fachschule für Kosmetik. Sie hatte die Hoffnung, dass es als Kosmetikerin leichter sein würde, eine Anstellung zu finden, denn als Buchhändlerin. In Frankfurt erweiterte sie ihre neuen Kenntnisse im Rahmen einer zusätzlichen Ausbildung zur Modistin.
Eine feste Stellung fand sie in Frankfurt allerdings nicht mehr, so dass sie sich und ihre Mutter mit Gelegenheitsjobs im kosmetischen Bereich und mithilfe ihrer Ersparnisse über Wasser halten musste.

1939 konnte ihr Bruder Joseph Theo Adler zusammen mit seiner Frau Marie Florence geb. Salomon (1895–1990) sowie den beiden Kindern Ruth, 15 Jahre, und Karl, 12 Jahre, die ***SS Aquitania*** im französischen Cherbourg besteigen, um in die USA auszuwandern. Bertha Adler bekam diese Möglichkeit offenbar nicht. Sie harrte in Frankfurt mit ihrer Mutter Mathilde aus, die am 4. März 1940 im Krankenhaus der Jüdischen Gemeinde, Gagernstraße 36, an einer Lungenentzündung verstarb. Im Oktober 1941 war Bertha Adler gezwungenermaßen in einem Zimmer in einem „Judenhaus" in der Corneliusstraße 9 gemeldet – ihr letzter registrierter Wohnsitz. Gemeinsam mit der ebenfalls dort untergebrachten Alice Ellinger → S. 106 und deren Tochter Olga wurde sie am 19. Oktober 1941 in das Ghetto Litzmannstadt deportiert, wo sie zu einem unbekannten Zeitpunkt ums Leben kam.

(MB)

Quellen

- HHStAW, 518, 7780
- ISG FFM, STA 10, 326
- ISG FFM, STA 12, 463
- ISG FFM, STA 12, 869
- The Statue of Liberty – Ellis Island Foundation Inc., Passenger ID 9011981898918
- Adressbuch Frankfurt am Main 1910
- www.lagis-hessen.de/de/subjects/browse/page/88/sn/jgv (zuletzt aufgerufen am 12.03.2023)

HEDWIG GOTTSCHALK
GEB. STRAUSS

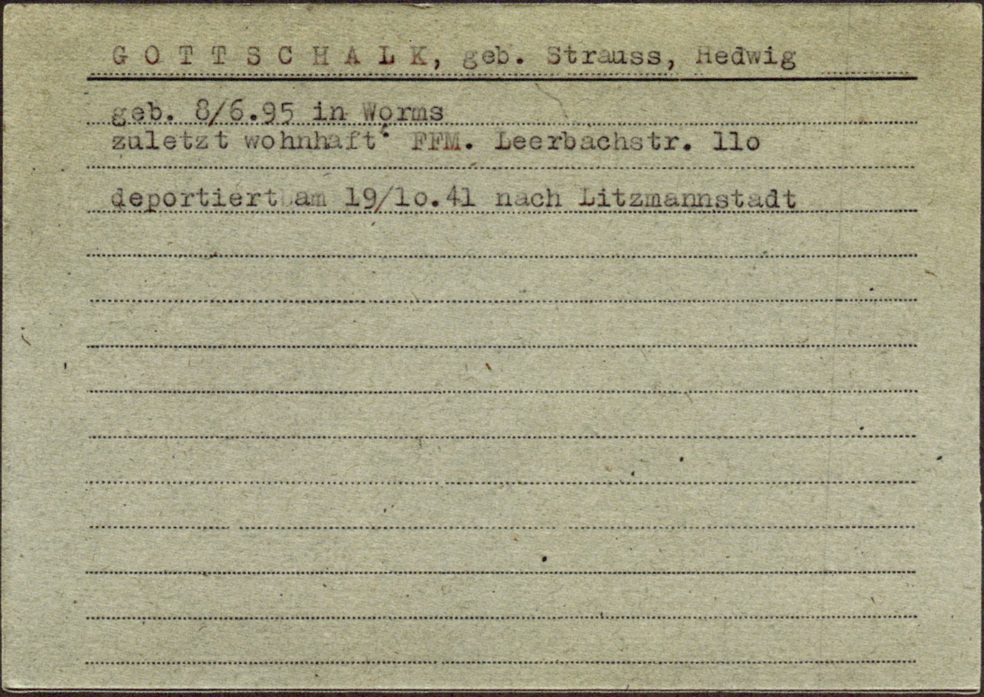
G O T T S C H A L K, geb. Strauss, Hedwig

geb. 8/6.95 in Worms
zuletzt wohnhaft FFM. Leerbachstr. llo

deportiert am 19/1o.41 nach Litzmannstadt

— * 08.06.1895 Worms
— ✡ unbekannt

— Deportation 19.10.1941 nach Litzmannstadt (Lodz/Polen)

Leben

Hedwig Gottschalk geb. Strauss wurde am 8. Juni 1895 in Worms geboren als Tochter von Max Strauss (1867–unbekannt) und Bertha geb. Daub (1872–1929). Verheiratet war sie mit Otto Simon Gottschalk (1884–1933), der in Freiburg, Berlin, München und Marburg Germanistik und Neuere Sprachen studiert hatte. Er war Sohn von Ernst Gottschalk (1852–1912) und Helene geb. Hirschfeld (1860–1931) aus Mainz bzw. Offenbach.

Als promovierter Doktor der Philosophie trat Otto Gottschalk um 1910 eine Stelle als Lehrer am Realgymnasium in Biedenkopf an. Dort wurden 1922 und 1924 die beiden Söhne Ernst Wolfgang (1922–unbekannt) und Hans Walter (1924–unbekannt) geboren. Ab 1929 war Otto Gottschalk als Studienrat an der Hohen Landesschule in Hanau tätig. Er starb am 11. März 1933. Die Familie lebte in Hanau am Beethovenplatz 12 und in der Huttenstraße 1. 1934 zog Hedwig Gottschalk mit den Söhnen in die Frankfurter Landstraße 32 in Hanau, anschließend nach Frankfurt in die Leerbachstraße 122, von dort am 18. Juli 1938 in die Klettenbergstraße 16. In beiden Wohnungen dürfte sie zur Untermiete gewohnt haben, denn in keinem der relevanten Adressbücher ist sie aufgeführt. Ende 1938 flüchteten die Söhne mit der ***Jugend-Aliyah*** ins britische Mandatsgebiet Palästina, von der Klettenbergstraße wurden sie am 25. April 1939 abgemeldet. Im Februar 1939 trafen sie im ***Kibbuz Maabaroth*** ein; dort absolvierten sie eine landwirtschaftliche Ausbildung. Ihre Vornamen änderten sie von Hans Walter zu Chanan Scheleg bzw. von Ernst Wolfgang zu

Gavriel Scheleg. Der Versuch von Hedwig Gottschalk, ihren Söhnen nach Palästina zu folgen, scheiterte, und dies, obwohl ihr Vater, der Rechtsanwalt Max Strauss, mit einer weiteren Tochter, seinem Schwiegersohn und Enkelkind bereits 1933 nach Palästina geflohen war, ebenso Otto Gottschalks Schwester Johanna, verh. Ehrenstein (1895–unbekannt).

Am 8. Juni 1939 musste Hedwig Gottschalk von der Klettenbergstraße in den Gärtnerweg 6 umziehen, im Februar 1940 schließlich in die Leerbachstraße 10, in ein „Judenhaus". Von dort wurde sie am 19. Oktober 1941 in das Ghetto Litzmannstadt deportiert. Ihr Todesdatum sowie -ort bleiben unbekannt.

(CKH)

Quellen

— HHStAW, 518, 12257
— HHStAW, 519/3, 2468
— HHStAW, 676, 9146
— Jüdischer Friedhof Mainz, via www.findagrave.com (zuletzt aufgerufen am 12.03.2023)
— www.shoah-memorial-frankfurt.de (zuletzt aufgerufen am 12.03.2023)

ROSA DEUTSCHER

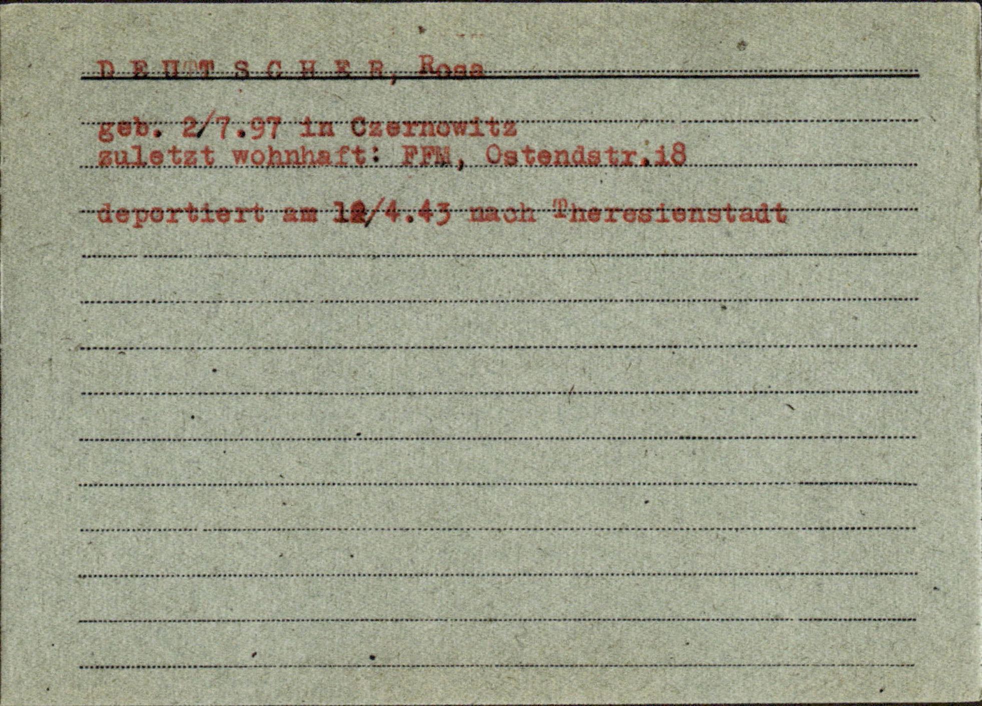
D E U T S C H E R, Rosa

geb. 2/7.97 in Czernowitz
zuletzt wohnhaft: FFM, Ostendstr.18

deportiert am 12/4.43 nach Theresienstadt

— * 02.07.1897 Czernowitz (Tscherniwzi/Ukraine)
— ✡ 28.04.1952 Frankfurt am Main

— Deportation 09.04.1943 nach Theresienstadt, von dort nach Ravensbrück

Leben

Rosa Deutscher war das einzige Kind ihrer Eltern Bienem Deutscher (1863–1920) und Frime Czarne geb. Mattes (1864–1944). Seit spätestens 1914 lebte die Familie Deutscher – mit Unterbrechung – bis 1918 in der Adlerflychtstraße 26, bevor sie in eine kleine Wohnung umzog. Seit 1930 arbeitete Rosa Deutscher als Hauptbuchhalterin für die *Israelitische Religionsgesellschaft* im Baumweg. 1938 wurde sie – nach der „Vereinigung" derselben mit der Jüdischen Gemeinde – von dieser übernommen. Nach der Eingliederung der Gemeinde in die *Reichsvereinigung der Juden in Deutschland* arbeitete sie dort.

Spätestens mit dem erzwungenen Tragen des „Judensterns" war Rosa Deutscher den Schikanen und der Diskriminierung durch die Nazis ausgesetzt – ihre jüdische Identität war nun für alle sichtbar.

> *Im Oktober 1942 wurde ich von der Jüdischen Gemeinde plötzlich entlassen und in ein Arbeitsverhältnis zwangsverpflichtet.*

Vom 3. Oktober 1942 bis 7. April 1943 musste Rosa Deutscher Zwangsarbeit in der *Füllfeder-Reparatur-Werkstatt Ehrlich & Co.* auf der Zeil leisten. Im selben Jahr wurde sie aus ihrer Wohnung ausgewiesen, musste mehrfach umziehen und wurde schließlich für zwei bis drei Monate in einem „Judenhaus" in der Ostendstraße 18 untergebracht. Ihre Zeit dort beschrieb sie später als einer Haft gleich, da sie mit „erheblichen Freiheitsbeschränkung[en]" verbunden gewesen sei. Ihr gesamtes Hab und Gut wurde, nachdem es in der Transport- und Speditionsfirma ***Wilhelm Hühn*** eingelagert worden war, auf Befehl der Gestapo, „zur Versteigerung aus[ge]liefer[t]".

Rosa Deutscher wurde am 9. April 1943 nach Theresienstadt deportiert. Sie war erst dort und anschließend in Ravensbrück inhaftiert, wo sie schwere körperliche Arbeit leisten musste. Am 30. April 1945 wurde Rosa Deutscher in Ravensbrück befreit. Ihre Mutter Frime Deutscher wurde 1944 im KZ Ravensbrück ermordet, ihr Todestag ist unbekannt.

Bei meiner Befreiung aus dem K.Z. besaß ich lediglich ein K.Z.-Kleid.

Nach der Befreiung hielt sich Rosa Deutscher noch knapp ein Jahr lang in der Sowjetischen Besatzungszone auf, bevor sie am 8. April 1946 nach Frankfurt zurückkehrte. Nur zwei Tage später trat sie der ***Gemeinde der deutschen Juden*** bei. Nach ihrer Rückkehr lebte Rosa Deutscher nahezu mittellos – bei der ***Betreuungsstelle für politisch, rassisch und religiös Verfolgte*** beantragte sie für den Kauf eines Paars Schuhe eine Unterstützung von DM 27,50. Gemeldet war sie nach ihrer Rückkehr in der Gagernstraße 36. Das Gebäude des ehemaligen ***Israelitischen Krankenhauses*** war nach 1945 der ***Gemeinde der deutschen Juden*** übergeben worden, die dort Überlebende aus dem KZ Theresienstadt unterbrachte. Nachdem das Krankenhaus 1948 wiedereröffnet worden war, musste es bereits ein Jahr später aufgrund von Geld- und Patient*innenmangel schließen. In den 1950er Jahren wurden ein Altersheim, ein Kindergarten sowie Wohnungen für Gemeindemitglieder dort untergebracht.

Rosa Deutscher war körperlich stark eingeschränkt und fuhr mehrfach zur Kur. Im April 1946 begann sie stundenweise als Hauptkassiererin und Buchhalterin in der Jüdischen Gemeinde zu arbeiten. Sie steht damit sinnbildlich für die – auch personelle – Kontinuität der Vorkriegsgemeinde nach 1945. In einem mühsamen Verfahren stellte sie Anträge auf Entschädigung für erlittenen Schaden an Körper und Gesundheit, Schaden an Freiheit, Schaden an Eigentum und Vermögen und Schaden an wirtschaftlichem Fortkommen. Diesen wurde nur in Teilen stattgegeben. Am

Vormittag des 28. April 1952 erlag Rosa Deutscher ihrem schweren Herzleiden in der Universitätsklinik Frankfurt. Ihr Grab befindet sich auf dem Neuen Jüdischen Friedhof.

(SR)

Quellen

— Deportationskartei der Jüdischen Gemeinde Frankfurt
— HStAMR, 903, 285
— HHStAW, 518, 14540
— ISG FFM, A.12.02, Nr. D04995
— Tauber, Alon: Zwischen Kontinuität und Neuanfang. Die Entstehung der jüdischen Nachkriegsgemeinde in Frankfurt am Main 1945–1949, Wiesbaden 2008
— Bundesarchiv, Gedenkbuch. Opfer der Verfolgung der Juden unter der nationalsozialistischen Gewaltherrschaft in Deutschland 1933–1945, online abrufbar: www.bundesarchiv.de/gedenkbuch (zuletzt aufgerufen am 12.03.2023)
— www.juedische-pflegegeschichte.de/das-krankenhaus-der-israelitischen-gemeinde-in-der-gagernstrasse-36/ (zuletzt aufgerufen am 12.08.2021)

ALTER
HATZKI

— * 26.08.1899 Klafeld
— ✡ 29.01.1983 New York/USA

— Emigration 1937 nach New York/USA

Leben

Walter Schatzki wurde als drittes von fünf Kindern von Ferdinand (1857–1910) und Beate Schatzki geb. Stern (1869–1958) 1899 in Klafeld bei Siegen geboren. Er hatte vier Brüder: Herbert (1894–1974), Erich (1898–1991), Richard (1901–1992) und Paul (1902–1972). Alle Brüder wie auch Mutter Beate überlebten die Schoa durch Emigration.

Walter Schatzki besuchte das Realgymnasium in Siegen und entdeckte 1910 dort in einer Buchhandlung seine Liebe für Bücher. Eine kaufmännische Lehre wurde 1917 durch seine Einberufung zum Militärdienst unterbrochen. Im Februar 1919 kehrte er zurück und begann ein Studium der Volkswirtschaftslehre. Als fahrender Buchhändler der ***Deutschen Wanderbuchhandlung*** in Jena verkaufte er „mit Rucksack und [...] Geige" Kinder- und Jugendliteratur, bevor er am 4. Mai 1920 in Frankfurt die ***Jugendbücherstube*** am Theaterplatz 12 eröffnete – ermöglicht durch die finanzielle Unterstützung seiner Mutter und eine Erbschaft. Zur Eröffnung schrieb er:

> ***Es ist zur Genüge bekannt, wieviel minderwertige Literatur gerade an Jugendbüchern auf den Markt gebracht wird. [...] In der Jugend-Bücher-Stube wird nun ständig eine große Auswahl von guten Jugendschriften zu finden sein, vom Bilderbuch für die Kleinsten bis zu den erzählenden und belehrenden Schriften für die schulentlassene Jugend.***

1924 heiratete Schatzki die in Polen geborene Hilde Rother (1902–1936). Sie war in der Bücherstube als Prokuristin tätig. Im selben Jahr zog die nun unter dem Namen ***Bücherstube und Antiquariat Walter Schatzki*** eingetragene Buchhandlung in ein Ladengeschäft in der Börsenstraße 2–4, wodurch sich nicht nur die Geschäftsräume vergrößerten, sondern auch eine Ausweitung des Sortiments möglich wurde. 1933 beschäftigte er dort rund 15 Mitarbeiter*innen. Die ***Bücherstube*** galt bald als „geistiges Zentrum der Stadt".

> ***So konnte es nicht ausbleiben, dass diejenigen Kreise, die man als das literarische oder geistige Frankfurt bezeichnen könnte, seit je in Schatzkis Bücherstube einen Sammelpunkt sahen, wo man nicht nur Bücher ansah und kaufte, sondern sich auch zu manchen Gesprächen über Dinge aus dem geistigen Leben zusammenfand. [...] Walter Schatzki und seine Mitarbeiter trugen ebenso wie die immer wieder sich dort einstellenden Kunden dazu bei, dass diese Räume zu einem Mittelpunkt Frankfurter kulturellen Lebens wurden [...].***

Aufgrund von Boykottaufrufen halbierte sich der Umsatz der Buchhandlung ab 1933. Im Jahr 1935 wurde Walter Schatzki als Jude aus dem ***Bund Reichsdeutscher Buchhändler*** ausgeschlossen. Waren nach der nationalsozialistischen Machtübernahme zunächst noch kleinere geschäftliche Reisen möglich, sah sich Walter Schatzki 1937 zur Aufgabe seines Berufs und zum Verkauf der Buchhandlung gezwungen. Schatzkis Mitarbeiter Richard Schumann (1905–2000) und sein früherer Lehrling Heinrich Cobet (1904–1994), der spätere Mitbegründer der Frankfurter Buchmesse, führten dort fortan die ***Frankfurter Bücherstube Schumann & Cobet***. Im Dezember desselben Jahres wanderte Schatzki in die USA aus. Bei seiner Emigration wurde Schatzki die Mitnahme einer „buchhaendlerischen Handbibliothek" sowie „antiquarischer Buecher und Kunstblaetter" gestattet, wofür er eine Sonderabgabe in Höhe von 4.500 RM zu leisten hatte. Große Teile seines Mobiliars aus seiner Zweizimmerwohnung konnte er mit nach New York überführen.

Sein Mitarbeiter Hans Bild (1904–1942) wurde am 9. Dezember 1936 in der ***Bücherstube*** wegen Mitgliedschaft in der KPD verhaftet, zu einer langjährigen Haftstrafe verurteilt und anschließend am 16. Februar 1942 ins KZ Sachsenhausen deportiert, wo er fünf Monate später ermordet wurde.

In New York eröffnete Walter Schatzki unter dem Namen ***Walter Schatzki – Old and Rare Books, Prints and Autographs*** ein Antiquariat in der East 56th Street. Der Kontakt zu emigrierten Antiquar*innen erleichterte ihm das Ankommen – erst Mitte der 1940er Jahre jedoch konnte er in den USA wieder vollends beruflich Fuß fassen. Seine zweite Ehefrau Barbara geb. Gilmore (1915–2010) ergänzte das Team seines Antiquariats im Bereich der Grafik. Sie hatten zwei Söhne.

Walter Schatzki starb 1983 in New York.

(SR)

Quellen

— HHStAW, 518, 5763
— ISG FFM, S2, 9169
— ISG FFM, S3, 6391
— Adressbuch des Deutschen Buchhandels, 1933
— Schatzki, Walter: Von Menschen, Büchern und einer Geige. Aufzeichnungen aus meinem Wandertagebuche, Frankfurt am Main 1924

FANNY BAER

— * 19.07.1902 wohl Frankfurt
— ✡ unbekannt

— Deportation 1942 nach unbekannt

Leben

Fanny Baer wurde als erstes Kind und einzige Tochter von Emil (1877–unbekannt) und Rebekka Baer geb. Schloss (1880–unbekannt) geboren. Sie trug denselben Namen wie ihre Großmutter väterlicherseits. Emil Baer, von Beruf Kaufmann, hatte die in Mannheim geborene Rebekka 1902 in Frankfurt geheiratet. Fanny wuchs mit ihren drei Brüdern in Bornheim auf. Über ihre Ausbildung ist nichts bekannt – 1925 aber wurde Fanny Baer Lehrerin am *Philanthropin*, wo sie 17 Jahre unterrichten sollte. Das große 125-jährige Jubiläum der Schule 1929 erlebte sie mit.

> *Je mehr die Umwelt uns ausschloss, umso weiter öffneten sich die Tore der Schule, um so größer und vielfältiger wurden ihre Aufgaben.*

Seit 1933 häuften sich die Angriffe und Restriktionen, und das *Philanthropin* war nicht nur Schule, sondern für viele auch Zufluchtsort. In der Aula wurden Jugendg'ttesdienste abgehalten, der *Jüdische Kulturbund* veranstaltete Konzerte und Theateraufführungen, der Hof wurde auch nach Schulschluss Spiel- und Sportplatz.

Fanny Baer lebte im gleichen Haushalt mit ihren Eltern, auch nachdem die Familie 1935 und 1939 innerhalb Frankfurts umzog bzw. umziehen musste. Wie es der Familie seit 1933 erging, lässt sich nur anhand weniger Informationen vermuten. Emil Baer arbeitete zuletzt als Friedhofsangestellter. Den Brüdern Henry Hermann (1904–unbekannt), Berthold (1906–unbekannt) und Ernst (1918–1992) gelang die Flucht ins Exil.

Fanny Baer versuchte wohl über eine längere Zeit die Ausreise für sich und ihre Eltern in die Wege zu leiten, wie aus einem Briefwechsel mit einer früheren Kollegin, Tilly Epstein (1881–1971), die in die USA emigriert war, hervorgeht. Darin wird deutlich, dass es wohl finanzielle Gründe waren, die die Ausreise der Familie Baer verzögerten. Fanny Baer schrieb im Oktober 1941:

> *Ich bitte Sie nochmals flehentlich, nichts unversucht zu lassen, um uns raschestens zu helfen. Ich bitte vor allem um meiner armer Mutter willen, die furchtbar krank ist und nichts, aber auch nichts mehr ertragen kann. Sollten sich denn wirklich nicht ein paar Menschen finden, die uns die nötige Summe vorstrecken würden? […] Leben Sie wohl! […] Vielleicht habe ich doch noch einmal ein bißchen Glück in meinem Leben. Ich muß aufhören, die Augen brennen vom vielen Weinen, und der Kopf schmerzt.*

Nur einen Monat später schrieb sie, entmutigt und entkräftet, noch einmal an Tilly Epstein:

> *Ich fürchte, auch die letzte Chance ist verpaßt, und wenn Sie mich auf die Sonne verweisen, so kann ich nur sagen, sie leuchtet schon lange nicht mehr.*

Vor Mai 1942 wurde Fanny Baer aller Wahrscheinlichkeit nach deportiert. Der Ort wie ihr weiteres Schicksal sind unbekannt. Die Eltern Emil und Rebekka wurden am 1. September 1942 nach Theresienstadt und von dort im selben Monat nach Treblinka deportiert. Ihr Todesdatum bleibt wie das ihrer Tochter unbekannt. An ihr Schicksal und das ihrer Eltern erinnern Stolpersteine vor ihrer ehemaligen Wohnung in der Saalburgstraße.

Zahlreiche Lehrer*innen, Mitarbeiter*innen und Schüler*innen des *Philanthropins* wurden deportiert. Darunter die Lehrer*innen Anna Adler (1892–unbekannt), Johanna Astruck (1871–1943), Alice Bendheim (1882–1942), Käthe Casparius (1895–unbekannt), Margarete Hirsch, Julius Flörsheim (1883–unbekannt), Erna Morgenstern (1908–unbekannt),

Alice Nachmann (wohl 1903–unbekannt), Erich Narewczewitz (1893–1943) und Kurt Silberpfennig (1905–unbekannt). Des Weiteren der Hausverwalter Otto Stein (wohl 1909–unbekannt), die Sekretärin Dora Oppenheimer (1890–unbekannt) und der siebzehnjährige Fritz Schafranek (1924–2013). Die Namen aller Opfer, die im ***Philanthropin*** lehrten, lernten und arbeiteten, können nicht mehr ermittelt werden.

(SR)

Quellen

— HHStAW, 519/3, 988

— ISG FFM, STA 11, 303

— ITS Digital Archive, Arolsen Archives / 2.1.1.1 HE 013 JÜD 0 Informationen verschiedener Art / Sign. DE IST 2.1.1.1 HE 013 JÜD ZM 10 / Doc. ID 70343927

— ITS Digital Archive, Arolsen Archives / 1.2.1.1 Deportationen / Deportationen aus dem Gestapobereich Frankfurt am Main / Sign. 8229701 / Doc. ID 11200195

— ITS Digital Archive, Arolsen Archives / 1.1.42.2 Kartei Theresienstadt / Ghetto Theresienstadt-Kartei / Sign. 1142201 011 / Doc. ID 5012881

— The National Archives at Philadelphia/Pennsylvania, Declarations of Intention for Citizenship, 1/19/1842 - 10/29/1959; No. 4713410 via www.ancestry.org (zuletzt aufgerufen am 12.03.2023)

— Hirsch, Albert u. Andernacht, Dietrich: Das Philanthropin zu Frankfurt am Main. Dokumente und Erinnerungen, Frankfurt am Main 1964

— Schlotzhauer, Inge: Das Philanthropin 1804–1942. Die Schule der Israelitischen Gemeinde in Frankfurt am Main, Frankfurt am Main 1990

— www.frankfurt.de/frankfurt-entdecken-und-erleben/stadtportrait/stadtgeschichte/stolpersteine/stolpersteine-in-bornheim/familien/baer-rebekka-fanny-und-emil (zuletzt aufgerufen am 12.03.2023)

— www.shoah-memorial-frankfurt.de (zuletzt aufgerufen am 12.03.2023)

HENNY ARNDT
GEB. BOBER

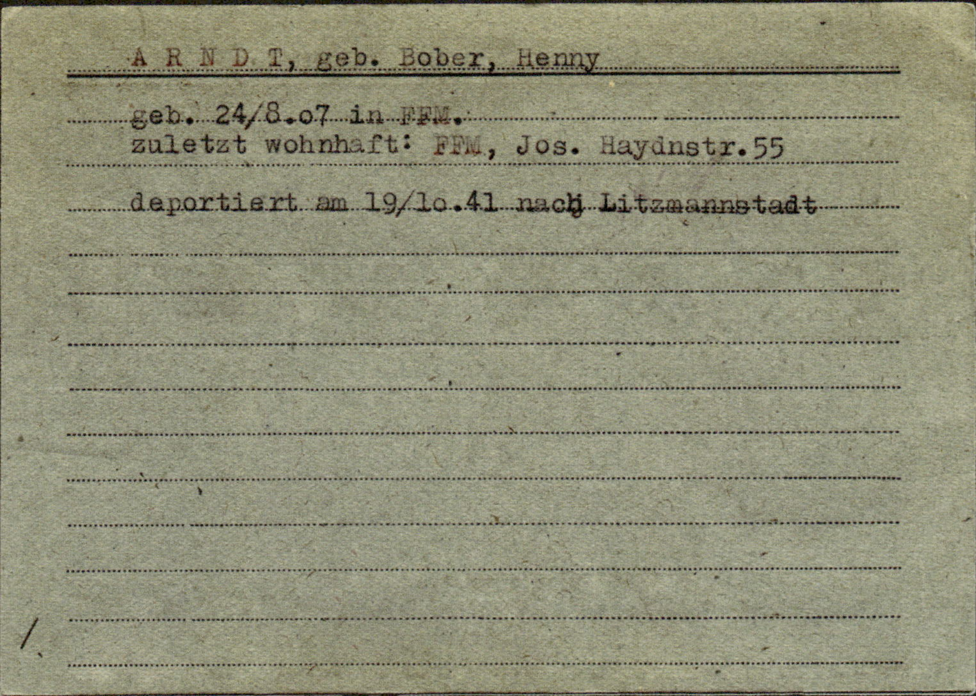

A R N D T, geb. Bober, Henny

geb. 24/8.o7 in FFM.
zuletzt wohnhaft: FFM, Jos. Haydnstr.55

deportiert am 19/1o.41 nach Litzmannstadt

- * 24.08.1907 Frankfurt am Main
- ✡ unbekannt Litzmannstadt (Lodz/Polen)

- Deportation 19.10.1941 nach Litzmannstadt (Lodz/Polen)

Leben

Henny Arndt geb. Bober kam am 24. August 1907 in Frankfurt als Tochter von Henoch (Heinrich) Bober (1876–1955) und Betty geb. Lewithal (1876–1947) zur Welt. Von Beruf war sie Kauffrau. Von ihrem Ehemann Willy (unbekannt–1958) lebte sie zwar getrennt, trotzdem betrieben beide gemeinsam ab 1939 ihre Auswanderung. Zu deren Finanzierung verkaufte Henny Arndt sämtliche in ihrem Besitz befindlichen Wertgegenstände. Laut Akten der Devisenstelle Frankfurt war sie als Hilfsarbeiterin in einer Niederräder Fabrik tätig, musste demnach Zwangsarbeit leisten. Ihr Vermögen unterlag 1939 und 1940 einer „Sicherungsanordnung" der Devisenstelle, die den monatlichen „Freibetrag" auf 150 Reichsmark festsetzte und ihn am 18. Dezember 1940 auf 200 Reichsmark erhöhte. Laut Archivakten belief sich ihr Vermögen im Dezember 1940 auf 912 Reichsmark. Ab 1939 wohnte Henny Arndt in der Lersnerstraße 34/II, ab dem 1. Januar 1941 in der Joseph-Haydn-Straße 55/I. Am 20. Oktober 1941 wurde sie von Frankfurt aus in das Ghetto Litzmannstadt deportiert, wo sie an einem nicht mehr festzustellenden Tag ermordet wurde.

Kurz vor der Abreise hatte ich Henny noch zu einem von ihr gewünschten Festmahl (warme Fleischwurst und Kartoffelsalat) eingeladen. Damals war ja schon lange Krieg und „Warme Fleischwurst" war eine Rarität. Es schmeckte uns gut, wir waren sehr vergnügt und hatten die Hoffnung, dass doch noch alles gut werden würde.

Dies berichtete 1946 ein nichtjüdischer Freund aus Frankfurt an Hennys Eltern, die rechtzeitig emigrieren konnten. Über Henny Bobers Aufenthalt im Ghetto ist bekannt, dass sich der dortige „Judenälteste" am 23. April 1942 in ihrem Namen an einen ihrer Bekannten mit der Bitte um finanzielle Unterstützung wandte. Der Eingang von mehreren 20-Reichsmark-Beträgen wurde bestätigt. Mitte 1942 erhielt der Absender seine Sendung mit dem Vermerk „unbekannt verzogen" zurück.

(CKH)

Quellen

— HHStAW, 518, 7860
— HHStAW, 519/3, 791
— HHStAW, 519/3, 23250
— www.shoah-memorial-frankfurt.de (zuletzt aufgerufen am 12.03.2023)

ED

— * 11.07.1910 Dierdorf
— ✡ 28.10.2005 Haifa/Israel

— Emigration 1936 nach Argentinien

NI BERG GEB.
ANGENTHAL

— * 01.01.1911 Spangenberg
— ✡ 27.01.1985 Haifa/Israel

— Emigration 1938 nach Buenos Aires/Argentinien

Leben

„[M]eine Mutter hat gern gelacht, [...] hat auch Dummheiten gemacht, [...] sie war eine sehr spezielle Frau“, so schildert Silvia Berg (*1941) ihre Mutter Toni in einem Interview aus dem Jahre 2016. Toni Berg geb. Spangenthal, geboren am 1. Januar 1911 in Spangenberg bei Kassel, kam im Juli 1931 nach Frankfurt am Main, um hier ihre Ausbildung zur Krankenschwester beim *Verein für jüdische Krankenpflegerinnen* zu beginnen. Allerdings war es nicht selbstverständlich, dass das jüngste von fünf Kindern des Moses Spangenthal (1876–1919) und seiner Frau Selma (auch Sara) geb. Plaut (1879–unbekannt) diese Ausbildung machen durfte. Die Mutter war skeptisch gegenüber jenem Berufswunsch der Tochter, doch unterstützt von ihren älteren Geschwistern setzte Toni letztlich ihren Willen durch. Der Vater betrieb bis zu seinem frühen Tod 1919 in Spangenberg ein Herrenbekleidungsgeschäft.

Die Ausbildung zur Krankenschwester im *Frankfurter Verein für jüdische Krankenpflegerinnen* zog junge Frauen aus ganz Deutschland an. Diese Zeit war für Toni Spangenthal sehr prägend, und von dieser „großartigen, wunderbaren Zeit, von Patienten, Kolleginnen und Ärzten in Frankfurt“ berichtete sie häufig. Selbst in der Emigration in Argentinien „hat sie irgendwie noch in Frankfurt gelebt“.

Während der zweijährigen Ausbildung wohnten die Schülerinnen im Schwesternhaus in der Bornheimer Landwehr 85, direkt neben dem Krankenhaus der *Israelitischen Gemeinde* in der Gagernstraße 36. Heute

Frankfurt — Haifa

befindet sich dort das Altenzentrum der ***Jüdischen Gemeinde Frankfurt am Main***. Die Ausbildung war streng, aber es wurden eben auch „Dummheiten gemacht". Toni missfiel die Tracht, in der sie wie eine Nonne aussah. Wenn sie ins Konzert ging, zog sie vorher auf dem Bahnhof private Kleidung an. Viel Freizeit blieb ihr aufgrund ihrer Arbeit kaum, denn sie arbeitete täglich im Krankenhaus und hatte selten einen freien Tag. Doch ihr Arbeitsfleiß sollte sich bezahlt machen, wie ihr Abschlusszeugnis vom 1. Dezember 1936 belegt, in welchem ihr hervorragende Leistungen bescheinigt wurden.

Nach Einsätzen in der Privatpflege in Fürth und Fulda kehrte Toni zurück nach Frankfurt am Main, wo sie erneut im Jüdischen Krankenhaus in der Gagernstraße tätig wurde. Bevorzugt arbeitete sie in der Pädiatrie sowie in der Infektionsabteilung. Aufgrund ihrer „Kenntnisse, Fleiß und Zuverlässigkeit" bekam sie im Frühjahr 1936 „die selbständige Leitung der sehr schwierigen Infektionsabteilung überantwortet". Damals – vor Einführung des Penicillins – war die Diphterie, im allgemeinen Sprachgebrauch lange auch als „Würgeengel der Kinder" bekannt, besonders gefürchtet. Das Pflegepersonal musste ebenso wie die kranken Kinder in solchen Krankenfällen in ca. dreiwöchige Isolation, was die Arbeit besonders anstrengend machte.

Über eine Cousine, die auch eine Krankenpflegeausbildung absolvierte, lernte Toni 1935/36 ihren späteren Mann, Alfred Berg, kennen und lieben, doch mussten sie sich bald wieder trennen. Er stammte ebenfalls aus einer Kaufmannsfamilie, aus Dierdorf in der Nähe von Koblenz, wo er 1910 geboren wurde. Seine Eltern waren Arthur Berg und Franziska geb. Hirschberg. Wie sein Vater ergriff Alfred einen kaufmännischen Beruf und begann 1925 eine Lehre in Frankfurt am Main bei seinem kinderlosen Onkel, der in der Modebranche tätig war. Als Einkäufer war er in vielen europäischen Städten unterwegs. Von einem Kameraden aus dem Sportverein, der bereits in „brauner Uniform" gekleidet war, wurde Arthur Berg gewarnt und aufgefordert, sofort Deutschland zu verlassen und „zu verschwinden", erinnert Silvia Berg. Ihr Vater flüchtete am 8. November 1936 nach Argentinien, damals seine einzige Möglichkeit, der nationalsozialistischen Verfolgung zu entkommen. Seinen Eltern und seinem Bruder gelang ebenfalls die Flucht nach Argentinien. Sie kamen im Oktober 1937 in der *Colonia Avigdor* an.

Aus Frankfurt kommend, war der Neuanfang auf dem Land außerordentlich beschwerlich, denn die rund 700 Kilometer von Buenos Aires entfernte Siedlung Avigdor verfügte weder über Strom noch fließend Wasser, noch über befestigte Wege. Die Kolonie war 1935 speziell für deutsche Jüdinnen*Juden von der *Jewish Colonisation Association* gegründet worden. Um die Auswanderung von Jüdinnen*Juden aus Europa zu erleichtern, erwarb diese 1891 von Baron Moritz von Hirsch (1831–1896) gestiftete Organisation weltweit Ländereien, unter anderem in Argentinien. 1938 gelang es Alfred Berg gerade noch rechtzeitig, Toni nach Argentinien zu holen. „Mein Vater hat sie als seine Braut angefordert." Noch bevor sie argentinischen Boden betrat, heirateten sie in der Immigrationsstelle, da sie sonst keine Einreisegenehmigung bekommen hätte. Auch für Toni war das Leben auf dem Land ein Schock. Mitten im „Matsch" habe ihre Mutter „in hohen Schuhen" pflegebedürftige Menschen besucht, man ging zur Schwester Toni, wenn eine Geburt anstand oder ein anderes Problem auftauchte. Ihre Zeugnisse aus Deutschland wurden nicht anerkannt, so dass sie praktisch illegal weiter als Krankenschwester und Geburtshelferin arbeitete. 1941 kam Tochter Silvia zur Welt, 1943 der Sohn Angel. Toni und Alfred zogen später nach Buenos Aires, um dort zu arbeiten, während ihre Kinder zunächst bei den Großeltern zurückblieben. Erst später waren sie in der Lage, die Kinder in die Hauptstadt nachzuholen, wo sie die Schule besuchten. „Mutter arbeitet illegal nachts – es ist keine leichte Zeit", erinnerte sich die Tochter Silvia, tagsüber musste sie schlafen.

Anfang der 1960er Jahre starb der Sohn Angel an den Folgen einer schweren chronischen Krankheit. Silvia wanderte 1960 nach Israel aus und wurde dort wie ihre Mutter Krankenschwester. 1984 holte sie ihre Eltern zu sich nach Haifa. Die Mutter war zu diesem Zeitpunkt bereits pflegebedürftig und starb ein halbes Jahr nach der Ankunft. Der Vater, Alfred, lebte noch bis 2005. Erst nach dem Tod des Vaters fand die

Frankfurt — Haifa

Tochter die wenigen erhaltenen Fotos und Dokumente. Über die Vergangenheit wurde in der Familie kaum gesprochen.

Toni und Alfred Berg sind nie wieder nach Frankfurt am Main zurückgekehrt. Silvia sollte noch oft dorthin reisen, da sie in Frankfurt Freund*innen gefunden hatte.

(EMU)

Quellen

— HStAMR, 904, 2359
— Interviews Dr. Eva-Maria Ulmer und Dr. Gudrun Maierhof mit Silvia Berg am 12. und 13.11.2016 in En Hod, Archiv des Jüdischen Museums Frankfurt am Main
— Saint Sauveur-Henn, Anne: Landwirtschaftliche Kolonien deutsch-jüdischer Emigranten in Argentinien, in: Kohut, Karl u. von zur Mühlen, Patrik (Hrsg.): Das deutsche Exil in der Zeit des Nationalsozialismus, Frankfurt am Main 1994
— Meyer, Michael: Lebenswege deutscher Juden: Familien und Persönlichkeiten aus Dierdorf und vielen weiteren Orten im In- und Ausland, Norderstedt 2016 (Books on Demand)
— www.juedische-pflegegeschichte.de (zuletzt aufgerufen am 12.03.2023)

NNY
HERMANN

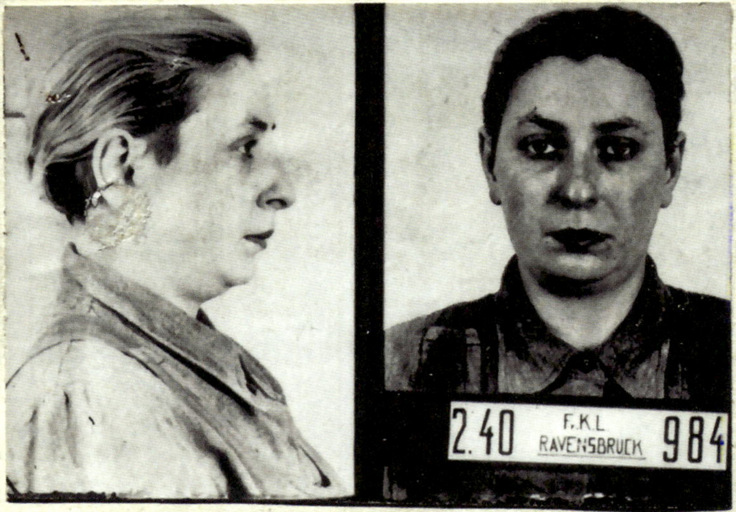

— * 19.02.1912 Frankfurt am Main
— ✡ wohl 1942

— Inhaftierung Januar 1940 Ravensbrück, Oktober 1940 Gerichtsgefängnis Prenzlau, anschließend erneut Ravensbrück, möglicherweise im Frühjahr 1942 in die Heil- und Pflegeanstalt Bernburg/Saale

Leben

Henny Schermann wurde am 19. Februar 1912 in Frankfurt am Main geboren. Sie war die älteste Tochter des Feintäschners Julius Chil (1890–1948), der aus Radom stammte und sich 1911 in Offenbach niedergelassen hatte. Die Mutter Selma geb. Stern (1894–unbekannt) kam aus dem nahegelegenen Ober-Ramstadt. Nach der Trennung der Eltern zog der Vater 1931 mit Hennys Bruder Herbert (1914–1942) nach Paris. Die Mutter übernahm das Frankfurter Schuhgeschäft ihrer Eltern, in dem Henny und ihre Schwester Regina (1916–unbekannt) zeitweise arbeiteten und das infolge antisemitischer Boykottaufrufe bald aufgegeben werden musste.

Über Schermanns Ausbildung ist nichts bekannt, in amtlichen Unterlagen wurde sie sowohl als berufslos als auch als Verkäuferin bezeichnet. Auch ihr Privatleben liegt weitgehend im Dunkeln. Nachvollziehbar ist nur, dass sie unverheiratet blieb. Im Oktober 1933 geriet Henny Schermann erstmals ins Visier der Gestapo, weil sie „der Spionage verdächtigt" wurde. Hintergrund war vermutlich der Auslandskontakt zu ihrem Vater, der wie Henny Schermann offiziell noch polnischer Staatsangehöriger war. Am 9. Januar 1936 kam Henny Schermann wohl erstmals ins Frauengefängnis Preungesheim.

In einem Strafverfahren beschuldigte man sie und zwei „Tatgenossen" des Raubes. In den folgenden Monaten saß sie in Untersuchungshaft, ihre Mutter und ihre Schwester besuchten sie mehrfach und Henny

Schermann schrieb beiden zahlreiche Briefe – einer wurde im April beschlagnahmt, weil er sich „in unzulässiger Weise mit dem Verfahren" befasste. Der Ausgang des Verfahrens geht aus der überlieferten Gefangenenakte nicht eindeutig hervor, so dass unklar bleibt, ob es eingestellt und Schermann zu einer Strafe verurteilt oder freigesprochen wurde. Ende Mai 1936 war sie in Freiheit.

Anfang Januar 1940 folgte eine erneute Verhaftung. Auch in diesem Fall sind die genauen Umstände nicht eindeutig rekonstruierbar. Vermutlich ging es unter anderem um einen Verstoß gegen die Namensänderungsverordnung aus dem Jahr 1938, welcher zufolge jüdische Frauen zusätzlich „den Vornamen Sara" zu führen hatten. Verstöße gegen diese Verordnung konnten „mit Geldstrafe oder mit Gefängnis bis zu einem Monat bestraft" werden. Am 13. Januar war Henny Schermann bereits in Ravensbrück inhaftiert, wo man sie als politischer Häftling registrierte. Ob es bei der KZ-Einweisung nur um den Verstoß gegen die Namensänderungsverordnung ging oder ob sie ursprünglich aus anderen Gründen verhaftet worden war, bleibt offen. Bekannt ist, dass Henny Schermann am 14. Juni 1940 vom Frankfurter Amtsgericht wegen „Vergehen gegen das Gesetz vom 17.8.1938" zu zehn Tagen Haft verurteilt wurde, die sie im Oktober 1940 im Gerichtsgefängnis Prenzlau verbüßte. Im Anschluss kam sie zurück nach Ravensbrück, wo sie im Dezember 1941 von dem KZ-Arzt Friedrich Mennecke begutachtet und offenbar für das Euthanasieprogramm ***Aktion 14f13*** ausgewählt wurde. Mennecke charakterisierte sie auf der Rückseite eines Fotos als „Triebhafte Lesbierin, verkehrte nur in solchen Lokalen. Vermied den Namen ‚Sara'. Staatenlose Jüdin."

Ob Henny Schermann tatsächlich lesbisch war oder der SS-Arzt Mennecke sie lediglich so beschrieb, um ihre Selektion für die Mordaktion zu rechtfertigen, ist nicht sicher überliefert. Dass die Nazis auch die weibliche Homosexualität, die anders als die männliche strafrechtlich nicht verfolgt wurde, als ein Stigma betrachteten, das eine Person diskreditierte, ist bekannt. Auch die genauen Umstände ihres weiteren Schicksals liegen bislang im Dunkeln. Vermutlich wurde sie im Frühjahr

1942 zusammen mit 1.600 anderen Frauen in die Heil- und Pflegeanstalt Bernburg/Saale überstellt und dort mit Giftgas getötet. Nach Angaben der Lagerleitung starb sie am 30. Mai 1942 im Konzentrationslager Ravensbrück. Ihre Mutter Selma und ihre Schwester Regina wurden am 19. Oktober 1941 mit dem ersten Transport aus Frankfurt in das Ghetto Litzmannstadt (Lodz) verschleppt, wo sich ihre Spuren verlieren. Ihr Bruder Herbert wurde 1941 in Frankreich verhaftet und nach Auschwitz deportiert, wo er am 23. September 1942 ermordet wurde. Schermanns Vater, Julius Chil, überlebte als Einziger der Familie die Schoa.

(AZ)

Quellen

— HHStAW, 409/4, 9866
— HHStAW, 486, 100386
— HHStAW, 519/3, 7419
— ITS Digital Archive, Arolsen Archives / 1.1.35.1 Listenmaterial Ravensbrück / Sign. 11351000006 / Doc. ID 3761221
— StA Nürnberg, Anklagedokument NO-3060, Haftfoto von Henny Schermann aus dem Jahr 1941
— Reichsgesetzblatt, Jg. 1938, Teil I, S. 1044
— Schoppmann, Claudia, Conrad, Elsa, Rosenberg, Margarete u. Pünjer, Mary: Henny Schermann. Vier Porträts, in: Eschebach, Insa (Hrsg.): Homophobie und Devianz. Weibliche und männliche Homosexualität im Nationalsozialismus, Berlin 2012
— Zinn, Alexander: „Aus dem Volkskörper entfernt“? Homosexuelle Männer im Nationalsozialismus, Frankfurt am Main 2018
— Wolfert, Raimund: Schermann, Henny, in: Frankfurter Personenlexikon (Onlineausgabe), www.frankfurter-personenlexikon.de/node/12067 (zuletzt aufgerufen am 25.05.2022)

Anhang

Autor*innen

DR. EDGAR BÖNISCH (EB)
Studium der Historischen Ethnologie in Frankfurt am Main. Promotion in Sozial- und Kulturanthropologie in Marburg. Seit 2007 beschäftigt er sich als Historiker, Autor und Lektor mit jüdischer Geschichte, insbesondere jüdischer Pflegegeschichte. Verleger des kula Verlag Dr. Edgar Bönisch.

DR. MAIKE BRÜGGEN (MB)
Studium der Kunstgeschichte und Neueren Geschichte an der Freien Universität Berlin. Seit 2010 freiberufliche Provenienzforscherin, u. a. für das Historische Museum Frankfurt am Main und das Kunstmuseum Bern. Forschungen und Veröffentlichungen zum Frankfurter Kunstmarkt sowie zu Sammler*innen in Kaiserreich und Weimarer Republik.

DOROTHEE GLAWE (DG)
Studium der Kunstgeschichte in Hamburg. Seit 2019 wissenschaftliche Mitarbeiterin am Landesmuseum Mainz, Generaldirektion Kulturelles Erbe Rheinland-Pfalz, im Rahmen eines vom Deutschen Zentrum Kulturgutverluste geförderten Provenienzforschungsprojekts zu den Erwerbungen der Jahre 1933–1945.

CHRISTINE HARTWIG-THÜRMER (CHT)
Zahlreiche Veröffentlichungen zu den Themen Schoa und NS-Geschichte. Wissenschaftliche Mitarbeiterin bei den Begegnungswochen Mainzer Juden der Stadt Mainz, Studienrätin im Hochschuldienst der Goethe-Universität. Sie engagiert sich in der Gedenkstätte für die Zwangsarbeiter*innen der M.A.N. Gustavsburg.

IRA HALLER (IH)
Studium der Kunstgeschichte und American Studies in Frankfurt am Main, Toronto und Venedig. Mehrjährige Tätigkeit als wissenschaftliche Hilfskraft im Städel Museum. Derzeit ist sie Mitarbeiterin der Kulturabteilung der Jüdischen Gemeinde Frankfurt am Main und ferner für die dortige Jüdische Volkshochschule zuständig.

DR. ANJA HEUß (AH)
Studium der Germanistik, Philosophie und Filmwissenschaften in Frankfurt. Seit 2019 ist sie am Freien Deutschen Hochstift/Frankfurter Goethe-Museum als Provenienzforscherin tätig. Sie bearbeitet dort die Erwerbungen von Kunstwerken und Handschriften in der Zeit 1933–1945.

DR. JENS HOPPE (JH)
Studium der Geschichte und Politikwissenschaften in Münster und Regensburg. Seit 2001 arbeitet er für die Conference on Jewish Material Claims Against Germany in Frankfurt am Main. Er forscht vor allem zur nichtjüdischen Museologie des Jüdischen, zu Museumsfragen, zum Kunstraub durch den Einsatzstab Reichsleiter Rosenberg und zur Judenverfolgung während des Zweiten Weltkriegs in Nordafrika.

DR. CILLI KASPER-HOLTKOTTE (CKH)
Historikerin mit Schwerpunkt Jüdische Geschichte sowie Frühe Neuzeit bis ins 20. Jahrhundert – in Europa, Nord- und Ostafrika. Forschungsarbeiten in diversen Ländern Europas, in den USA, Israel, Ägypten, Kenia und Tansania. Publikationen zu jüdischer Geschichte in Deutschland, Frankreich, Belgien, Ägypten, Kenia und Tansania.

RABBINERIN PROF. DR. ELISA KLAPHECK (EK)
Studium der Politologie, Rechtswissenschaften und Judaistik sowie Rabbinatsausbildung. Rabbinerin des Egalitären Minjan in der Jüdischen Gemeinde Frankfurt am Main, Professorin für Jüdische Studien an der Universität Paderborn. Publikationen u.a. „Fräulein

Rabbiner Jonas. Kann die Frau das rabbinische Amt bekleiden?" (2000) und „Zur politischen Theologie des Judentums" (2022).

DR. DOROTHEE LINNEMANN (DL)
Studium und Promotion Neuere und Neueste Geschichte, Kunstgeschichte und Westslavistik in Münster. Kuratorin zahlreicher Sonderausstellungen, u. a. „Damenwahl. 100 Jahre Frauenwahlrecht" (2018) am Historischen Museum Frankfurt. Seit März 2020 ist sie dort als Sammlungskuratorin für Grafik und Fotografie tätig.

MATTHIAS THOMA (MT)
Studium der Sozialpädagogik mit Schwerpunkt Kulturpädagogik an der Fachhochschule Frankfurt. Seit 2007 Geschäftsführer der Eintracht Frankfurt Museum GmbH. Autor zahlreicher Publikationen zur Geschichte der Frankfurter Eintracht.

HELGA ROOS (HR)
Arbeitet seit langem zur Geschichte des Stadtteils Gallus und zur Frankfurter Sportgeschichte. Schwerpunkte sind dabei Enteignung und Verfolgung in der NS-Zeit und die Selbstorganisierung der deutschjüdischen Sportvereine nach 1933.

SONJA ROOS (SR)
Studium der Kunstgeschichte und Ethnologie in Heidelberg, London und Frankfurt am Main. Mehrjährige Tätigkeit als freiberufliche Provenienzforscherin. Seit 2017 ist sie Mitarbeiterin der Kulturabteilung der Jüdischen Gemeinde Frankfurt am Main.

DR. BIRGIT SEEMANN (BS)
Studium der Sozial- und Politikwissenschaften. Gastprofessur an der Lettischen Kulturakademie in Riga. Seit 2006 ist sie freie Sozialwissenschaftlerin und Historikerin sowie beteiligt am Projekt Jüdische Pflegegeschichte an der Frankfurt University of Applied Sciences.

PROF. DR. EVA ULMER (EU)
Studium der Humanmedizin in München, Heidelberg und Frankfurt am Main. Anschließend Fachärzt*innenausbildung zur Ärztin für Innere Medizin. Nach Tätigkeit in unterschiedlichen Kliniken Berufung als Professorin an die University of Applied Sciences 1993/94. Dort in unterschiedlichen Positionen aktiv, u. a. als Dekanin und Vizepräsidentin.

LAURA VOLLMERS (LV)
Studium der Kunstgeschichte in Frankfurt am Main, Zürich und Hamburg. Ihre Masterthesis verfasste sie 2022 zur Provenienz japanischer Farbholzschnitte am Städel Museum. Ebenfalls seit 2022 als freiberufliche Provenienzforscherin tätig, sowie bis Ende 2023 wissenschaftliche Mitarbeiterin in der Graphischen Sammlung am Städel. Seit 2024 Provenienzforscherin am Museum Pfalzgalerie Kaiserslautern.

DR. ALEXANDER ZINN (AZ)
Studium der Soziologie in Berlin und Promotion in Geschichte am Max Weber Kolleg Erfurt. Er forscht am Fritz Bauer Institut zur Geschichte von Schwulen, Lesben, Trans- und Intersexuellen.

ABBILDUNGSNACHWEIS

S. 36	JG Frankfurt am Main, Deportationskartei
S. 40	Fotograf*in unbekannt, o. D., ISG FFM, S7P, 4119
S. 46	JG Frankfurt am Main, Deportationskartei, geschwärzt
S. 54	JG Frankfurt am Main, Deportationskartei, geschwärzt
S. 58	JG Frankfurt am Main, Deportationskartei
S. 60	JG Frankfurt am Main, Deportationskartei
S. 66	JG Frankfurt am Main, Deportationskartei
S. 70	JG Frankfurt am Main, Deportationskartei
S. 76	Fotograf*in unbekannt, Emma Auerbach und Ehemann, o. D., Queen Mary University of London, Archive, QMUL, CMS-26 shortbread tin
S. 80	JG Frankfurt am Main, Deportationskartei
S. 84	JG Frankfurt am Main, Deportationskartei
S. 88	JG Frankfurt am Main, Deportationskartei, geschwärzt
S. 90	JG Frankfurt am Main, Deportationskartei, geschwärzt
S. 96	JG Frankfurt am Main, Deportationskartei
S. 102	JG Frankfurt am Main, Deportationskartei
S. 106	JG Frankfurt am Main, Deportationskartei
S. 112	JG Frankfurt am Main, Deportationskartei, geschwärzt
S. 114	JG Frankfurt am Main, Deportationskartei, geschwärzt
S. 120	JG Frankfurt am Main, Deportationskartei
S. 122	JG Frankfurt am Main, Deportationskartei
S. 126	JG Frankfurt am Main, Deportationskartei
S. 130	JG Frankfurt am Main, Deportationskartei
S. 132	JG Frankfurt am Main, Deportationskartei
S. 136	JG Frankfurt am Main, Deportationskartei
S. 140	Fotograf*in unbekannt, o. D., ISG FFM, S7P, 2868
S. 146	JG Frankfurt am Main, Deportationskartei
S. 152	JG Frankfurt am Main, Deportationskartei

S. 154	JG Frankfurt am Main, Deportationskartei
S. 162	JG Frankfurt am Main, Deportationskartei
S. 170	JG Frankfurt am Main, Deportationskartei
S. 172	JG Frankfurt am Main, Deportationskartei
S. 176	JG Frankfurt am Main, Deportationskartei
S. 178	JG Frankfurt am Main, Deportationskartei
S. 184	Fotograf*in unbekannt, o. D., Leo Baeck Institute, LBI Archives, Albert F Hirsch Collection, AR 1187
S. 188	Selbstporträt, o. D., ISG FFM, S7P, 4826
S. 192	JG Frankfurt am Main, Deportationskartei
S. 194	JG Frankfurt am Main, Deportationskartei
S. 200	Buchcover um 1920, Zeichnung von Käte Wolff, nach einem Scherenschnitt, Privatbesitz Brüggen
S. 206	JG Frankfurt am Main, Deportationskartei
S. 216	Fotograf*in unbekannt, o. D., Leo Baeck Institute, LBI Archives, Paul Arnsberg Collection, AR 7206
S. 222	Sterbebescheinigung von Jakob Kahn, Oranienburg, 15. April 1940, ITS Digital Archive, Arolsen Archives / 2.3.1.2 Kartei des Amtes für die Erfassung der Kriegsopfer, Berlin / Karteikarten vom Amt für die Erfassung von Kriegsopfern, Berlin / Sign. 23120001 209 / Doc. ID 130608827
S. 228	JG Frankfurt am Main, Deportationskartei
S. 230	JG Frankfurt am Main, Deportationskartei
S. 238	Fotograf*in unbekannt, Auf einer AWO-Tagung in der Emmershäuser Mühle, Anfang der 1930er Jahre, Geschichtswerkstatt des AWO Kreisverbandes Frankfurt am Main
S. 242	Fotograf*in unbekannt, o. D., Das Philanthropin, 15.04.1931
S. 246	Fotograf*in unbekannt, o. D., Leo Baeck Institute, LBI Archives, Heida Hermanns Collection, AR 10183
S. 252	Fotograf*in unbekannt, o. D., Jüdisches Museum Frankfurt am Main

S. 254	Fotograf*in unbekannt, o. D., Yad Vashem, Photo Archive, 15000/14179289
S. 256	JG Frankfurt am Main, Deportationskartei, geschwärzt
S. 258	Fotograf E. Bönisch, Markus Stutzmann alias Abraham Bar Ezer bei der Stolpersteinverlegung für seine Mutter am 7. Mai 2010 im Sandweg 11, Privatbesitz Bönisch
S. 264	Fotograf A. Marx, Rollenbild Mathilde Einzig, 1920, Goethe Universität Frankfurt am Main, Universitätsbibliothek, UB JCS Frankfurt/M, S 36/F03540
S. 268	ITS Digital Archive, Arolsen Archives / 1.1.5.3 Individuelle Unterlagen Männer Buchenwald / Individuelle Häftlingsunterlagen - KL Buchenwald / Akten mit Namen ab A bis SYS und weiterer Untergliederung / Akten mit Namen ab ONOPRIJENKO / Sign. 01010503 001.371.189 / DocID: 6747862
S. 274	Fotograf*in unbekannt, 1957, Leo Baeck Institute, LBI Archives, Rosy Kullmann-Geiger Collection, AR 2349
S. 278	Reklame, Vereinsnachrichten, Juni 1922, Vereinsarchiv Eintracht Frankfurt
S. 280	Fotograf*in unbekannt, Festschrift 1929, Vereinsarchiv Eintracht Frankfurt
S. 286	JG Frankfurt am Main, Deportationskartei
S. 292	JG Frankfurt am Main, Deportationskartei, geschwärzt
S. 294	JG Frankfurt am Main, Deportationskartei, geschwärzt
S. 300	JG Frankfurt am Main, Deportationskartei
S. 304	ITS Digital Archive, Arolsen Archives / 1.1.5.3 Individuelle Unterlagen Männer Buchenwald / Individuelle Häftlingsunterlagen - KL Buchenwald / Akten mit Namen ab A bis SYS und weiterer Untergliederung / Akten mit Namen ab HIRSCH / Sign. 01010503 001.189.053 / Doc.ID 6100670
S. 306	JG Frankfurt am Main, Deportationskartei
S. 321	Fotograf*in unbekannt, Julius Schick und seine zweite Frau Gertrude in Paris, 1950er Jahre, Privatbesitz Margarete Druschel

S. 322	Fotografin Nini Hess, o. D., Leo Baeck Institute, LBI Archives, Albert F. Hirsch collection AR 1187
S. 326	Fotograf*in unbekannt, o. D., Estate of Erna Pinner / Jüdisches Museum Frankfurt am Main
S. 330	JG Frankfurt am Main, Deportationskartei
S. 332	JG Frankfurt am Main, Deportationskartei, geschwärzt
S. 336	Fotograf*in unbekannt, o. D., DLA Marbach, Nachlass Siegfried Kracauer
S. 342	JG Frankfurt am Main, Deportationskartei
S. 346	JG Frankfurt am Main, Deportationskartei
S. 350	JG Frankfurt am Main, Deportationskartei
S. 354	Fotograf Hermann Landshoff, 1977, bpk/Münchener Stadtmuseum, Sammlung Fotografie / Archiv Landshoff
S. 358	Fotograf*in unbekannt, ISG FFM, S7P, 485
S. 362	JG Frankfurt am Main, Deportationskartei
S. 366	Fotograf*in unbekannt, Vor der Auswanderung, vor November 1936, Privatbesitz Sylvia Berg
S. 368	Fotograf*in unbekannt, Toni und Alfred mit den Kindern Silvia und Angel in Argentinien, ca. 1945, Privatbesitz Sylvia Berg
S. 374	Fotograf*in unbekannt, Haftfoto von Henny Schermann aus dem Jahr 1941, StA Nürnberg, Anklagedokument NO-3060,

Abkürzungen

BArch
Bundesarchiv Berlin / Koblenz

HHStAD
Hessisches Landesarchiv, Abteilung Hessisches Staatsarchiv Darmstadt

HStAMR
Hessisches Landesarchiv, Abteilung Hessisches Staatsarchiv Marburg

HHStAW
Hessisches Landesarchiv, Abteilung Hauptstaatsarchiv Wiesbaden

ISG FFM
Institut für Stadtgeschichte Frankfurt am Main

ITS Arolsen Archives
Arolsen Archives. International Center on Nazi persecution

NARA
National Archives and Records Administration, Washington/USA

StA Nürnberg
Staatsarchiv Nürnberg

UAF
Universitätsarchiv Frankfurt am Main

ZA
Zentralarchiv zur Erforschung der Geschichte der Juden in Deutschland, Heidelberg

Dank

Wir danken den folgenden Personen und Institutionen herzlich für ihre Unterstützung: Bildstelle des Kunstgeschichtlichen Instituts der Universität Frankfurt am Main, insbesondere Doris Reichert, Hanna Eckard (AWO Geschichtswerkstatt), Historisches Museum Frankfurt am Main, insbesondere Dr. Angela Janelli, Initiative Stolpersteine Frankfurt am Main e. V., insbesondere Dr. Martin Dill und Hartmut Schmidt, Institut für Stadtgeschichte, Jüdisches Museum Frankfurt am Main, insbesondere Dr. Eva Atlan, Heike Drummer und Uwe Bergmann-Deppisch, Zentralarchiv zur Erforschung der Geschichte der Juden in Deutschland.

Unser besonderer Dank gilt der Hessischen Kulturstiftung, ohne deren Förderung diese Publikation nicht möglich gewesen wäre.

hessische
kultur
stiftung

IMPRESSUM

Verantwortlich
Jüdische Gemeinde Frankfurt am K.d.ö.R.
Westendstraße 43
60325 Frankfurt am Main

Herausgeberin
Maike Brüggen

Redaktion
Maike Brüggen, Sonja Roos, Ira Haller

Korrektorat
Maike Brüggen, Sonja Roos, Ira Haller

Gestaltung und Satz
Bureau069

Die Deutsche Nationalbibliothek verzeichnet diese Publikation in der Deutschen Nationalbibliografie; detaillierte Daten sind im Internet über www.portal.dnb.de/ abrufbar.

Inh. Dr. Nora Pester
Capa-Haus
Jahnallee 61
04177 Leipzig
info@hentrichhentrich.de
www.hentrichhentrich.de

1. Auflage 2024

Printed in the E.U.
ISBN 978-3-95565-660-7